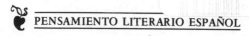

DON QUIJOTE
COMO FORMA DE VIDA

Juan Bautista Avalle-Arce

DON QUIJOTE
COMO FORMA DE VIDA

Fundación Juan March

EDITORIAL CASTALIA

Cubierta: Diego Lara

© 1976: J. B. AVALLE-ARCE

Derechos exclusivos de la edición en castellano:
© 1976: FUNDACIÓN JUAN MARCH y EDITORIAL CASTALIA

DEPÓSITO LEGAL: V. 3.639 - 1976
I.S.B.N. 84-7039-244-1

IMPRESO EN ESPAÑA, PRINTED IN SPAIN

ARTES GRÁFICAS SOLER, S. A. - JÁVEA, 28 - VALENCIA (8) - 1976

SUMARIO

Para Constance,
Jay,
Mike,
Mac,
Howard,
Peter,
tan pacientes como inteligentes,
pero, sobre todo, críticos y amigos.

No se puede hallar una obra más profunda y poderosa que el *Quijote*. Hasta el momento es la grande y última palabra de la mente humana. Es la ironía más amarga que puede expresar el hombre. Y si el mundo se acabase, y en el Más Allá —en algún lugar— alguien preguntase al hombre: «Bien, ¿has comprendido tu vida, y qué has concluido?» Entonces el hombre podría, silenciosamente, entregarle el *Don Quijote*. «Estas son mis conclusiones acerca de la vida, y tú, ¿me puedes criticar por ello?» No insisto en que el hombre estuviese completamente correcto, pero...

FEDOR DOSTOIEVSKI, *Diario de un escritor (1873-1876)*.

INTRODUCCIÓN

Dado que el título no es mío, sino que es el pie forzado a que me atiene la Fundación Juan March —benévola institución que me dio el título al decirme nada más que: Tolle et scribe—, *creo conveniente explicar cómo he entendido ese título, ya que mi intelección ha dado forma al todo y a cada una de las páginas que constituyen este libro. Antes que nada quizá convenga advertir que estoy bien alertado por la lección de Ortega y Gasset cuando escribió: «Yo no hallo cuál pueda ser la finalidad de la crítica literaria si no consiste en enseñar a leer los libros, adaptando los ojos del lector a la intención del autor.» Esta, desde luego, no ha sido especial precaución que he tomado para escribir este libro, sino que fue lección que aprendí hace muchos años, con el ejemplo de mi maestro Amado Alonso.*

Ahora bien, el lector no debe suponer que he tratado de interpretar todo el Quijote, tarea para la cual me faltarían, por lo menos, espacio y tiempo. He tratado, más bien, de explicar algo del personaje don Quijote de la Mancha. Si algunos aspectos de lo que he dicho son de provecho para acercarse un poco más a la inmortal novela —para enseñarla a leer, en términos de Ortega—, entonces, miel sobre hojuelas.

Aun así, dentro de las limitaciones que un método sano me ha impuesto, es posible que el lector sospeche que en ocasiones he tratado deliberadamente de imitar al inimitable Pierre Ménard, cuya extraordinaria labor ha quedado registrada en los siguientes términos en los anales literarios: «No quería componer otro Quijote —lo cual es fácil—, sino el Quijote. Inútil agregar que no encaró nunca una transcripción mecánica del original; no se proponía copiarlo. Su admirable ambición era producir unas páginas que coincidieran —palabra por palabra y línea por línea— con las de Miguel de Cervantes» (Jorge Luis Borges, «Pierre Ménard, autor del Quijote», Ficciones, 1956). *Aseguro al lector con absoluta seriedad que todo parecido entre mi obra y la de Pierre Ménard es pura coincidencia.*

El Quijote, *como toda obra de arte, es un símbolo único e insustituible. Lo que esto implica para el crítico en ciernes es que se debe tener muy en cuenta el hecho fundamental de que la suma de todos los significados e interpretaciones es siempre menor que el todo de la obra de arte. Toda la crítica que se escriba sobre el* Quijote *hasta el Día del Juicio Final no sumará el todo de* El ingenioso hidalgo don Quijote de la Mancha. *Y con esto quedo curado en salud.*

Ha sido siempre evidente que España tuvo, ha tenido y tiene un destino peculiar, que se selló en vida de Cervantes y de su criatura don Quijote de la Mancha. Al hacerse España paladín de la Reforma Católica echó el sello a su peculiaridad histórica que la ha marcado de entonces a ahora. En el fondo de esa característica contemplamos el hecho de que España y los españoles, como don Quijote, han preferido ponerse de espaldas a la realidad actual, para crearse la propia, con un olvido, desatención o desdén supremo por las circunstancias vigentes. Por eso mismo es que Europa nos tuvo que oír cuando gritábamos órdenes a la cabeza de nuestros invencibles tercios. Y hoy en día, cuando nuestros tercios han demostrado que no son más que humanos, Europa nos debe oír otra vez, precisamente porque como don Quijote tenemos «la voz ronquilla, aunque entonada». Es hora de decirlo bien alto: no, señores, España jamás ha desentonado del coro europeo.

Como el propio don Quijote, cuya vida estuvo siempre a la altura de las circunstancias, levantada en vilo por esa locura divina —como la llamaría Platón— que explotó en él. Por eso don Quijote estuvo con los de ayer, está con los de hoy y estará con los de mañana. Por eso, en modesta paráfrasis de Jorge Guillén (Y otros poemas) *podemos decir: «¡Inagotable Quijote! No hay* summa *que te encierre.»*

Euskaletxea, Miércoles de Ceniza de 1975.

I

DIRECTRICES DEL PRÓLOGO
DE 1605

La etimología nos dice que un *prólogo* es lo que antecede al discurso. En el caso concreto de un libro un prólogo, pues, es lo que precede al texto. La consecuencia casi perogrullesca sería que un prólogo se escribe antes que el texto que le sigue. Pero el maestro Pero Grullo no siempre está acertado. En este caso, la buena lógica —y la experiencia de todo escritor— nos dice que el prólogo es lo que se suele escribir último. Allí se suelen reunir en haz las conclusiones finales de la obra, apuntar o aludir a su mensaje social o moral o estético, o lo que sea. Sin intentar jugar demasiado del vocablo, podríamos decir que un prólogo es, en puridad de verdad, un epílogo. Para entender bien lo que dice un prólogo, a menudo es necesario volver a leerle después de haber terminado la lectura de la obra.

Ejemplificaré con el prólogo del *Lazarillo de Tormes* (1554), no sólo para dejar bien claro el sentido de mis palabras y de mis intenciones del momento, sino también porque la novelita anónima es excelente trampolín para lanzarnos a bucear en el prólogo y texto del *Quijote*. Y esto no sólo por la envidiosa admiración que Ginés de Pasamonte sentía por ella,[1] sino porque el propio Cervantes recibió valiosísimas lecciones de técnica novelística de su meditada lectura. Pero dejemos esto último para más adelante y volvamos al prólogo

---

[1] Cuando don Quijote encuentra a los galeotes en la primera parte, y procede a interrogarlos uno por uno, llega a Ginés de Pasamonte, y se entera de que éste está escribiendo su autobiografía. Pregunta don Quijote por la calidad del libro: «Es tan bueno —respondió Ginés— que mal año para *Lazarillo de Tormes* y para todos cuantos de aquel género se han escrito o escribieren» (I, xxii).

del *Lazarillo.* En el último párrafo el anónimo autor dice: «Y pues Vuestra Merced escribe se le escriba y relate el caso muy por entero, paresció no tomalle por el medio, sino del principio.» Pero ¿qué *caso* es el que aquí se menciona y cuya revelación constituye, evidentemente, el objetivo final de la obrilla? Sólo cuando terminamos su lectura caemos en la cuenta: el *caso* consiste en explicar cómo las vergonzosas relaciones de su mujer con el arcipreste de San Salvador llevaron a Lázaro a «la cumbre de toda buena fortuna» (tratado séptimo).

Si aplicamos la lección derivada del prólogo del *Lazarillo de Tormes* a una nueva lectura del prólogo del *Quijote* de 1605 es posible que surjan nuevas claves interpretativas. Y vuelvo a mi *ostinato* de hoy: el prólogo de 1605 sólo adquiere profundidad de sentido ideológico si se relee al terminar la lectura de la primera parte. El prólogo son las conclusiones finales de Cervantes, meditadas después de haber terminado lo que ahora conocemos como primera parte del *Quijote,* pero que hasta 1614-1615 constituía el *Quijote* único, sellado con los epitafios de los académicos de la Argamasilla, o sea, con don Quijote muerto, enterrado y llorado.[2] Pero antes de seguir adelante quizá convenga dejar anotado el hecho de que después de dichos epitafios siguen unas palabras que nos deparan más que regular sorpresa: «Estos fueron los versos que se pudieron leer; los demás, por estar carcomida la letra, se entregaron a un académico para que por conjeturas los declarase. Tiénese noticia que lo ha hecho, a costa de muchas vigilias y mucho trabajo, y que tiene intención de sacallos a la luz, con esperanza de la tercera salida de don Quijote» (I, lii).

Lo que esto implica es que el ciclo vital de don Quijote, que parecía cerrado y finiquitado, se entreabre hacia un futuro incierto. La forma del *Quijote* amenazaba *cerrarse* cuando, voluntariamente, el artista la vuelve a *abrir,* lite-

---

[2] En Tarragona y en 1614 salió el *Segundo tomo del ingenioso hidalgo don Quixote de la Mancha* por el disfrazado Alonso Fernández de Avellaneda. En Madrid y en 1615 apareció el *Don Quijote* de Cervantes, con el protagonista redivivo, a pesar de los epitafios de la Academia de Argamasilla.

ralmente de un plumazo.[3] Es éste un estupendo ejemplo de
una nueva dinámica novelística, que Cervantes hará triunfar
en la novelística europea y que él bien pudo haber estudiado en
el *Lazarillo de Tormes*. Porque recapacitemos que «la cumbre de toda buena fortuna» en que se encuentra Lázaro, y
que son sus últimas palabras, implicaban perentoriamente
para todo lector del Siglo de Oro la caída inminente y ejemplar de Lázaro. El refrán «Echar un clavo a la rueda de Fortuna» era precisamente la forma verbal de reconocer la volu-
bilidad de tan caprichosa diosa, como reconoce el propio
Sebastián de Covarrubias Orozco en su *Tesoro de la lengua
castellana o española* (Madrid, 1611), s. v. *clavo*. O sea que
la *forma cerrada* del *Lazarillo* es pura apariencia: el *Lazarillo*
es la primera novela clásica que practica la técnica de la *forma
abierta*, que con el correr de los siglos, refinada por Cervantes y discípulos, remataría en la técnica del *suspense* de las
películas de Hollywood. Y de pasada, ya que no es tema para
abordar hoy, piense el lector en la íntima relación que hay
entre novela y cine.

Basta de divagar. La consideración del prólogo al *Quijote*
de 1605 como verdadero epílogo amenazó con llevarme muy
cerca de los cerros de Úbeda. Desando camino y vuelvo a
considerar el prólogo como las últimas conclusiones de Cervantes al haber terminado su novela, momentos antes de
colgar su pluma en la espetera. Desde este punto de mira
hay varias afirmaciones del prólogo que bien vale la pena
reconsiderar. La primera afirmación es un aforismo, casi, y
dice así: «No he podido yo contravenir al orden de naturaleza; que en ella cada cosa engendra su semejante.» Y a esta
expresión aforística sigue lo que Ernst Robert Curtius denominó el tópico de la falsa modestia.[4] Pero quiero detenerme
aquí un momento, porque la cita precedente me propone dos
tipos de meditaciones. Por un lado, y ya que «cada cosa

---

[3] La terminología de *formas abiertas* y *formas cerradas* la popularizó en la historia del arte el gran crítico suizo Heinrich Wölfflin a
partir de la primera edición de su obra clásica *Kunstgeschichtliche
Grundbegriffe* (Munich, 1915).

[4] En un clásico de la crítica moderna: *Europäische Literatur und
lateinisches Mittelalter* (Berna, 1948), cap. V, párr. 3; traducción española de M. y A. Alatorre (México, 1955).

engendra su semejante», podemos suponer que éste es el primer
error de don Quijote, en la cadena de errores que parece
constituir la vida. Porque al comenzar Cervantes a historiar
esa vida, el protagonista es un cincuentón, con «sayo de ve-
larte, calzas de velludo [y] pantuflos de lo mesmo», cuya
mayor gloria consistía en comer palominos los domingos. Bien
es cierto que después de la inaudita ganancia del yelmo de
Mambrino (I, xxi) don Quijote reconocerá que él es «hijo-
dalgo de solar conocido, de posesión y propriedad y de deven-
gar quinientos sueldos». Pero hay que reconocer también
que ésta es bien pobre estofa para querer auparse a ser caballero andante, y a autobautizarse para esta nueva forma de
vida como *don* Quijote de la Mancha. Inútil enumerar la
larga (y graciosa) forma de castigos que recibe el error inicial
de don Quijote, sólo recordaré ahora que los hidalgos de su
pueblo, según informa Sancho a su amo, «dicen que no con-
teniéndose vuestra merced en los límites de la hidalguía, se
ha puesto *don* y se ha arremetido a caballero con cuatro cepas
y dos yugadas de tierra y con un trapo atrás y otro adelante»
(II, ii).

El error inicial de don Quijote lo podemos definir ahora
como «contravenir al orden de naturaleza». Un cincuentón,
con un trapo atrás y otro adelante, no puede engendrar al
caballero andante don Quijote de la Mancha. Si el hidalgo
de aldea quiere voluntariamente engendrar algo desemejante
por completo a sí mismo, es porque ese hidalgo quiere con
todas las fuerzas de su voluntad dar una nueva forma a su
vida. ¿Qué hizo que este cincuentón amojamado concibiese
la peregrina idea de convertirse en caballero andante, y echar-
se a los caminos de España a *desfacer tuertos*? Pues bien
evidente se nos hace que fue la desapoderada lectura de los
libros de caballería. Allí concibió el hidalgo cincuentón la
idea de salir a imitar a Amadís de Gaula. O sea que para
dar nueva forma a su vida este hidalgo le imprimirá, con toda
su fuerza, un ideal estético. Pero el aforismo decía que «cada
cosa engendra a su semejante», y un hidalgo de aldea, cincuentón y «tan seco y amojamado, que no parecía sino hecho
de carnemomia» (II, i), no puede «engendrar» a un caballero
andante. El orden de naturaleza ha sido contravenido. La
nueva forma de vida de ese hidalgo de aldea que se auto-

bautizó don Quijote de la Mancha ha sido un error de opción vital. Desde este punto de vista, podemos decir que éste fue el pecado original, el primer error vital, de ese hombre que terminó sus días llamándose a sí mismo, autobautizándose, en cierta medida, nuevamente, como a comienzos de la obra, Alonso Quijano el Bueno.

Pero *En esta vida todo es verdad y todo mentira,* afirma taxativamente el título de un drama de don Pedro Calderón de la Barca. O sea que hay otro punto de vista; lo anterior se puede otear desde otro adarve. A Ernst Cassirer, el gran conocedor alemán de la filosofía del Renacimiento, le gustaba decir: *Das Leben ist eben mehrseitig,* la vida es, precisamente, multilateral. Del mismo alfar en que en el siglo xx Cassirer construyó su enfática verdad, en ese mismo alfar modeló Cervantes, más de tres siglos antes, la estupenda construcción de su novela.

Porque «si cada cosa engendra su semejante», la vida ha anulado, efectivamente, todo afán de superación. Estar a la altura de las circunstancias exige dedicación vital plena; superar uno a las circunstancias no es punto menos que heroico. Y llegamos así a la conclusión de apariencia paradójica de que en el mismo terreno en que echa raíces el pecado original de don Quijote —«cada cosa engendra a su semejante»—, en ese mismo terreno echa aun más hondas raíces el quijotismo. Y no olvidemos que el quijotismo es la forma más hispánica del heroísmo. Don Quijote es hijo de sí mismo, es un noble, ¡caso extraordinario!, que no tiene ni familia ni linaje conocidos. Y en su lecho de muerte, a la hora de la verdad, se despoja de sí mismo, renuncia a ese *yo* adquirido a fuerza de brazos y palos, abandona la forma de vida adoptada, en esta opción diaria que es, cabalmente, el vivir: «Dadme albricias, buenos señores, de que ya yo no soy don Quijote de la Mancha, sino Alonso Quijano, a quien mis costumbres me dieron renombre de *Bueno»* (II, lxxiv). Don Quijote de la Mancha, opción vital improbable, pero impuesta por el deseo —necesidad— de imitar a Amadís de Gaula, es una criatura de arte, y tiene que morir antes que Alonso Quijano, el buen cristiano, pueda enfrentarse con su Hacedor. Por eso he llamado al quijotismo la forma muy hispánica del heroísmo.

Puestos ya en este terreno se vislumbra el hecho de que la oposición *de facto* expresada en las palabras del prólogo («cada cosa engendra a su semejante») expresa, asimismo, el impulso inicial a lo que, en sustancia, es una pretensión o intento (primero y ejemplar) a superar la circunstancia. Recapacite el lector en lo que había sido la novela, española y europea, hasta la época de Cervantes. Un breve repaso de géneros novelísticos nos aclarará el blanco a que apunto: novela caballeresca, sentimental, pastoril, picaresca. He aquí los géneros más practicados en España hasta la época del *Quijote* —es curioso observar que en el campo histórico de la novela es Europa la que va a la zaga de España, ya que la mejor picaresca europea (pienso en un *Gil Blas* de Lesage o en un *Tom Jones* de Fielding) pertenecen ya al siglo XVIII—. Pues bien, en esos géneros novelísticos el protagonista es como es porque no puede ser de otra manera, Cuando el pícaro se arrepiente, por ejemplo, o sea, cuando deja de ser pícaro, se acaba el relato de su vida (la novela), porque, evidentemente, su vida quedará asestada hacia otros nortes, sus aspiraciones se imantarán por otros campos magnéticos. Recapacitemos acerca de cómo termina el *Guzmán de Alfarache* (1604), de Mateo Alemán, personaje que en su tiempo llegó a convertirse en *el pícaro* por antonomasia.[5]

Pues bien, las malas artes de Guzmán de Alfarache le han llevado a parar a las galeras, y en este momento su vida da un vuelco decisivo con el que acaba la autobiografía: «Cortaron las narices y orejas a muchos moros, para que fuesen

---

[5] Hace unos pocos años, don Américo Castro estudió largamente las posibilidades de que el *Guzmán de Alfarache* (1599, 1604) hubiese actuado como una suerte de aliciente negativo sobre el *Quijote* de 1605, como propuso en su libro *Cervantes y los casticismos españoles* (Madrid-Barcelona, 1966), brillante y extremoso como todos los suyos. Lo cierto es que Cervantes nunca quiso escribir un relato picaresco, ya que *Rinconete y Cortadillo* resuena con alegres notas, mientras que el diapasón de la picaresca pura es el desengaño, y las vidas de Rincón y Cortado permanecen insolubles al final de la novela. Y aunque resulte casi ocioso, recordemos que la característica formal genérica de la picaresca pura es la ficción autobiográfica, que brilla por su ausencia en las *Novelas ejemplares*, en todo el canon cervantino, en realidad de verdad. Desde este punto de vista, el *Coloquio de los perros* se puede considerar como una meditada contrapartida a la picaresca pura, un audaz reto al género.

conocidos, y, exagerando el capitán mi bondad, inocencia y fidelidad, pidiéndome perdón del mal tratamiento pasado, me mandó desherrar y que como libre anduviese por la galera, en cuanto venía cédula de su Majestad en que absolutamente lo mandase, porque así se lo suplicaban y lo enviaron consultado. Aquí di punto y fin a estas desgracias. Rematé la cuenta con mi mala vida. La que después gasté, todo el restante della verás en la tercera y última parte, si el cielo me la diere antes de la eterna que todos esperamos.» Pero Mateo Alemán no supo, pudo ni quiso escribir la vida de un pícaro que ya no era pícaro.

Lo mismo se puede decir de la novela sentimental. En la *Cárcel de amor* (1492), de Diego de San Pedro, el mejor ejemplo del género, el protagonista Leriano se suicida: «Leriano se dexava morir», dice el texto. O sea que en la vida de Leriano no hay el menor intento de superar la circunstancia. Leriano vive y muere como enamorado. En *Amadís de Gaula* (1508), lectura favorita de reyes y emperadores, de Francisco I y de Carlos V, el protagonista epónimo llega al final de la obra con la misma integridad caballeresca que ha demostrado a lo largo de los cuatro libros que la forman. Y si en la *Diana* (¿1559?) de Jorge de Montemayor, modelo indiscutido del género pastoril en España y en Europa, en los siglos XVI y XVII, hay cambio en la condición amorosa de los pastores es por medios sobrenaturales, el agua encantada de la sabia Felicia.[6] Pero la observación verdaderamente válida para el tema que traigo entre manos es que el cambio ocurre en la condición amorosa, no en la condición pastoril. Diana,

---

[6] Medios censurados duramente por boca del cura en el escrutinio de la librería de don Quijote: «Y pues comenzamos por *La Diana* de Montemayor, soy de parecer que no se queme, sino que se le quite todo aquello que trata de la sabia Felicia y de la agua encantada, y casi todos los versos mayores, y quédesele en hora buena la prosa y la honra de ser primero en semejantes libros.» Y en otra ocasión yo estudié el episodio central del *Quijote* de 1605, el de la venta de Juan Palomeque el Zurdo y las diversas parejas de enamorados que allí se reúnen, como una suerte de esperpentización del palacio de la sabia Felicia. Pero obsérvese que las parejas de enamorados resuelven sus diversos problemas a través del autoconocimiento y no de una inexistente agua encantada. Ver mis *Nuevos deslindes cervantinos* (Barcelona, 1975), cap. I.

Sireno y Selvagio seguirán siendo pastores *per saecula saeculorum*.

O sea que la España de Cervantes conoce algunos grandes géneros novelísticos, que se irradiarán por todas las grandes literaturas de la Europa occidental con la característica de su impronta española. La característica definitoria de esos géneros, dentro y fuera de España, es la imposibilidad cabal y radical de que el personaje supere su circunstancia. En otras palabras, que el personaje, al final de su ficticia biografía o autobiografía, sea de manera vital distinta a la que ya estaba apuntando al comienzo. Desde *The Arcadia* (1590), de sir Philip Sidney, a *L'Astrée* (1607-1627), de Honoré d'Urfé, hasta *Der abenteuerliche Simplicissimus* (1669), de Hans Josef Christoffel von Grimmelshausen, la característica definitoria y numerador común es la imposibilidad total de que los personajes se *alteren,* que se conviertan en otros distintos a lo que eran.

A esta inflexibilidad vital en sus personajes estaba abocada la novela española y europea en el momento en que Cervantes puso la pluma al papel para comenzar a escribir la vida de un individuo que se inventó el nombre de don Quijote de la Mancha. Pero el vuelco que esta vida hizo dar a la novelística europea y universal fue de consecuencias poco menos que incalculables. Porque, y vuelvo a mi tema estricto, la vida de don Quijote nos demuestra palmariamente que no es verdad que «cada cosa engendra a su semejante». La distancia que va de Alonso Quijana, o cualquiera de los nombres que pudo tener el protagonista al comienzo de su libro, a don Quijote de la Mancha, a Alonso Quijano el Bueno —sin meternos en etapas intermedias, como Caballero de la Triste Figura, o de los Leones, o pastor Quijotiz—, esa distancia es astronómica y cubre un ciclo vital con cuya ejemplaridad se ha formado la novela moderna. Porque si observamos esta evolución onomástica (reflejo de una paralela evolución vital) con la perspectiva del Prólogo de 1605 («cada cosa engendra a su semejante»), vemos que en estas mismas palabras se da el impulso inicial a lo que es, en sustancia, una pretensión —la primera y ejemplar, por cierto, y como ya dije— a superar la circunstancia.

De haberla conocido, don Quijote hubiese dado un rotundo mentís a la bien conocida fórmula de Ortega y Gasset: «Yo soy yo y mi circunstancia.» Don Quijote hubiese dicho en vez: «Yo soy yo por encima de mi circunstancia.» Conste que esto no nos acerca, sin embargo, ni un ápice al permanente sistema filosófico orteguiano de la razón vital, ya que en éste se vive y se filosofa desde la circunstancia, mientras que don Quijote vive por encima de las suyas. La gloria del vejestorio hidalgo de aldea al colocarse por encima de su circunstancia se convierte, sin embargo, en el fracaso final de don Quijote, cuando se tiene que reintegrar físicamente a su circunstancia, cuando vuelve a su aldea para morir. Recientemente ha escrito Francisco Ayala: «Siempre que se detiene uno a meditar sobre el destino de España —y esta meditación es para uno angustia vital o, si se prefiere, obstinada manía—; siempre que el español se hace cuestión de su ser histórico y se pregunta la causa última de esa extraña combinación de fracaso y de gloria, o mejor: de gloria en el fracaso, que es —más allá de toda casualidad— el fruto fatal de todos sus pasos, vuelve a acudirle a las mientes de nuevo, una y otra vez, símbolo de la raza, fórmula y cifra del carácter de su pueblo, la creación literaria del *Quijote*.»[7]

Galanamente dicho está. Al escribir sobre don Quijote como forma de vida, tengo la aguda, placentera y dolorosa conciencia de que trazo un contorno de la forma de vida del *homo hispanus*. A la gloria en el fracaso —para repetir la feliz expresión de Francisco Ayala— tienden siempre sus más nobles aspiraciones, como si un fatal magnetismo atrajese al parigual el destino de don Quijote y el del *homo hispanus*. Pero debo evitar cuidadosamente en la ocasión la «obstinada manía» de plantearme a «España como problema» —para apropiarme otra feliz expresión, esta vez de Pedro Laín Entralgo.

En el caso concreto de don Quijote las circunstancias, que su voluntad cree haber traspuesto, no se dejan sacudir de encima, como tantos otros piojos, y agobian al hidalgo. Su voluntad, aliada a su imaginación, que a su vez está nutrida por sus lecturas, ha creado expresiones ideales de la

---

[7] *Cervantes y Quevedo* (Barcelona, 1974), pág. 9.

suprarrealidad que con un sistema digno de Descartes ha creado la locura del héroe. Esa suprarrealidad está poblada de
gigantes, de alcaides de castillos, de yelmos de Mambrino,
de Pandafilandos de la Fosca Vista. Pero el vector de la rabiosa realidad se interpone, y don Quijote ve, con creciente
desilusión, que los hermosos ideales de su suprarrealidad se
desploman al nivel de molinos de viento, venteros ladinos,
barberos rencorosos y, peor aún, unos despachurrados cueros
de vino.

La intención de superar las circunstancias es heroísmo
puro, y en nuestro caso hasta podríamos añadir, y lo quiero
reafirmar, que es la versión española del heroísmo. La superación de las circunstancias queda demostrado, con obsesionante insistencia, que es imposible, pero la voluntad de don
Quijote se niega en redondo a aceptar tal imposibilidad. En
el vocabulario del héroe manchego no existe tal palabreja.
Pero entonces, ¿cómo reconstruir el quebrantado edificio de
su suprarrealidad, trazado con riguroso sistema por su locura? Aquí entra la necesidad ontológica de los encantadores.
Si a un lado del radio vector está la realidad, mezquina y
maloliente, al otro lado están los encantadores, que ennoblecen y aromatizan.

Los encantadores de los libros de caballerías no eran más
que comodines, meros recursos narrativos. Así, por ejemplo,
muchas de las aventuras de Amadís de Gaula nunca hubiesen existido, a desmedro de su plenitud inmarcesible como
caballero andante... y del volumen total de la obra. Pero la
intervención mefistofélica de Arcaláus, compensa por la actitud de hada madrina de Urganda la Desconocida, las posibilitan. Pero en la vida de don Quijote los encantadores son
una necesidad ontológica, aunque, invariablemente, su intervención en la vida del héroe es adversa al logro de las metas
ambicionadas por su voluntad. A partir de la intervención de
ese pícaro sabio Frestón que le robó toda su tan preciada
librería, o sea, el disparador de su imaginación.[8]

[8] No creo ocioso citar unos hermosos versos del poeta inglés William Wordsworth: «Imagination, which, in truth, / Is but another
name for absolute power / And clearest insight, amplitude of mind, /
and Reason in her most exalted mood» (*The Prelude,* libro XIV).
¿Pensaría Wordsworth en don Quijote al escribir estos versos, a pe

La intervención del sabio Frestón explica lo inexplicable para don Quijote, dado que hasta los datos de la realidad empírica le engañan, ya que no han quedado ni rastros del aposento donde atesoraba sus libros. Como dice el hidalgo manchego en la ocasión: «Ese es un sabio encantador, grande enemigo mío, que me tiene ojeriza» (I, vii). De este punto en adelante los encantadores se convierten en la garrocha cuyo uso será imprescindible para que el acosado don Quijote pueda superar, pueda ponerse por encima, saltarse a la torera a sus circunstancias. Y son esas circunstancias, precisamente, las que amenazan poner tragicómico fin a su forma de vida, al ideal estético que quiere imprimir a su vida el hidalgo de aldea para así redimirla.

Porque es evidente que don Quijote aspira al perfeccionamiento de su vida, ni más ni menos, a tal punto que ésta pueda servir para el perfeccionamiento humano general. El fin a que aspira don Quijote presupone un medio, lo que raya en perogrullada, ya que todo fin lleva al medio como parte constitutiva. De momento quiero considerar el medio de don Quijote desde la atalaya del humanismo cristiano de las armas. El humanismo neopagano del siglo xv, lo que originariamente se llamó *humanismo* a secas, andaba ya muy de capa caída para los años de Cervantes. Para entender un poco mejor el humanismo de la época cervantina hay que adjetivarlo, de ahí humanismo cristiano. Y el uso de las armas era desde la Edad Media la mejor garantía de mejoramiento o perfeccionamiento social del hombre. Es archisabido que el ejercicio de las armas está en la raíz de la creación de la nobleza de viejo cuño. Y si hago esta salvedad («nobleza de viejo cuño»), es porque también es archisabido el hecho de que la nobleza creada desde el siglo xviii para aquí no pasa de ser, en sus mejores expresiones, una nobleza de salón. Don Quijote practica, pues, el humanismo cristiano de las armas, y éste es un medio con el que cuenta perfeccionar su vida, elevarla al plano del ideal.[9]

---

sar del fuerte tono autobiográfico de todo el poema? Sea lo que sea, es indudable que don Quijote aseveraría tal definición, de haberla conocido, con la punta de su lanza.

[9] El avisado lector habrá notado que partí de ideas expresadas por José Antonio Maravall en su libro *El humanismo de las armas en don*

Dadas las circunstancias históricas en que le toca vivir a don Quijote (o a su autor, para no parecerme del todo a Unamuno), es evidente que aspira a la forma más alta de vida. El Concilio de Trento, que se había clausurado en 1563, había dado formidable, e imprescindible, impulso a la Reforma Católica —y conviene no olvidar que Felipe II, por Real Cédula firmada en Madrid el 30 de julio de 1564, convirtió a los edictos del Concilio en leyes del reino—. En 1540 Paulo III había aprobado los estatutos de la Compañía de Jesús, nombre con el que Ignacio de Loyola quería indicar su carácter de milicia de combate al servicio de Dios. Y el creciente apogeo de la Compañía de Jesús populariza el concepto de milicia cristiana. Y la forma laica de la milicia cristiana es lo que he llamado más arriba humanismo cristiano de las armas. Por este medio don Quijote quiere llegar a la forma más alta de vida concebible en su época. No de otra manera comprendió Dostoievski la vida de uno de sus más enigmáticos personajes, el príncipe Myshkin, protagonista de *El idiota*. Y si hago la comparación no es por vano alarde de erudición, sino porque sinceramente creo que la comparación nos ayudará a precisar conceptos.[10] Partiré del hecho que el propio Dostoievski escribió acerca de su protagonista: «He querido representar en mi 'idiota' a un hombre positivamente bueno.» Y al final de su ciclo vital, es el propio don Quijote quien exclama: «Dadme albricias, buenos señores, de que ya yo no soy don Quijote de la Mancha, sino Alonso Quijano, a quien mis costumbres me dieron renombre de *Bueno*» (II, lxxiv).

Las dos citas anteriores no van a probar lo ya bien sabido, o sea, que Cervantes influyó decididamente sobre Dostoievski.[11] A lo que atienden es al hecho de que desde esta

---

Quijote (Madrid, 1948). Y si el lector no lo había notado, bien conviene que lea esa obra.

[10] Más sistemático cotejo, aunque apuntado a otros fines, entre Cervantes, Dostoievski y Mark Twain (vale decir, entre don Quijote, el Príncipe Myshkin y Tom Sawyer-Huckleberry Finn) hallará el lector en el interesante trabajo de Arturo Serrano-Plaja *Realismo «mágico» en Cervantes* (Madrid, 1967), del que hay traducción inglesa (Berkeley-Los Angeles, 1970).

[11] Y muchos escritores rusos más, algunos de cuyos nombres surgirán a lo largo de estas páginas. El éxito de Cervantes en Rusia ha

orilla el príncipe Myshkin es *el idiota:* el materialismo del siglo XIX no lo podía entender de otra manera. Pero con la perspectiva de la otra orilla (como le gustaba decir a Valle-Inclán) el príncipe Myshkin constituye el símbolo de la sabiduría cristiana, en su esencia o forma más pura. ¿No es algo muy semejante lo que la crítica ha venido barajando desde hace años acerca del sentido íntimo del carácter de don Quijote? Al menos, a eso es a lo que apunto yo ahora.

Porque el caso es que Dostovievski escribe en su novela: «La piedad es la cosa que más obliga, quizás la única ley de la existencia humana.» Y en esta fórmula extraordinaria se destila el sentido íntegro de la novela. Ahora bien, don Quijote sale a *desfacer tuertos,* y ésta es la razón de su vida. Pero me pregunto yo: ¿no es el *desfacer tuertos* la forma activa, agónica, de la piedad? Si la respuesta es afirmativa (y no veo cómo puede ser de otra manera), entonces don Quijote ha asestado su vida a la práctica de «la única ley de la existencia humana», según la definición de Dostoievski. Pero esto lo escribió Dostoievski en la Rusia del siglo XIX. En la España de Cervantes la piedad agónica se lograba por el humanismo cristiano de las armas. El humanismo cristiano se inspiraba en la virtud de la piedad, mientras que la práctica de ésta, en el caso concreto de don Quijote, se llevaba a cabo por las armas.

En su vida, y con la punta de su lanza, don Quijote ha tratado de alcanzar el *summum bonum* de su época, y si uno es cristiano tiene que reconocer que de cualquier otra época también. Y en este momento conviene recordar nuevamente que el *Quijote* de 1605 se cierra con la muerte del protagonista, por más problemática que ésta resulte. En consecuencia, la vida de don Quijote, y no me quiero salir, de momento, del marco impuesto por la primera parte, es de absoluta ejemplaridad cristiana. Desde este punto de vista brilla con nuevos destellos una admonición al lector que se lee en el

---

sido inmenso, y se empieza a columbrar cuando se piensa que desde la época de Catalina la Grande hasta la Segunda Guerra Mundial (pienso en el período 1769-1940) aparecieron treinta y cuatro traducciones distintas del *Quijote* al ruso. Y desde mediados del siglo pasado hasta el mismo año de 1940 se imprimieron treinta y nueve versiones diferentes y abreviadas para niños.

prólogo de 1605, que ha sido el arranque de todos estos comentarios. Allí se lee: «Puedes decir de la historia todo aquello que te pareciere.» Si la vida de don Quijote ha sido una
lucha diaria por el *summum bonum* cristiano, aunque la lucha
diaria implique el revés cotidiano, entonces, con desdén olímpico, indiferente e impasible, Cervantes puede ciscarse en los
críticos más envidiosos y zumbones.

Lo innegable, sin embargo, es que los combates de don
Quijote producen en el lector gran regocijo, a menudo com-
partido por los espectadores. Bien cierto es, como ya observó
D. H. Lawrence, que en generaciones anteriores la crueldad
física, en particular con los locos, producía grandes risotadas.
Pero si don Quijote lucha por el *summum bonum,* ¿cómo
nos podemos reír de él? Nadie se ríe de los combates de
Christian, el personaje que en buscada alegoría protagoniza
la obra de John Bunyan que lleva este largo título: *The Pil-
grim's Progress from this World to that which is to come:
delivered under the Similitude of a Dream wherein is disco-
vered the Manner of his setting out, his Dangerous Journeys,
and Safe Arrival at the Desired Country* (1678-1684).[12]

Si los combates de don Quijote son altamente risibles,
mientras que los de Christian son objeto de solemne venera-
ción, se debe, creo yo, al diferente punto de partida de los
respectivos protagonistas. Christian parte de la Ciudad de la
Perdición exhortado por el Evangelista: este tipo de alegoría no puede causarle risa a nadie. En cambio, don Quijote
parte de un error, que en forma sustancial viene a constituir
la base de la comicidad del libro. El error de don Quijote
radica en el hecho de que para llegar a alcanzar la altísima
forma de vida que implica la piedad agónica sustentada por
el humanismo cristiano de las armas, el protagonista parte de

---

[12] La solemnidad usual en los críticos suele hacernos olvidar que
el *Quijote* es eminentemente un libro cómico, lo que no implica superficialidad alguna, porque los resortes de la risa tienen intríngulis
muy profundos, como demostró cumplidamente a comienzos de siglo
Henri Bergson en *Le Rire.* Yo no niego la comicidad del *Quijote;* sí
niego su superficialidad; por eso lo estudio en serio. Mas, para curarme en salud, recomiendo la lectura del excelente artículo del hispanista inglés Peter Russell «Don Quixote as a Funny Book», *Modern
Language Review,* LXIV (1969), 312-26.

un anacrónico ideal estético. A muy poco de terminar el prólogo de 1605, y bastante antes de comenzar el texto en sí de
la novela, ya se encarga el autor de decirnos que don Quijote
imita a Amadís de Gaula. El segundo de los poemas dedicados «Al libro de don Quijote de la Mancha» es un soneto de
«Amadís de Gaula a don Quijote de la Mancha», que comienza así:

> *Tú, que imitaste la llorosa vida*
> *que tuve ausente y desdeñado sobre*
> *el gran ribazo de la Peña Pobre,*
> *de alegre a penitencia reducida.*

Imitar la vida de Amadís de Gaula implica resucitar o,
en nuestro caso, intentar resucitar la caballería andante,
En la coyuntura histórica del *Quijote* de 1605 este hecho en
sí ya tiene que haber provocado risa y rechifla. La caballería
andante es indisociable del tema del poderío bélico de la nobleza, y el exponente máximo de la nobleza ha sido siempre
y en todas partes el monarca. Por eso, para calibrar con mejor tino la irredimible cualidad de la caballería andante en la
España de don Quijote, el lector debe tener presentes estos
hechos: el último rey español que dirigió sus tropas en combate fue Carlos V, muerto en 1558; su hijo, Felipe II, fue
el gran rey burócrata, y el hijo de éste, Felipe III, fue el rey
cazador, y ni siquiera gran cazador y nuevo Nemrod. Reinaba
cuando se publicó el *Quijote*. Además, la verdadera caballería
andante tuvo su apogeo en España, que coincide casi con su
ocaso, en el siglo xv.[13] Tratar de resucitar a comienzos del
siglo XVII una institución periclitada casi dos siglos antes
constituye gravísimo anacronismo. Ahora bien, el anacronismo, entonces y ahora, lleva a un conflicto cultural y a un
inevitable choque con la realidad. Esto es lo que ocurre a
diario en la vida de don Quijote, en cada aventura que emprende. Ese choque cotidiano con la realidad tiene dos resultados concretos. El primero concierne al lector, para quien la

---

[13] Como la caballería andante es urdimbre de la trama del *Quijote*,
el lector que se interese por sus históricos protagonistas españoles debe
acudir al hermoso libro de Martín de Riquer *Caballeros andantes españoles* (Madrid, 1967).

reacción es cómica. Esto lo explicó muy bien Henri Bergson en su libro ya citado sobre *Le Rire*. Bergson nos enseñó que la risa es una suerte de gesto social. Por medio de ese gesto la sociedad llama al orden a los que se apartan de la senda constructiva de la actividad sancionada por esa sociedad. La España de 1605 ya no sancionaba más a la caballería andante, y en consecuencia don Quijote no podía por menos que causar la risa universal de los lectores. Y la ha seguido causando.

Para el protagonista, sin embargo, para don Quijote de la Mancha, el choque entre anacronismo y realidad provoca la reacción heroica. Si las circunstancias de la España de 1605 impiden el renacimiento de un ideal de vida del siglo xv, entonces hay que superar esas circunstancias. Y cuando la realidad de 1605 provoca la derrota de este anacrónico don Quijote, esto sólo le lleva a una muy voluntariosa y renovada intención de auparse sobre sus circunstancias: *more hispanico*, bien podemos decir. Esta es la verdadera gloria en el fracaso, el destino de España, como dijo Francisco Ayala. Pero superar la circunstancia no se puede dar en el plano físico, ya que la lleva uno consigo (recordemos, *circum-stantia*: lo que está alrededor de uno). La superación sólo se puede dar en el plano intelectual, o espiritual, si me aprietan mucho. De allí lo que llamé la necesidad ontológica de crear los encantadores, de sacarlos de los libros para que pueblen efectiva y activamente el mundo de don Quijote. Sólo la conciencia de que existen encantadores puede explicar el hecho insólito de que cuando don Quijote, en apoyo del ejército del emperador Pentapolín del Arremangado Brazo, ataca el ejército del soberbio Alifanfarón de la Trapobana se encuentra despachurrando un rebaño de ovejas, actividad de la que le hacen desistir las peladillas de arroyo con que a hondazos le derriban los pastores de Rocinante (I, xviii). Sancho acude a la asistencia de su malferido amo y le dice: «¿No le decía yo, señor don Quijote, que se volviese, que los que iba a acometer no eran ejércitos, sino manadas de carneros?» A lo que contesta el maltrecho caballero: «Como eso puede desparecer y contrahacer aquel ladrón del sabio mi enemigo.»

La prosaica, soez realidad ha estado a punto de dar al traste con ese mundo ideal creado con perfecto método intelectual por don Quijote. Pero la circunstancia real queda reincorporada al mundo ideal, o superada, más bien, por la existencia de malos encantadores, de allí la necesidad ontológica de crearlos donde no los había antes. Los rebaños son un fracaso, pero la conciencia de que existen encantadores le hace hallar gloria en el fracaso. Y si volvemos brevemente al paralelo con el destino histórico de España, hallaremos que ahí también hay *encantadores* —todos adversos, se entiende, como en el caso de don Quijote—, sólo que ahora se llaman «los de izquierda», «los de derecha».

Pero me he adelantado mucho en la exposición, y debo volver al prólogo-epílogo de 1605. Allí, después de la problemática afirmación de que «cada cosa engendra su semejante», sigue otra aun más peliaguda. Comienza con una pregunta retórica, que rezuma con el antiquísimo tópico de modestia (de falsa modestia, desde luego), que tan bien estudió Ernst Robert Curtius en su ámbito medieval europeo (*vide supra*, nota 4): «¿Qué podrá engendrar el estéril y mal cultivado ingenio mío...?» A lo que contesta el mismo autor: «Sino la historia de un hijo seco, avellanado, antojadizo...» Lo semejante engendra lo semejante, otra cosa sería contravenir el orden de naturaleza, nos viene a decir el autor. Supongamos por un momento que el cojo Vulcano tiene un hijo: por ley natural tendrá que salir tan basto y feo como el padre. Esto dicho, vuelvo al prólogo, porque un poco más abajo escribió el autor unas palabras que todavía traen a los cervantistas al retortero: «Aunque parezco padre, soy padrastro de don Quijote.» Por el momento no me quiero meter en el problema de la multiplicidad de autores que tiene el *Quijote,* que implica una variedad de perspectivas o distancias entre libro y lector: los archivos manchegos, un par de autores anónimos, al parecer, el morisco toledano, Cide Hamete Benengeli, etc. Quiero volver, más bien, a mi hipotético hijo de Vulcano. El mitológico y cojo herrero resulta que no es el padre de la criatura, sino el padrastro; resulta que el verdadero padre es Apolo, el dios de la belleza y de la hombría. Entonces el hijo será un guapísimo mozo, ya que otra cosa sería «contravenir el orden de naturaleza, que en ella cada cosa engendra su semejante».

¿Y cómo incide todo esto sobre la forma de vida de don Quijote? Si el semianónimo hidalgo lugareño se hubiese quedado en ese plan de vida, la hubiese vivido como un cincuentón cascarrabias e idiosincrático, como tantos vecinos de hoy que cualquiera de nosotros podría nombrar. «Cada cosa engendra su semejante»: cada hombre engendra *su* vida, que no al revés, y luego tiene que vivirla, tema al que volveré más tarde. Pero el hidalgo lugareño decide abandonar su aldea, previa una metamorfosis extraordinaria de la que él emerge, nuevo pero católico Doctor Fausto, como don Quijote de la Mancha, una aldeana de la comarca como Dulcinea del Toboso, y su penco como Rocinante. El avellanado cincuentón se ha convertido en un caballero andante, flor y nata de los andantes ya que él practicará el humanismo cristiano de las armas. Así como «el estéril y mal cultivado ingenio» de Cervantes engendró la maravilla literaria del *Quijote,* de la misma manera el cincuentón hidalgo de aldea, que cifraba su ideal de vida en comer palominos los domingos, engendra a don Quijote de la Mancha, de heroica ejemplaridad ética.

De haberse quedado en su aldea, la vida del malhumorado cincuentón, tan prosaica y ordinaria, es dudoso que hubiese llegado a adquirir la categoría histórica de *narrable.* Recordemos que las cosas, los hombres, sus vidas, deben llegar a cierto nivel para ser dignos de historia, porque «hay cosas de las que mejor no hablar».[14] Pero ocurre algo maravilloso: este maniático cincuentón, «seco de carnes... y amigo de la caza», decide superar todo esto, auparse a estas circunstancias, y de su libérrima voluntad, dado que se trata de un acto de autobautismo, sale al mundo como don Quijote de la Mancha. Claro está que ha intervenido la locura, y tiempo habrá de volver a esto.

El hidalgo lugareño, en vez de engendrar la aburguesada vida que nos aboceta, con pocas pinceladas, el primer párrafo, ha engendrado a don Quijote de la Mancha, quien a su vez

---

[14] «Dicen algunos que han leído la historia que se holgaran se les hubiera olvidado a los autores della algunos de los infinitos palos que en diferentes encuentros dieron al señor don Quijote», dirá el socarrón bachiller Sansón Carrasco (II, III). Estas palabras, y el capítulo todo, suelen y deben estudiarse dentro del marco de las polémicas de la poética neoaristotélica, pero ahora me sirven para ilustrar lo que digo en el texto acerca de *lo narrable* como categoría histórica.

engendrará *su* vida. Y esta última vida está tan llena de maravillas que sí es eminentemente *narrable,* digna materia de la historia. Y esto *ab initio,* desde el momento en que el hidalgo vejete decide autobautizarse don Quijote de la Mancha. Con este autobautismo empieza a hacerse a pulso la vida de don Quijote, lo que implica que el cincuentón lugareño ha decidido, en un limpio acto de voluntad, superar sus circunstancias. Y esta limpia decisión se mantendrá a diario, pese a «infinitos palos», en un heroico y denodado afán que sólo se depondrá en el lecho de muerte, en nuevo y ejemplar acto de libérrima voluntad.

No olvidemos, sin embargo, que el prólogo de 1605 está escrito después de la muerte de don Quijote. Como decía yo antes: todo prólogo es, en sentido estricto, un epílogo. Y el hecho de que don Quijote muere al final de su historia de 1605 queda aseverado por los seis epitafios que escribieron «los académicos de la Argamasilla, en vida y muerte del valeroso don Quijote de la Mancha». O sea que Cervantes escribe la vida de don Quijote después de la muerte de éste.[15] Por ello quiero volver a citar las palabras del prólogo de 1605: «Puedes decir de la historia todo aquello que te pareciere.» Volvemos a desembocar en la misma afirmación anterior, aunque ahora la podemos matizar un poco: Cervantes ha adquirido tal conciencia de la ejemplaridad vital de su protagonista que la crítica nunca podrá alcanzarle.

A la problemática afirmación ya citada de «aunque parezco padre, soy padrastro de don Quijote», le siguen en el mismo prólogo cuatro alusiones más al protagonista por nombre, que pienso recoger de inmediato porque en ellas, y con muy sutil arte, se comienza a dibujar el contorno de lo que constituirá su forma de vida, y a revelar las razones por qué ésta es materia historiable. Insisto en que hay aquí una ejemplar lección de arte narrativo, porque si bien Cervantes escribió esto último cuando había quedado bien sentada la forma de vida de don Quijote y las razones por las cuales merecía ser objeto de historia, estas palabras del prólogo son las

---

[15] Con toda intención soslayo, de momento, el hecho indiscutible de una tercera salida y una segunda parte a la historia.

primeras que lee el lector ordinario. Como se verá en seguida, estas alusiones, cuando las reunimos en haz, constituyen una sutil pero eficaz etopeya, eficaz en cuanto despierta intencionalmente vivo interés por averiguar las razones para tales denominativos. Y aquí están las cuatro alusiones.

Primera: «Entró a deshora un amigo mío, gracioso y bien entendido, el cual, viéndome tan imaginativo, me preguntó la causa, y, no encubriéndosela yo, le dije que pensaba en el prólogo que había de hacer a la historia de don Quijote, y que me tenía de suerte que ni quería hacerle, ni menos sacar a luz las hazañas de tan noble caballero.» La aparición del amigo provoca el diálogo, el diálogo se transcribe en el prólogo y constituye su materia, y queda resuelto el problema de qué poner y cómo escribir un prólogo, con técnica no vista hasta el momento. Pero no voy a eso; quiero destacar, en vez los términos *hazañas, noble caballero,* que recogeré más adelante.

Segunda: «En fin, señor y amigo mío —proseguí—, yo determino que el señor don Quijote se quede sepultado en sus archivos de la Mancha, hasta que el cielo depare quien le adorne de tantas cosas como le faltan.» Destaco: *archivos de la Mancha.*

Tercera: «Estadme atento y veréis cómo en un abrir y cerrar de ojos confundo todas vuestras dificultades y remedio todas las faltas que decís que os suspenden y acobardan para dejar de sacar a la luz del mundo la historia de vuestro famoso don Quijote, luz y espejo de toda la caballería andante.» Destaco: *luz y espejo de toda la caballería andante.*

Cuarta: «Con silencio grande estuve escuchando lo que mi amigo me decía, y de tal manera se imprimieron en mí sus razones, que, sin ponerlas en disputa, las aprobé por buenas y de ellas mismas quise hacer este prólogo, en el cual verás, lector suave, la discreción de mi amigo, la buena ventura mía en hallar en tiempo tan necesitado tal consejero, y el alivio tuyo en hallar tan sincera y tan sin revueltas la historia del famoso don Quijote de la Mancha, de quien hay opinión, por todos los habitadores del distrito del campo de Montiel, que fue el más casto enamorado y el más valiente caballero que de muchos años a esta parte se vio en aquellos contornos.»[16] Destaco: *el más casto enamorado y el más valiente caballero.*

Si engavillamos ahora los distintos apelativos que he ido destacando, tenemos algo como lo siguiente: las hazañas de don Quijote de la Mancha, noble caballero, fueron de tal calibre que merecieron ser registradas en los archivos locales y le llevaron a constituirse en luz y espejo de la caballería andante por ser el más casto enamorado y el más valiente caballero. Queda así bien patente por qué la vida de don Quijote tiene valor historiable.

En una de las muchísimas lecciones que nos dio don Américo Castro, no todas inobjetables por desgracia, aprendemos que el pasado histórico tiene dos dimensiones: *ser* y *valer.* Todos *somos,* pero pocos *valemos.* Los aborígenes australianos no son *historiables,* o sea, objetos dignos de historia en el sentido normal de la palabra. Pero no cabe la menor duda de que tienen *ser,* lo que no tienen es *valer.* Para llegar a *valer* se necesita el acicate e imperativo de lo que don Américo llamó «la codicia estimativa de un grupo humano».[17]

Y ahora traslademos estas observaciones al terreno que nos hemos acotado. Si don Quijote se hubiese reducido a *ser,* como la inmensa mayoría de los mortales, su vida no habría sido materia digna de historia, como no lo es la de tantos Juan Lanas que pueblan el planeta. Pero don Quijote sintió el espolonazo de esa «codicia estimativa»; él codició imitar

---

[16] Como en este libro no me pienso meter en el análisis de la técnica narrativa del *Quijote* —en realidad, las técnicas—, he dejado esta cita deliberadamente larga para que el lector aprecie, aunque sea muy de pasada, el virtuosismo del que aprenderán las generaciones venideras de novelistas europeos, y que en conjunto nutrirán la llamada novela moderna por antonomasia. Cervantes constituye el primer gran ejemplo en las literaturas europeas de que, como le gustaba decir a mi maestro Amado Alonso, «el movimiento se demuestra andando». He aquí, en rasguño, los términos de la cuestión: escribir un prólogo constituye un problema, real o supuesto; se inventa un amigo y se inventa un diálogo; se transcribe el diálogo que constituye la materia del prólogo, y éste queda escrito, y resuelto el problema.
[17] Véase Américo Castro, «Ser y valer. Dos aspectos del pasado historiable», *Origen, ser y existir de los españoles* (Madrid, 1959), páginas 146-70. La cita del texto se halla en la página 161. Claro está que hago caso omiso de la antropología, ciencia que estudia el *ser* y no el *valer.*

a Amadís de Gaula, él quiso salir a «desfacer tuertos». La conjunción de un ideal estético y la práctica activa de la piedad en la forma del humanismo cristiano de las armas produjo la extraordinaria metamorfosis de un cincuentón y semianónimo hidalgo de aldea en don Quijote de la Mancha. El arrinconado hidalgo por cincuenta años sólo aspiró a comer palominos los domingos, lo que en nuestra terminología de hoy equivale a decir que sólo tuvo *ser*. Pero un buen día aspiró a *valer*, y para ello tuvo que voluntariosa e inevitablemente imprimir un nuevo sesgo a su vida, que comenzó, en forma muy significativa, por un acto de autobautismo.[18] Sólo entonces la vida amorfa y anónima del protagonista se elevó al criterio supremo de todo pasado historiable. Como tienen que reconocer las personas que le rodean, algunas con intenciones harto egoístas: hasta como objeto de risa don Quijote tiene *valer*. Esta lección de profundo significado humano está ínsita en las cuatro alusiones del prólogo que vengo de copiar.

Me parece que la mejor forma de recapitular todo lo precedente es una muy larga cita de Ortega y Gasset. La longitud de la cita tiene la doble ventaja de eximir momentáneamente al lector de mi torturada prosa y la de agregar claridad a lo que llevo dicho. Así escribió Ortega en 1941:

El hombre no sólo tiene que hacerse a sí mismo, sino que lo más grave que tiene que hacer es determinar *lo que* va a ser. Es *causa sui* en segunda potencia. Por una coincidencia que no es casual, la doctrina del ser viviente sólo encuentra en la tradición como conceptos aproximadamente utilizables los que intentó pensar la doctrina del ser divino. Si el lector ha resuelto ahora seguir le-

---

[18] En la tradición judeo-cristiana el nombre de la persona tiene un valor casi místico, pues se le ha atribuido cualidades definitorias. Por ejemplo, Saulo de Tarso es la misma persona que San Pablo, pero de un nombre al otro va nada menos que la conversión en el camino de Damasco. En algunas órdenes religiosas todavía se mantiene esta práctica: al renunciar al mundo la persona abandona su viejo nombre y adquiere uno nuevo, definitorio de su nueva vocación. Algo de todo esto late en lo que Leo Spitzer llamó la «polionomasia» del *Quijote*, o sea la multiplicidad de nombres del protagonista, que ayudan a definir cada nueva etapa de su vida, hasta que en su lecho de muerte él mismo escoge su nombre final y definitorio para la eternidad: Alonso Quijano el Bueno. Esta es la importancia capital del autobautismo con que se inicia la novela. Amplío todo esto en mis *Nuevos deslindes cervantinos* (Barcelona, 1975).

yéndome en el próximo instante será, en última instancia, porque hacer eso es lo que mejor concuerda con el programa general que para su vida ha adoptado, por tanto, con el hombre determinado que ha resuelto ser. Este programa vital es el *yo* de cada hombre, el cual ha elegido entre diversas posibilidades de ser que en cada instante se abren ante él. [19]

Ni una sola de las palabras anteriores puede dejarse de aplicar a don Quijote de la Mancha en su trayectoria de anónimo hidalgo de aldea a Alonso Quijano el Bueno. Pero la demostración de ello rebasa ya los límites de este capítulo, en el cual sólo quise hacer ver algunas de las implicaciones del prólogo de 1605 para la forma de vida que adopta el protagonista. La muerte del personaje de 1605 queda aseverada solemnemente por seis académicos de Argamasilla de Alba. Sin embargo, y con estricto rigor histórico, que en el contexto del *Quijote* quiere decir alegre desenfado, el autor escribe de inmediato: «Estos fueron los versos que se pudieron leer; los demás, por estar carcomida la letra, se entregaron a un académico para que por conjeturas los declarase. Tiénese noticia que lo ha hecho, a costa de muchas vigilias y mucho trabajo, y que tiene intención de sacallos a luz, con esperanza de la tercera salida de don Quijote» (I, lii). Y junto con don Quijote, todos quedamos lanzados a nueva aventura.

[19] José Ortega y Gasset, *Historia como sistema,* en sus *Obras completas,* cuarta edición, VI (Madrid, 1958), 33-34.

II

DIRECTRICES DEL PRÓLOGO
DE 1615

PERO SE impone un nuevo compás de espera, y nuestra aventura debe esperar un poco más. Con orden y método evitaremos peligros innecesarios y llevaremos segura brújula para sortear los Escilas y Caribdis que surgen atemorizadores ante toda labor de crítica literaria, y más si tiene que ver con el *Quijote,* el único libro universal que ha producido España, nación de exacerbado individualismo histórico.

Porque creo yo que para estas alturas de la vida podemos bucear en el piélago sin fondo que es el *Quijote* con un poco más de confianza que la que hizo pública Ortega y Gasset en su primer libro de ensayos. En las *Meditaciones del Quijote* (1914) escribía Ortega: «No existe libro alguno cuyo poder de alusiones simbólicas al sentido universal de la vida sea tan grande, y, sin embargo, no existe libro alguno en que hallemos menos anticipaciones, menos indicios para su propia interpretación.» [1]

Si el prólogo de 1605 nos propuso algunas directrices, me parece a mí, sin pretender engallarme ni levantar demasiado la voz, que algo parecido ocurrirá con el prólogo de 1615, asimismo escrito *a posteriori,* cuando la obra estaba conclusa y el ciclo vital de don Quijote cerrado para siempre. Pero las circunstancias de la vida de Cervantes —de la que no se puede hacer caso omiso, diga lo que quiera la escuela que los anglosajones llamaron New Criticism—, los diez años que van de prólogo a prólogo, esas circunstancias eran muy distintas, y conviene darles un breve y apretado examen. Así podremos

[1] *Obras completas,* I, 360.

apreciar un poco mejor el distinto tono que resuena en cada prólogo.

Cuando Cervantes escribió el prólogo de 1605 llevaba veinte años de silencio oficial. Su única obra anterior publicada, y dejo de lado unos versos de ocasión, había sido la *Galatea*, que en 1585 había impreso Juan Gracián en Alcalá de Henares. En vida del autor no se reimprimió en España, medida de su escaso éxito en nuestra patria, aunque sí en Lisboa (1590) y en París (1611).[2] Las actividades a que se dedicó Cervantes en esos veinte años no me interesan en la ocasión. Fueron variadas y asestadas a un solo fin: mantenerse a flote en la marejada que amenazaba a diario con ahogarle. Lo que sí me interesa destacar es que en los veinte años de ensimismado silencio (*en sí mismo*) Cervantes tiene que haber tramado diversas soluciones al problema de la novela. La *Galatea* no le había resultado solución satisfactoria: «Propone algo y no concluye nada», escribirá él mismo de ella (*Quijote*, I, vi), aunque sí hay que reconocer que representa novedades en el género pastoril que ya estudié en otra oportunidad y que su rastro se puede seguir hasta el *Persiles*. Para 1605 Cervantes había dado con una nueva, única y genial solución, a la que dio forma en la primera parte del *Quijote*. Es bien conocido el éxito de su solución: seis ediciones en ese mismo año de 1605. Pero asimismo es bien sabido que el éxito fue de público lector, no constituyó un éxito financiero para Cervantes mismo. «La mansa pobreza, / dádiva santa desagradecida», que escribió Juan de Mena (*Laberinto*, 227 ab) con ecos del Sermón de la Montaña, y que maliciosamente recordó Cide Hamete Benengeli (*Quijote*, II, xlix), esa pobreza nunca mostró mansedumbre a Cervantes, sino, más bien, enconado rigor. En consecuencia, el novelista tenía que multiplicar sus labores literarias, única forma de vida posible que le había dejado abierta la España de Felipe II

---

[2] Por coincidencia no casual sí se reimprimió dos veces en 1617, al año de morir Cervantes y el año en que apareció póstumo el *Persiles*. Sin querer pasarme de listo, me parece que los impresores Francisco Fernández de Córdoba, en Valladolid, y Juan Bautista Montoya, en Baeza, reimprimieron la *Galatea* en 1617 para medrar a la sombra del *Quijote*, ahora completo, y hasta quizá del *Persiles*. Se suele olvidar que en el siglo XVII el *Persiles* tuvo más ediciones que el *Quijote*.

y de su hijo y sucesor. En el prólogo a mi edición del *Persiles* (Madrid, Castalia, 1969) creo haber demostrado que la composición del *Quijote* de 1605 fue, en gran medida, simultánea con la redacción del *Persiles,* al menos de los dos primeros libros de esta novela que saldría póstuma.

Este último hecho y los diez años que separan las dos partes del *Quijote* hacen evidente que después de 1605 Cervantes abandonó el *Quijote,* quizá porque él mismo consideraba que su protagonista quedaba muerto, por más incierta e insegura que sea la noticia según nos la transmite el autor. En el mismo prólogo mío a que me referí hace un momento, creo demostrar que la redacción del *Persiles* (por lo menos de los dos últimos libros) sólo se reemprende pasado 1610. Tenemos la evidencia bibliográfica de que Cervantes puso mano a otras obras. Las *Novelas ejemplares* salen en 1613, aunque algunas son, con seguridad, anteriores al *Quijote* de 1605, como *Rinconete y Cortadillo,* allí mismo mencionada *(Quijote,* I, xlvii).[3] El lector recordará que el *Viaje del Parnaso* sale en 1614. No quiero quitarles méritos a estas obras en absoluto, en particular a las *Novelas ejemplares,* pero no me deja de sorprender el hecho de que ·Cervantes no quiera publicar la segunda parte de su obra máxima y mejor éxito de librería hasta diez años después de haber salido la primera.

Claro está que las otras obras publicadas y las circunstancias personales determinan en gran medida lo que podemos llamar «el silencio quijotesco», o sea, los diez años que separan ambas partes. Hacia 1610 acaricia Cervantes el sueño de volver a Italia en el séquito del séptimo conde de Lemos, nombrado en ese año virrey de Nápoles. Sueño fracasado para el autor, pero de maravillosos resultados para nosotros, pues si se hubiese cumplido seguramente no tendríamos la segunda parte del *Quijote.* Además, en 1614, cuando ya estaba bien

---

[3] No vale la pena entrar en complicados problemas de cronología para los fines que persigo hoy. Es sabido, además, que *Rinconete* y *El celoso extremeño* figuraban en el hoy perdido manuscrito Porras de la Cámara, que se suele fechar hacia 1604. El que guste seguir estos problemas puede ahora consultar el lúcido libro de Ruth S. El Saffar *Novel to Romance. A Study of Cervantes's «Novelas ejemplares»* (Baltimore-Londres, 1974).

adelantada, por fin, la redacción de esta segunda parte, apareció en Tarragona un segundo *Don Quijote de la Mancha* espúreo, firmado por el impenetrable seudónimo de Alonso Fernández de Avellaneda. Esta obra, de la que Cervantes hablará largamente en el prólogo de 1615, es casi seguro que le llegó a las manos en el momento que redactaba el capítulo lix, primera ocasión en que se la menciona.

No cabe duda de que el Cervantes de 1605 era persona —en el sentido latino de «personaje», como sus propias creaciones literarias, y en nuestro sentido actual de «ser humano»— muy distinta del Cervantes de 1615. El nivel económico de su vida no había cambiado mayormente, aunque a partir de 1605 en Valladolid (asesinato del navarro don Gaspar de Ezpeleta) no habría ya más vergonzosas y vejatorias cárceles y prisiones. Pero en 1605, cuando Cervantes lanza a la diáfana luz madrileña su extraordinario invento literario, sus credenciales en el gremio no montaban a mucho: la *Galatea* de 1585, algunos versos de ocasión, entre ellos romances no siempre identificables, y un número incierto de comedias, de las cuales algunas publicó el mismo en 1615 *(Ocho comedias y ocho entremeses)*. No en balde Lope de Vega podía befarse epistolarmente de Cervantes. Y no olvidar que Lope fue siempre la encarnación literaria de la España oficial, mientras que Cervantes se mantuvo siempre y con cuidado al sesgo de esa misma España. Desde Toledo, y a 4 de agosto de 1604, escribía Lope a un personaje desconocido: «De poetas, no digo: buen siglo es éste. Muchos en cierne para el año que viene; pero ninguno hay tan malo como Cervantes ni tan necio que alabe a don Quijote.» Para remachar el malévolo comentario de esta manera: «Cosa para mí más odiosa que mis librillos a Almendárez y mis comedias a Cervantes.» [4]

Pero no en vano pasaron diez años entre una parte y otra del *Quijote* —quizá no venga del todo a trasmano recordar

---

[4] *Epistolario de Lope de Vega Carpio,* ed. Agustín G. de Amezúa, III (Madrid, 1941), 4. El texto de la carta de Lope fue el que dio pábulo hacia mediados del siglo pasado a una ardiente polémica acerca de si hubo una edición del *Quijote* en 1604 ó no. Para mí, en esa ocasión, *tanto monta.* Si el lector, sin embargo, siente afición por los enredijos bibliográficos, debe consultar, entonces, la monografía de Jaime Oliver Asín *El Quijote de 1604* (Madrid, 1948).

que Federico García Lorca subtituló «leyenda del tiempo» su obra dramática *Así que pasen cinco años*. Para 1615 es un representante oficial de esa España oficial sobre la que Lope de Vega poetizó y dramatizó quien nos dará la opinión, asimismo oficial, acerca de Miguel de Cervantes Saavedra. Era un covachuelista o burócrata, el licenciado Francisco Márquez Torres. Y lo que dirá el licenciado Márquez Torres sobre el novelista no será en carta particular y privada a un destinatario desconocido, como en el caso de Lope de Vega en 1605, sino que lo escribirá para beneficio de toda España, ya que se trata nada menos que de la aprobación del *Quijote* de 1615.

Allí, entre otros muchos ditirambos que en el siglo XVIII causaron graves sospechas al erudito Gregorio Mayáns y Síscar,[5] escribe nuestro licenciado: «Bien diferente han sentido de los escritos de Miguel de Cervantes así nuestra nación como las estrañas, pues como a milagro desean ver el autor de libros que con general aplauso, así por su decoro y decencia como por la suavidad y blandura de sus discursos han recebido España, Francia, Italia, Alemania y Flandes.» Podemos decir que si tanta gente y de tantas naciones quería ver a Cervantes *como a milagro* es porque en él se había cumplido lo que Lorca llamó «leyenda del tiempo», pero en sentido ponderativo, afirmativo.

El caso es que para 1615 Cervantes no sólo tenía en su haber una extraordinaria producción literaria, sino que también disponía de unas envidiables aldabas en la persona de don Pedro Fernández de Castro, séptimo conde de Lemos, sobrino del todopoderoso duque de Lerma, y presidente del Consejo de Indias y después virrey de Nápoles. Además, y en el mismo prólogo de 1615, se refiere Cervantes a fray don Bernardo de Sandoval y Rojas, cardenal arzobispo de Toledo, tío del mismo duque de Lerma. Y rubrica todo este asunto

---

[5] En su *Vida de Miguel de Cervantes Saavedra*, 5.ª ed. (Madrid, 1750), págs. 65-66, Mayáns atribuyó la *aprobación* de Márquez Torres al mismo Cervantes. Volvió a poner las cosas en claro Elías L. Rivers, «On the Prefatory Pages of *Don Quixote*, Part II», *Modern Language Notes*, LXXV (1960), 214-221: la *aprobación* es de Márquez Torres, y si pone por los cuernos de la luna a Cervantes es con la intención de anular el *Quijote* de Avellaneda, reacción no extraña aun hoy en día.

de su extraordinario ascendiente social, comparado con Avellaneda —y bien duramente ganado, por cierto—, con esta frase rezumante, casi, casi, de orgullo: «Estos dos príncipes, sin que los solicite adulación mía, ni otro género de aplauso, por su sola bondad, han tomado a su cargo el hacerme merced y favorecerme.» La perspectiva vital del Cervantes que escribe el prólogo de 1615 tenía, por fuerza, que ser muy distinta a la del Cervantes de 1605. Espero que ya se vislumbre algo de las distancias que separan a ambos prólogos. Y así podemos volver al *leitmotif* de *Así que pasen diez años*. En breve paráfrasis de una frase inicial de Cervantes en el prólogo de 1615: ¡Qué suerte que no fue en la mano de Cervantes haber detenido el tiempo!

El metro imprescindible para medir con cierta exactitud esa distancia —o, al menos, con deseo de exactitud— es lo que se puede designar *el incidente Avellaneda*. En consecuencia, las directrices del prólogo de 1615 no nos dicen mucho sobre el personaje, pero sí lo hacen sobre su creador. Mas esto, aun así sea en forma indirecta, no puede dejar de iluminar en alguna manera la forma de vida de don Quijote, ya que, al fin y al cabo, su vida y muerte sólo se concibieron en la mente de Cervantes. Y me apresuro a agregar que esto no se debe entender en absoluto como un ataque a la memoria del gran vasco Unamuno, ni mucho menos como deseos de polemizar con sus seguidores. Sólo me refiero al hecho fundamental y básico de que el creador de don Quijote fue Cervantes, y no al revés.

A lo que voy es a algo como lo siguiente: en 1605 Cervantes dio a la estampa una novela extraordinaria. Tan extrarodinaria que él mismo lo admitió en 1613: «me doy a entender (y es así) que yo soy el primero que he novelado en lengua castellana» (prólogo a las *Novelas ejemplares*). Y bien podemos agregar nosotros: «Y en cualquier otra.» Ciertas de las cualidades únicas de esta «primera novela» son indisolubles de las cualidades únicas de la vida de su protagonista. Y hete aquí que en 1614 alguien que no se atreve a dar la cara y se esconde bajo el seudónimo (como los raptores de hoy día, al fin de cuentas) comete un inicuo secuestro literario, y le roba a Cervantes su más querida y valiosa criatura literaria. Cervantes reacciona contra Fernández de Avellaneda

con la misma violenta exacerbación, de signo negativo, con
que, cambiado a signo positivo, reacciona hacia su propia
obra literaria y las criaturas que la pueblan. Como cualquier
escritor, al fin y al cabo.[6] Un uso módico de imaginación por
parte nuestra nos permitirá vislumbrar algo de lo que la reacción cervantina contra Avellaneda implica respecto a la conducta y forma de ser de don Quijote.

Pero hay que dar un paso previo, pues malamente se
puede calibrar la reacción cervantina si no sabemos contra qué
reacciona. En otras palabras, hay que conocer algo de los ataques de Avellaneda para poder apreciar debidamente el diapasón de la voz cervantina en 1615. Como no es mi come-
tido, al menos ahora, estudiar a Avellaneda, me limitaré a
copiar lo más pertinente del prólogo al *Segundo tomo del
ingenioso hidalgo don Quijote de la Mancha,* que contiene su
tercera salida, y es la quinta parte de sus aventuras:

> Como casi es comedia toda la historia de don Quijote ... no puede
> ni debe ir sin prólogo; y así sale al principio desta segunda parte
> de sus hazañas éste, menos cacareado y agresor de sus letores que
> el que a su primera parte puso Miguel de Cervantes Saavedra,[7] y
> más humilde que el que segundó en sus novelas, más satíricas que
> ejemplares, si bien no poco ingeniosas. No le parecerán a él lo son
> las razones desta historia, que se prosigue con la autoridad que él
> la comenzó, y con la copia de fieles relaciones que a su mano lle-
> garon; y digo mano, pues confiesa de sí que tiene una sola, y ha-
> blando tanto de todos, hemos de decir dél que, como soldado tan
> viejo en años cuanto mozo en bríos, tiene más lengua que manos.
> Pero quéjese de mi trabajo por la ganancia que le quito de su se-
> gunda parte; pues no podrá, por lo menos, dejar de confesar tene-
> mos ambos un fin, que es desterrar la perniciosa lición de los vanos
> libros de caballerías, tan ordinaria en gente rústica y ociosa; si bien
> en los medios diferenciamos, pues él tomó por tales el ofender a
> mí, y particularmente a quien tan justamente celebran las naciones
> más estranjeras [Y sigue un elogio de Lope de Vega] ... Y pues
> Miguel de Cervantes es ya de viejo como el castillo de San Cer-
> vantes y por los años tan mal contentadizo que todo y todos le en-

---

[6] Debo dejar constancia que, con casi toda seguridad, Cervantes
murió sin poder identificar al raptor de su hijo más querido; ver Al-
berto Sánchez, «¿Consiguió Cervantes identificar al falso Avellaneda?»,
Anales Cervantinos, II (1952), 313-31.

[7] Recordar las palabras del prólogo de 1605: «Puedes decir de la
historia todo aquello que te pareciere», y mis comentarios en el capítulo anterior.

fadan, y por ello está tan falto de amigos, que cuando quisiera adornar sus libros con sonetos campanudos había de ahijarlos, como él dice, al Preste Juan de las Indias o al emperador de Trapisonda por no hallar título quizás en España que no se ofendiera de que tomara su nombre en la boca... Conténtese con su *Galatea* y comedias en prosa; que eso son las más de sus novelas: no nos canse... Pero disculpan los yerros de su primera parte, en esta materia [de envidia], el haberse escrito entre los de una cárcel; y así no pudo dejar de salir tiznada dellos, ni salir menos que quejosa, murmuradora, impaciente y colérica, cual lo están los encarcelados. En algo diferencia esta parte de la primera suya; porque tengo opuesto humor también al suyo... [8]

Los ataques de Avellaneda a Cervantes nos revelan algo que no se encuentra en absoluto en el *Quijote* de 1605 y sí se halla en el de 1615, en particular cuando enfilamos los preliminares de éste desde la perspectiva «Avellaneda». A lo que me refiero es al hecho de que la *aprobación* del licenciado Márquez Torres, la dedicatoria de Cervantes al conde de Lemos y el prólogo adquieren un tono radicalmente solidario. En lo que copié con anterioridad de la *aprobación* de Márquez Torres [9] (*vide supra,* pág. 32) se contesta cabalmente

[8] Esto último merece comentario aparte y breve, por necesidad. Otra cosa sería examinar la ideología de Fernández de Avellaneda, lo que no me incumbe. Cervantes reveló al mundo la verdadera posibilidad novelística —que tardaría mucho en florecer de nuevo, es tristemente cierto— por el acto sencillo, heroico y silencioso de escribir más allá de la axiología y creencias de su tiempo y su país. Un «superar la circunstancia» que se repite en su protagonista, como decía yo en el capítulo anterior. Ahora bien: frente a este «superar la circunstancia», Fernández de Avellaneda se solidariza e identifica por completo con las circunstancias de la España de su momento, que se pueden reducir a dos: Barroco y Reforma católica. Quien desee proseguir el tema debe consultar la luminosa obra de Stephen Gilman *Cervantes y Avellaneda. Estudio de una imitación* (México, 1951).

[9] Y éste es el momento de observar de que esta *aprobación* es completamente redundante, al menos en cuanto *aprobación,* ya que va precedida por otra del doctor Gutierre de Cetina y aun otra del maestro José de Valdivielso. Bien es cierto que la de Márquez Torres es la primera en el tiempo; pero, entonces, ¿para qué la *aprobación* de Cetina, ya que la de Márquez Torres empieza diciendo: «Por comisión del señor doctor Gutierre de Cetina...»? Insisto en esto porque el tono de unánime defensa contra los ataques del falsario Avellaneda que tienen la *aprobación* de Márquez Torres, y la dedicatoria y prólogo de Cervantes da el más alto índice de probabilidad al hecho de que Cervantes haya solicitado e insinuado el texto de Márquez Torres.

a Avellaneda que si las naciones «justamente celebran» a
Lope de Vega (palabras del falsario), lo mismo, y no con
menor justicia, se puede decir de Cervantes. El corolario de
lo escrito por Márquez Torres es que ni Lope empequeñece
a Cervantes, ni Cervantes ha pretendido explícitamente des-
medrar a Lope. Lope de Vega era el profesional consagrado
de las letras y el intérprete oficial (en la literatura, se entiende) de la política interna del Estado-Iglesia que era el imperio
español a comienzos del siglo XVII. Cervantes nunca quiso,
ni pudo, ni supo, ni se interesó en interpretar otra cosa que
los productos de su imaginación creativa.

Otros de los ataques de Fernández de Avellaneda son ya
contestados en forma personal por Cervantes, pero con su
característica técnica de la alusión-elusión, con lo que me
refiero a esa peculiaridad única del estilo cervantino de aludir a algo y eludir nombrarlo.[10] Avellaneda, y ya lo hemos
visto, acusa al viejo Cervantes de vivir tan desvalido que
tiene que atribuir los encomiásticos versos preliminares (obli-
gados en casi todo libro de la época) a seres fabulosos, como
el emperador de Trapisonda, porque en España no había título (personaje titulado, desde luego) que no se ofendiese si
su nombre figurase en un libro de tal carcamal.

Si examinamos bien las cosas, el sarcasmo cervantino
llega a ser sangriento, lo que nos debe evidenciar que la
puñalada trapera del falsario y secuestrador Avellaneda le
había llegado al hondón del alma. Partamos por el hecho de
que es Fernández de Avellaneda quien no se atreve a dedi-

Y con esto no quiero volver, ni por amago, a la vieja identificación
de Mayáns y Síscar: *aprobación* de Márquez Torres = texto de Cervantes.

[10] En la primera parte del *Quijote* hay un capítulo cuyo epígrafe
ilustra esto de la alusión-elusión cumplidamente, y lo citaré para que
esto quede claro y no se me acuse a mí y a mi labor crítica de alle-
garme a esa misma técnica por confusión propia. Me refiero al epígrafe
del capítulo XX de la primera parte, que dice así: «De la jamás vista
ni oída aventura que con más poco peligro fue acabada de famoso
caballero en el mundo, como la que acabó el valeroso don Quijote
de la Mancha.» La alusión está bien clara: el valor del inmarcesible
manchego acabó una extraordinaria aventura. Lo que *elude* decirnos
ese mismo epígrafe, y que hay que buscar en el texto del capítulo, es
que esa sonoridad casi marcial encubre la más maloliente aventura de
todo el libro, la de los batanes. Más sobre esto en el próximo capítulo.

car su libro a ningún príncipe ni titulado, sino «Al alcalde, regidores y hidalgos de la noble villa del Argamasilla de la Mancha, patria feliz del hidalgo caballero don Quijote, lustre de los profesores de la caballería andantesca». A esto Cervantes responde con imprimir sólo cinco palabras, que aniquilan todos los pinitos del falsario y al falsario mismo: «Dedicatoria. Al conde de Lemos.» Ya hemos visto algunos de los ilustrísimos títulos que distinguían a don Pedro Fernández de Castro, séptimo conde de Lemos, pero ahora quizá convenga agregar que él era Grande de España, de la primera creación del emperador Carlos V, allá en 1520.

Después, el único soneto campanudo (palabras de Avellaneda) que prologa la obra de éste es de «Juan Fernández», valde decir, en su contexto literario, Juan Lanas. Esta vez Cervantes no se digna ni contestar a esto y da la callada por respuesta. El *Quijote* de 1615 no tiene ni un solo verso encomiástico, ni propio ni ajeno. Bien es cierto que todos los versos preliminares del *Quijote* de 1605 habían sido ahijados a padres imaginarios, pero eso se entiende, desde la época de don Américo Castro por lo menos, como una muestra más de la búsqueda por originalidad absoluta en marco y contenido por parte de Cervantes.[11]

Y por último, y en mala hora, se le ocurrió a Fernández de Avellaneda mencionar al «emperador de Trapisonda», que nunca existió. Porque con descomunal burla Cervantes escribe en el prólogo: «El que más ha mostrado desearle [la continuación de Cervantes] ha sido el grande emperador de la China, pues en lengua chinesca habrá un mes que me escribió una carta con un propio, pidiéndome, o, por mejor decir, suplicándome se le enviase, porque quería fundar un colegio donde se leyese la lengua castellana, y quería que el libro que se leyese fuese el de la historia de don Quijote. Juntamente con esto me decía que fuese yo a ser el rector del tal colegio.» Pero lo malo es que no hay ayuda de costa, y continúa Cervantes: «Sobre estar enfermo, estoy muy sin

---

[11] Me refiero al largo trabajo de Castro «Los prólogos al *Quijote*», que apareció por primera vez en la *Revista de Filología Hispánica* de Buenos Aires, en el año 1941, y que después fue recogido por don Américo en las diversas ediciones por las que ha pasado su famoso libro *Hacia Cervantes*.

dineros, y emperador por emperador, y monarca por monarca, en Nápoles tengo al grande conde de Lemos, que, sin tantos titulillos de colegios ni rectorías, me sustenta, me ampara y hace más merced que la que yo acierto a desear.» ¡Menudo tapaboca! La graciosa invención del emperador de la China deslumbra con su brillo polifacético. Vamos por partes, ahora, porque estas frases no tienen desperdicio, y la prisa bien me puede hacer olvidar algo.

Primero. Avellaneda se quejaba amargamente de los inmerecidos ataques de Cervantes a Lope de Vega, y creyó apabullar a Cervantes con la mención de la fama internacional del Fénix de los Ingenios. Hemos visto que Márquez Torres ya se encargó de aclarar que la fama internacional de Cervantes era tan grande o más que la de Lope.[12] Y todo esto lo acentúa hasta el disloque el propio Cervantes con un pitorreo fenomenal. Su fama, nos dice, es astral, o punto menos, pues ha llegado hasta la China, donde se le ha ofrecido una cátedra de castellano, con condición que allí se leyese como único libro de texto su *Don Quijote*. Ni el propio paniaguado Alonso Fernández de Avellaneda se atrevió a decir algo semejante sobre la fama internacional de Lope de Vega, ni se le podía cruzar por la mente.

Segundo. Según Avellaneda, el novelista Cervantes era un gafo de las letras, al punto que los títulos de Castilla no se atrevían a tocarle. Con guasa soberana Cervantes contesta que no hay tan gafedad, ya que nada menos que el emperador de la China (¡menudo título!) le ha invitado a ser rector de un colegio. Pero esto, como digo, es guasa incontenible. Ya en serio, Cervantes recuerda que un Grande de España, virrey de Nápoles y conde de Lemos le sustenta, le ampara y le hace inmensas mercedes.

---

[12] Recuerde el lector la anécdota que cuenta el licenciado Márquez Torres, y que resumiré aquí: el embajador de Francia, el duque de Mayenne, con su séquito, visitan en Toledo al cardenal-arzobispo Sandoval y Rojas. En conversación con los cortesanos franceses surge el nombre de Cervantes. «Apenas oyeron [los cortesanos franceses] el nombre de Miguel de Cervantes cuando se comenzaron a hacer lenguas, encareciendo la estimación que, *así en Francia como en los reinos sus confinantes,* se tenían sus obras: la *Galatea,* que algunos dellos tiene casi de memoria, la primera parte désta [o sea el *Quijote*] y las *Novelas.*» El subrayado es mío.

Tercero. Al adjudicarle una suerte de gafedad literaria a Cervantes, Avellaneda discurre que las novelas de aquél por fuerza tienen que llevar versos elogiosos de personajes inventados, o que ya el siglo XVII reconocía como fabulosos, tales como el preste Juan de las Indias y el emperador de Trapisonda. A esto responde Cervantes con un gambito tan gracioso como sutil: a él le solicita el emperador de la China, personaje que por lo menos desde muy a comienzos del siglo XIV toda la Europa occidental reconocía como plenamente histórico, a través del relato de los viajes de Marco Polo. Y para la época de Cervantes esa historicidad estaba ampliamente confirmada por los viajes de los portugueses (recordemos a Camoens en Macao) y de los jesuitas españoles.

Cuarto. Es cierto que en 1605, y con fines de acentuar la originalidad de su marco narrativo, Cervantes había adjudicado sus versos preliminares a personajes de creación y validez literarias. Pero para 1615 su autoridad literaria era inexpugnable. En 1613, y en el prólogo a las *Novelas ejemplares,* se había dictaminado a sí mismo y con plena justicia, como han asentido los siglos, el primer narrador de la lengua castellana. En 1614, en el *Viaje del Parnaso,* cuando ya su autoridad está bien establecida y reconocida, él se erige en juez y árbitro de las letras castellanas y divide a los literatos contemporáneos en buenos y malos poetas. Y allí mismo dijo de sí mismo: «Pasa, raro inventor, pasa adelante», y esto por boca del propio dios Mercurio, el mensajero de los dioses (capítulo I, verso 223). Para 1615, en consecuencia, y ante la evidencia de que el menguado Avellaneda tiene que adjudicar su único soneto preliminar a un «Juan Fernández», Cervantes, con ademán de imperial dominio sobre su materia literaria, rehúsa admitir más preliminares que los imprescindibles para ajustarle las cuentas al bellaco Avellaneda.

En el «Prólogo al lector», Cervantes abandona ya la chirigota y se encara decididamente con el falsario y secuestrador Alonso Fernández de Avellaneda. Pero debe ser evidente ya para el lector que el tono tan distinto que tienen los preliminares al *Quijote* de 1615 respecto a los del de 1605 se debe, precisamente, a la existencia real de un desconocido Avellaneda. *Aprobación,* prólogo y dedicatoria, en 1615, se despliegan como una falange macedonia, con total unanimidad de

sentido, para defenderse primero y contraatacar después al
audaz e insolente Avellaneda. Nada de esto había sido necesario en 1605, cuando el ansia había sido realzar la originalidad de su pensamiento creativo y de la presentación pública
del mismo. La impaciencia de Cervantes para sacar a relucir
este «raro invento» —la primera novela moderna— era tal
que la obligada dedicatoria (obligada si el autor quería recibir
alguna dádiva o merced) se le debe de haber atragantado, y
lo que escupió fueron unas banales frases al duque de Béjar,
que el propio autor debe de haber considerado tan sin importancia frente al resto del monumento a su originalidad, que
tomó frases enteras de la dedicatoria de Fernando de Herrera
al marqués de Ayamonte en su edición de las *Poesías de Garcilaso* (Sevilla, 1580). De pasada quiero recordar que el magnate extremeño le habrá dado bastante mal pago, ya que su
nombre no volvió a aparecer en la obra cervantina. ¡Y éste
es el único título a la inmortalidad de magnate tan opulento
como ocioso!

Mas debo volver a mi camino. Y para curarme en salud
hago mío un consejo del propio don Quijote al muchacho
declarador de maese Pedro: «Niño, niño, ... seguid vuestra
historia línea recta, y no os metáis en las curvas o transversales; que para sacar una verdad en limpio menester son muchas pruebas y repruebas» (II, XXVI). Es en el «Prólogo al
lector» de 1615 donde se verán las caras, en forma figurada,
bien se entiende, Cervantes y Avellaneda, su contrincante,
falsario y raptor de su hijo más amado. El duelo verbal, del
cual saldrá Avellaneda despachurrado, se inicia con supuesta
y burlona ecuanimidad: «¡Válame Dios, y con cuánta gana
debes de estar esperando ahora, lector ilustre o quier plebeyo,
este prólogo, creyendo hallar en él venganzas, riñas y vituperios del autor del segundo *Don Quijote*...!» Desde luego
que todo esto es lo que se hallará, y a manos llenas, a lo largo
de casi todo el prólogo, cuando Cervantes tiene seguridad
absoluta de que puede alzar la pluma ante la evidencia imaginativa de que su contrincante ha quedado malherido. La verdad del caso es que casi todo el prólogo de 1615 está construido sobre una figura que la antigua retórica conocía con
el nombre de *paralipsis,* y que al pasar por manos de los lati-
nos cambió el nombre a *preterición,* y que el *Diccionario de*

la lengua española de la Real Academia define en estas palabras: «Figura que consiste en aparentar que se quiere omitir
una cosa.» Con el abundante uso de la paralipsis, Cervantes
se puede despachar a gusto, pues continúa un poco más abajo:
«Quisieras que lo diera del asno, del mentecato y del atrevido; pero no me pasa por el pensamiento.» Mas pronto llega
el momento de descansar la prolongada paralipsis y contestar
a insultos a su honra militar, caballeresca, con violencia análoga a la que demuestra don Quijote en casos semejantes.
«Lo que no he podido dejar de sentir es que me note de viejo
y de manco.» La acusación de ancianidad es lo de menos y la
despacha en breves palabras. Pero la acusación de manque-
dad, un baldón a los ojos de Avellaneda, es un timbre de
gloria para Cervantes, quien se espacia en el recuerdo de «la
más alta ocasión que vieron los siglos pasados, los presentes,
ni esperan ver los venideros». Y desemboca en el axioma de
abolengo clásico: «El soldado más bien parece muerto en la
batalla que libre en la fuga.»

En este momento el malicioso lector quizá salga al paso
y recuerde que es en esta misma segunda parte (ya escrita
para cuando Cervantes pone mano al prólogo; y dispense el
lector si insisto en perogrulladas), es en los capítulos XXVII-
XXVIII, donde se contiene el desenlace de la aventura de
los alcaldes rebuznadores, que el propio don Quijote huye,
dejando al pobre Sancho para ser apaleado a gusto por los
aldeanos. Para mantener íntegra esa divina proporción de semejanza entre creador y criatura hay que reconocer, sin embargo, que don Quijote ya se había exonerado con elocuencia
al explicarle a su escudero: «No huye el que se retira, ... porque has de saber, Sancho, que la valentía que no se funda
sobre la basa de la prudencia se llama temeridad, y las hazañas del temerario más se atribuyen a la buena fortuna que a
su ánimo» (II, xxviii).[13] Además, y ya es bien decirlo, los

---

[13] Ilustrativo contraste con la aventura de los leones, donde don
Diego de Miranda, el Caballero del Verde Gabán, increpa a don Quijote: «La valentía que se entra en la juridición de la temeridad más
tiene de locura que de fortaleza.» Pero don Quijote, que se enfrenta
esta vez con enemigos de carne y hueso, así sean éstos dos feroces
leones, le contesta airado: «Váyase vuesa merced, señor hidalgo, ...
a entender con su perdigón manso y con su hurón atrevido, y deje a

aldeanos del pueblo del rebuzno amenazaron a don Quijote
con armas de fuego. «Le amenazaban mil encaradas ballestas
y no menos cantidad de arcabuces.» Como en este sentido,
y en esta época de armas nucleares, hemos perdido por completo la perspectiva histórica, conviene recordar que el soldado español del siglo XVI siente una profunda aversión por
las armas de fuego, y la gloria de los tercios españoles eran
sus picas y no la mosquetería.[14] Pensadores y moralistas como
Maquiavelo, Guicciardini y Montaigne también se oponían a
las armas de fuego; la poesía asimismo las condenaba en los
elocuentísimos versos de Ariosto, quien inicia sus denuestos
hablando de «la macchina infernal» que eran sus armas (Orlando Furioso, canto XI, estrofas 22-28). Y para la época del
mimo Cervantes, otro gran soldado y escritor, y me refiero
ahora al Inca Garcilaso de la Vega, habla de ellas como de
«invenciones de ánimos cobardes o necesitados» (La Florida
del Inca [Lisboa, 1605] libro I, cap. IX). En suma podemos
decir que «las armas y las letras» estaban del lado de don
Quijote y justificaban su insólita conducta ante la arcabucería
manejada por los rudos aldeanos del pueblo del rebuzno.
Y ahora, si volvemos a la condena axiomática del prólogo
(«El soldado más bien parece muerto en la batalla que libre
en la fuga»), podemos observar varios interesantes aspectos
de la cuestión: en primer lugar, Cervantes no menciona en
absoluto, en el prólogo, las armas de fuego; en segundo lugar,
sobre éstas pesaba una general condena, que vemos repetida
en los años mismos del Quijote por boca del Inca Garcilaso,
y en tercer lugar, cuando Cervantes estampa la condena del
prólogo don Quijote mismo se había disculpado elocuente-

---

cada uno hacer su oficio» (II, XVII). El arma de fuego es el arma de-
mócrata por excelencia, y ante ella no vale más ni rey ni roque. Coarta
la valentía individual. Pero la lucha con el león, el rey de las fieras,
es el timbre supremo de gloria a que puede aspirar el caballero andante, que en la historia misma se destaca por su individualismo a
ultranza.

[14] Es muy interesante repasar las observaciones y autoridades al
respecto que citó en el siglo pasado Felipe Picatoste, Estudios sobre
la grandeza y decadencia de España. Los españoles en Italia, II (Madrid, 1887). 52-55, y en este siglo, J. E. Gillet, en su monumental
edición de la Propalladia, de Torres Naharro, III (Bryn Mawr, 1951),
423 y 464.

mente desde hacía tiempo, o sea que el propio Cervantes se
había encargado de exonerar la conducta de su protagonista
(criatura) al ser amenazado por armas de fuego.

Ahora, si volvemos al prólogo, leemos a seguida del diti-
rambo de la batalla de Lepanto un contraataque motivado por
la acusación de envidia que le había hecho Avellaneda, con
referencia, por parte de ambos, a Lope de Vega. La referencia es alusiva, y de esta manera Cervantes dice: «Del tal [o
sea, de Lope de Vega] adoro el ingenio, admiro las obras,
y la ocupación continua y virtuosa.» La admiración por
las obras de Lope era general, es bien sabido, pero que
su ocupación para esos años, y antes y después, fuese «continua y virtuosa» es de una ironía que se pasa de acerada
y llega a ser sangrienta. Lope se había ordenado de sacerdote en 1614, bien es cierto, pero sus conflictos amorosos y líos celestinescos en servicio del duque de Sessa no se
interrumpieron por muchos años.[15]

Ajustadas las cuentas con el ídolo de Avellaneda, o sea,
con Lope de Vega —vale decir con los dos—, vuelve Cervantes a la paralipsis: «Paréceme que me dices que ando muy
limitado y que me contengo mucho en los términos de mi
modestia.» Para el lector en Babia quizá sean válidas estas
palabras, pero no para ningún otro, sobre todo cuando con
rara pero contenida saña agrega: «Dile [a Avellaneda] de mi
parte que no me tengo por agraviado, que bien sé lo que son

---

[15] Desde Toledo, donde se ordenó, Lope escribe al duque de Sessa
hacia junio de 1614 esta extraordinaria carta: «Como cada día confieso
este escribir estos papeles [billetes amorosos en servicio celestinesco
del duque], no quisieron el de San Juan absolverme si no daba la
palabra de dejar de hacerlo, y me aseguraron que estaba en pecado mortal. Heme entristecido de suerte, que creo no me hubiera ordenado si
creyera que había de dejar de servir a Vexa, en alguna cosa, mayormente en las que son tan de su gusto; si algún consuelo tengo es
saber que Vexa. escribe tanto mejor que yo, que no he visto en mi
vida quién le iguale; y pues esto es verdad infalible y no excusa mía,
suplico a Vexa. tome este trabajo por cuenta suya, para que yo no
llegue al altar con este escrúpulo ni tenga cada día que pleitear con
los censores de mis culpas.» Sin embargo, en la carta siguiente al duque de Sessa agrega Lope: «Soy esclavo suyo por lo que tuviere de
vida», *Epistolario de Lope de Vega Carpio*, ed. A. C. de Amezúa, III
(Madrid, 1941), 156-157. Entristece el ánimo tener que reconocer que
la segunda afirmación contiene más verdad que la primera.

tentaciones del demonio.» El nublado de la saña cervantina descarga de inmediato, mas, como suele, en forma de una lluvia de graciosas ironías, esta vez cobijadas en la forma de dos chistosos cuentos de locos.

De inmediato se vuelve al tema de los príncipes protectores de Cervantes: «Viva el gran conde de Lemos, cuya cristiandad y liberalidad, bien conocida, contra todos los golpes de mi corta fortuna me tiene en pie, y vívame la suma caridad del ilustrísimo de Toledo don Bernardo de Sandoval y Rojas... Estos dos príncipes, sin que los solicite adulación mía ni otro género de aplauso, por su sola bondad, han tomado a su cargo el hacerme merced y favorecerme.»

Si observamos estas afirmaciones desde la «perspectiva Avellaneda», vemos que cumplen una doble misión. Por un lado se desmienten las aseveraciones del falsario de que Cervantes no disponía de protectores, y por eso se tenía que inventar exóticos príncipes y títulos. ¿Hay más que pedir que ser protegido por el primado de las Españas y por el virrey de Nápoles? ¿Quién es el protector del encubierto falsario? Y por aquí llegamos a la segunda misión que cumplen las palabras copiadas más arriba. Los protectores de Cervantes son efectivos y poderosísimos, no son el preste Juan de las Indias ni el emperador de Trapisonda, por ello ¡guay del que se meta con él! O sea que las afirmaciones del texto ostentan la defensa oficial de Cervantes al mismo tiempo que emiten una velada amenaza.

Y así llegamos al último párrafo del prólogo, en el que, por fin, Cervantes se siente reparado en su honra literaria y humana y depone las armas para enfrentarse con su héroe. «Esta segunda parte de *Don Quijote* que te ofrezco es cortada del mismo artífice y del mesmo paño que la primera, y que en ella te doy a don Quijote dilatado, y, finalmente, muerto y sepultado.» Como en las requisitorias de los conquistadores de Indias se reclama lo propio con ademán enérgico, pero sin soberbia. Luego sigue una frase más problemática: «Te doy a don Quijote dilatado». Si tomamos estas palabras en sentido literal, es evidente que se refieren al hecho de que estamos a punto de leer una continuación (la única original y del mismo artífice) en la que se *dilatan* las aventuras del protagonista.

Pero atenerse al sentido literal es siempre muy poco satisfactorio en la lectura de ·Cervantes, aparte de que el lector se estafa a sí mismo en la mitad del precio. Si con los ojos de la imaginación repasamos el primer *Quijote* para compararlo con éste, veremos que desde un punto de vista estructural el protagonista del *Quijote* de 1605 no está «dilatado». Al contrario, a veces don Quijote se empequeñece de tal modo que desaparece del escenario, así, por ejemplo, cuando el cura lee la novela del *Curioso impertinente,* o bien el capitán cautivo narra su historia, intercalaciones narrativas totalmente ajenas al eje argumental de la vida de don Quijote. Bien es cierto que cuando éste vuelve a irrumpir en la escena lo suele hacer con descomunal violencia, como para atraer de inmediato los ojos de todos los espectadores, como es el caso cuando don Quijote, espada en mano, despachurra cueros de vino a tutiplén. Es evidente que la falta de «dilatación» de don Quijote como personaje en 1605 abría oquedades por las que se infiltraban elementos esencialmente ajenos a su vida. Error artístico al que fue inducido Cervantes por seguir la tradición literaria, como en el caso de Mateo Alemán (que tanto tuvo que ver, en forma negativa, con la conformación del *Quijote),* quien en la primera parte del *Guzmán de Alfarache* (1599) intercaló la historia de Ozmín y Daraja. En sustancia, nos hallamos ante un nuevo caso del viejo prurito, de abolengo clásico, de dar variedad y riqueza a la narración a través de relatos intercalados ajenos al medular y de distinto ambiente y género.

Cervantes en 1615 reconoció su error, paladina y noblemente, aunque por boca del bachiller Sansón Carrasco. Así, cuando éste informa a don Quijote que su historia anda en letras de molde, puntualiza: «Una de las tachas que ponen a la tal historia ... es que su autor puso en ella una novela intitulada *El curioso impertinente;* no por mala ni por mal razonada, sino por no ser de aquel lugar, ni tiene que ver con la historia de su merced del señor don Quijote.» Sancho apostilla y refrenda: «Yo apostaré ... que ha mezclado el hi de perro berzas con capachos» (I, iii). Algún espíritu hipercrítico, que no deja de haberlos en la república de las letras, podría objetar que en la segunda parte, donde no hay historias intercaladas, don Quijote desaparece lo mismo de la escena durante todo el largo episodio de la gobernación por Sancho de la ínsula Barataria. Mas si se levantase tal objeción, me apresuraría yo a señalar que la íntima relación humana y argumental entre don Quijote y Sancho bien le podría haber permitido al hidalgo manchego referirse a su escudero como *dimidium animae meae*.

Al fin de cuentas, y en forma esencial, Sancho Panza es la criatura de don Quijote de la Mancha, su creador, en forma literaria, argumental y ética. Y el acto de creación implica responsabilidad mutua. Nosotros los creyentes lo testificamos a diario, en la influencia de Dios en nuestras vidas, y en cómo con ellas, y en bien pobre medida por cierto, tratamos de pagar todos los días la deuda máxima. Los propios ateos no pueden negar esto, porque ellos, más que negar a Dios, quieren suplantarlo personalmente. Dígalo el obsesionado Kirillov de *Los poseídos,* de Dostoievski. Pero esto me lleva muy lejos de mi tema, que era afirmar que si Sancho es la criatura y don Quijote el creador, decir que cuando don Quijote está ausente mas Sancho presente (precisamente el episodio de la ínsula Barataria) esto implica la efectiva ausencia de don Quijote, esa última afirmación es un palmario absurdo. Para hablar ahora sólo de tejas abajo, su equivalente más cercano en nuestro libro sería decir que cuando Cide Hamete Benengeli está presente, Miguel de Cervantes Saavedra está ausente. Pero hay más: en el mismo capítulo ya citado leemos lo siguiente: «Mala me la dé Dios, Sancho —respondió el bachiller—, si no sois vos la segunda persona de la historia.» O sea que para 1615 don Quijote aparece tan dilatado como personaje que al leer los capítulos de la gobernación de la ínsula Barataria no abandonamos al hidalgo manchego, sino que seguimos su proyección espiritual, ya que Sancho Panza llega a la ínsula fortalecido por los consejos de su amo y la gobierna en función de ellos.

No, don Quijote de la Mancha no está empequeñecido desde ningún punto de vista en la segunda parte de sus aventuras. Si en la primera parte se enfrenta con manadas de carneros, lo que le cuesta dos costillas machucadas y tres o cuatro dientes y muelas de menos (I, xviii), en la segunda parte se enfrentará con dos leones feroces «con maravilloso denuedo y corazón valiente» (II, xvii). Y cuando el leonero recuenta la tremebunda aventura lo hace «exagerando como él mejor pudo y supo el valor de don Quijote, de cuya vista el león acobardado no quiso ni osó salir de la jaula, puesto que había tenido un buen espacio abierta la puerta de la jaula». Y la aventura no sólo termina sin los consabidos magullones y porrazos de don Quijote, sino que para eternizar su hazaña don Quijote determina cambiar su nombre de *Caballero de la Triste Figura* por el de *Caballero de los Leones*.

En la segunda parte, en comparación con el *Quijote* de 1605, la figura del protagonista está dilatada al máximo y ocupa, en forma física o espiritual, todos los episodios del libro. Ya hemos visto cómo en la primera parte don Quijote está ausente de todos los capítulos centrales en que se narran las dos historias intercaladas. En la segunda parte don Quijote llega a su plenitud vital, simbolizada, si se quiere, en el hecho de llamarse a sí mismo el Caballero de los Leones. Pero alcanzado el punto de plenitud toda vida se viene abajo con mayor o menor velocidad, y este descenso remata con la muerte. Ni más ni menos ocurre en el *Quijote* de 1615: al momento de plenitud vital le sigue un lento descenso, marcado por lastimosos hitos. Así, por ejemplo, la humillación que tiene que haber representado para don Quijote el interrogar al mono de maeste Pedro acerca de la verdad de lo ocurrido en la cueva de Montesinos: «Rogó [don Quijote a maese Pedro] preguntase luego a su mono le dijese si ciertas cosas que había pasado en la cueva de Montesinos habían sido soñadas o verdaderas» (II, xxv).[16] Luego podemos destacar el infamante cachondeo del interludio en el palacio de los duques, tanto más infamante en cuanto el pobre don Quijote creyó a pies juntillas que «aquel fue el primer día que de todo en todo conoció y creyó ser caballero andante verdadero, y no fantástico, viéndose tratar del mesmo modo que él

---

[16] Don Quijote en 1605 estaba en lo que se podría llamar el ciclo ascensional de su vida, y así proclamaba su verdad a voces, y quería imponérsela a los demás con la punta de su lanza, de ser necesario: «Yo sé quién soy ... y sé que puedo ser no sólo los que he dicho, sino todos los doce Pares de Francia, y aun todos los nueve de la Fama, pues a todas las hazañas que ellos todos juntos y cada uno por sí hicieron, se aventajarán las mías» (I, v). *¡Quien te ha visto y quien te ve y sombra de lo que eras!*, según tituló Miguel Hernández a su auto sacramental.

había leído se trataban los tales caballeros en los pasados siglos» (I, xxxi). Se aproxima ya el nadir de su fortuna y el ocaso de su vida, y esto queda anunciado por el ignominioso y agraviante atropello a que lo someten los toros bravos: «Quedó molido Sancho, espantado don Quijote, aporreado el rucio y no muy católico Rocinante» (II, lviii).

Los hitos menudean de ahora en adelante, porque el ciclo vital de don Quijote ha entrado en el vertiginoso descenso que siempre preludia la muerte. Pero aun en su momento de derrota es admirable la integridad de temple del caballero, cuando vencido y en tierra, con la lanza del Caballero de la Blanca Luna a la visera de su casco, amenazando espicharlo contra la playa barcelonesa, don Quijote se juega la vida y es el Caballero de la Blanca Luna el vencido moral, y tendrá que reconocer la sin par hermosura de Dulcinea del Toboso: «Viva, viva en su entereza la fama de la hermosura de la señora Dulcinea del Toboso» (II, lxiv).

La derrota física de don Quijote de la Mancha coincide con su última victoria moral sobre el mundo de los demás. Pero hay que reconocer que físicamente don Quijote ha quedado empequeñecido al máximo, al punto que sólo le falta desaparecer. Y esto ocurrirá, precisamente, en su lecho de muerte, pero no sin antes haber obtenido la más alta de todas las victorias morales, la más alta porque esta vez el triunfo es sobre sí mismo: «Dadme albricias, buenos señores, de que yo no soy don Quijote de la Mancha, sino Alonso Quijano, a quien mis costumbres me dieron renombre de *Bueno.*» Y un poco más tarde, ya con el alma en la boca, dirá: «Yo fui loco y ya soy cuerdo: fui don Quijote de la Mancha, y soy agora, como he dicho, Alonso Quijano el Bueno. Pueda con vuestras mercedes mi arrepentimiento y mi verdad volverme a la estimación que de mí se tenía» (II, lxxiv).[17]

---

[17] Dentro del marco más amplio de la obra cervantina se entiende mejor la solemnidad con que tiene que haber pronunciado don Quijote la palabra *arrepentimiento*. En el *Persiles* dirá el bárbaro Antonio: «No hay pecado tan grande, ni vicio tan apoderado, que con el arrepentimiento no se borre o quite del todo... Un buen arrepentimiento es la mejor medicina que tienen las enfermedades del alma» (I, xiv).

Efectivamente, en la segunda parte, como dice Cervantes, «te doy a don Quijote dilatado, y, finalmente, muerto y sepultado». No hay que buscarle alegorías ni símbolos expresos a la voz *dilatado,* como en una época lo hizo con casi cada palabra de *Don Quijote* la crítica esotérica, para entender rectamente a lo que apunta Cervantes. Es en la segunda parte donde don Quijote adquiere la íntima conciencia de vivir una vida plena, y esa conciencia la adquiere al llegar al cénit y plenitud de la aventura de los leones, temerosísima aventura que él distinguirá para siempre por su nuevo auto-bautismo, ahora se llamará el *Caballero de los Leones.* Pero en el cénit está ínsito el nadir, la plenitud implica el ocaso, y, consecuencia inevitable, don Quijote tiene que morir al final de la segunda parte.

No creo, pues, que la intervención del bellaco Avellaneda haya sido decisiva, ni mucho menos, en la muerte de don Quijote. El encogido y encubierto Avellaneda no tenía redaños para acometer tal magnicidio. Sí tuvo la suficiente insidia como para obligar a don Quijote a cambiar sus planes de ruta. Recuerda el lector que la primera parte anuncia, cerca ya del final: «Sólo la fama ha guardado, en las memorias de la Mancha, que don Quijote la tercera vez que salió de su casa fue a Zaragoza» (I, LII). En la segunda parte legítima don Quijote tropieza en una venta con un grupo de caballeros que había leído la secuela apócrifa de Avellaneda, y son estos comensales los que enteran a don Quijote de que el falsario le había llevado a Zaragoza, como había anunciado en 1605 Cervantes. Colérico, don Quijote afirma ahora: «No pondré los pies en Zaragoza, y así sacaré a la plaza del mundo la mentira dese historiador moderno, y echarán de ver las gentes como yo no soy el don Quijote que él dice» (II, LIX). Y con intencionado viraje don Quijote parte rumbo a Barcelona, y no a Zaragoza.

Hasta aquí pudo Avellaneda, pero no mucho más. Si don Quijote muere al final de la obra de Cervantes es por una suerte de lógica literaria apoyada en la evolución biológica. Es perfectamente inconcebible que don Quijote se mantuviese vivo por mucho tiempo después de haber alcanzado su plenitud vital. Esto sólo podía ocurrir en los libros de caballerías, esa arcaica forma narrativa que en el alfar de Cervantes, y con mezcla de varios otros materiales, se convertiría en la primera novela moderna. Amadís de Gaula, por ejemplo, vive, o se sobrevive, durante la existencia de varias generaciones de descendientes.[18]

Las directrices del prólogo al *Quijote* de 1615 no nos dicen, al parecer, mucho sobre el protagonista. En forma directa, al menos, no nos parecen decir más acerca del caballero que éste aparece *dilatado* y, al final, queda *muerto y sepultado*. Pero esto es en una lectura muy al sobrehaz. Acabamos de ver cómo en el texto de la novela la intervención de Alonso Fernández de Avellaneda produjo un cambio de ruta en los azarosos viajes de don Quijote. Pero un poco antes vimos cómo esa misma y alevosa intervención de Avellaneda produjo en el Prólogo una explosión de contenida saña por parte de Cervantes, quien sólo se pudo contener merced al proficuo y repetido uso de la paralipsis, más efectivo y mortífero que una descarga cerrada de insultos a boca de jarro. La historia literaria española conoce pocos tapabocas tan decisivos. Dignidad, entereza, moderación, pero no confundir la moderación con hurtar el cuerpo. Allí está Cervantes, el lisiado en gloriosa jornada de guerra, que nunca supo ni aprendió a hurtar el cuerpo.

Y ésta es, quizá, la directriz más eficaz del prólogo de 1615. Porque con esa correspondencia de que hablaba yo entre creador y criatura, don Quijote aparece en esta segunda parte con idéntica y digna integridad, en el episodio en que él reacciona contra un su detractor como lo hará Cervantes contra Avellaneda en el prólogo. Se trata de un personaje episódico, el capellán de los duques, que desde su aparición queda caracterizado en términos que lo asemejan a una prefiguración de Alonso Fernández de Avellaneda, sea éste quien haya sido: «Un grave eclesiástico destos que gobiernan las casas de los príncipes; destos que, como no nacen príncipes, no aciertan a enseñar cómo lo han de ser los que lo son; destos que quieren que la grandeza de los grandes se mida

---

[18] Consulte el lector el curioso y no muy exacto árbol genealógico de los *Amadises*, asimismo como el de los *Primaleones,* que insertó Pascual de Gayangos en el Discurso preliminar al volumen de *Libros de Caballerías* que se encuentra en *Biblioteca de Autores Españoles,* XL.

con la estrecheza de sus ánimos; destos que, queriendo mostrar a los que ellos gobiernan a ser limitados, les hacen ser miserables». Y es este «grave eclesiástico» quien se dirige a don Quijote con la insultante fórmula de «alma de cántaro» (II, xxxi). No puedo dejar de imaginarme una comunidad de reacciones en este momento entre creador y criatura, en la medida respuesta de Cervantes a Avellaneda y la de don Quijote al ramplón eclesiástico.

Levantado, pues, en pie don Quijote, temblando de los pies a la cabeza como azogado, con presurosa y turbada lengua, dijo: —El lugar donde estoy y la presencia ante quien me hallo, y el respeto que siempre tuve y tengo al estado que vuesa merced profesa, tienen y atan las manos de mi justo enojo... Si me tuvieran por tonto los caballeros, los magníficos, los generosos, los altamente nacidos, tuviéralo por afrenta inreparable; pero de que me tengan por sandio los estudiantes, que nunca entraron ni pisaron las sendas de la caballería, no se me da un ardite: caballero soy y caballero he de morir, si place al Altísimo. Unos van por el ancho campo de la ambición soberbia; otros, por el de la adulación servil y baja; otros, por el de la hipocresía engañosa, y algunos, por el de la verdadera religión; pero yo, inclinado de mi estrella, voy por la angosta senda de la caballería andante, por cuyo ejercicio desprecio la hacienda, pero no la honra (II, xxxii).

Y al llegar a este punto invito al lector a pensar en los términos de la paradoja que expresó Oscar Wilde: «La naturaleza imita al arte.» A lo que aludo es al hecho de que las misteriosas sendas de la poesía nos han llevado a desembocar en el arcano máximo: la criatura anticipa a su creador.

III

EL NACIMIENTO DE UN HÉROE [1]

Los héroes nacen y mueren como los hombres, o más bien como los superhombres que llegan a ser. Y así ocurre con los héroes de la mitología —que no con sus dioses— y del folklore, ya que, al fin y al cabo, el folklore es una suerte de mitología venida a menos, una mitología de entrecasa y en pantuflas. Hércules, el héroe por antonomasia de la mitología-folklore clásico, es un excelente ejemplo. No bien nacido, y aun en su cuna, estrangula dos serpientes enviadas para matarle por la celosa Hera. Hay un hiato educativo y siguen los famosísimos doce trabajos de Hércules, que tanto apasionaron en el siglo XV a don Enrique de Villena, que interpretó a cada uno desde un triple punto de vista exegético (*Los doze trabajos de Hércules,* Zamora, 1483). No menos famosos fueron sus devaneos amorosos, y por eso, para recuperar su cariño, su celosa mujer Deyanira, siguiendo el consejo del pérfido Centauro, le da una camisa empapada en la sangre envenenada del Centauro y de la Hidra. Y esto causa la cruel muerte del héroe, lo que lleva a su consiguiente apoteosis.

[1] Amplío en este capítulo en forma considerable, sobre todo desde un punto de vista doctrinal, ideas que expresé en «Tres comienzos de novela», *Papeles de Son Ardamans,* núm. CX (mayo, 1965), 181-214. En muchos aspectos la ampliación ha sido tan radical que pocas semejanzas quedan entre este capítulo y el artículo original. Pero este aviso es sólo un acto de honradez intelectual, para que algún avisado lector no piense en auto-plagios. Quiero recordar, también, que el artículo original iba dedicado.: «Para don Américo Castro, en sus ochenta años fecundos.» No se ha olvidado en mi memoria la de don Américo y su mundo de chisporroteantes ideas.

Pero con Hércules nos hallamos ante nada menos que todo un héroe. Mal punto de partida parece éste para el presente capítulo de mi estudio sobre don Quijote. Ya vendrán más adelante comparaciones más adecuadas. De momento me acojo a la autoridad máxima del inglés Thomas Carlyle, quien pronunció allá en 1840 una serie de conferencias arrebatadoras en su elocuencia y fervor sobre el tema general del héroe. Allí, después de varios círculos concéntricos para acercarse en impetuoso vuelo a la médula del héroe, dictamina Carlyle: «El hombre vive porque cree en algo; no por discutir y argumentar sobre muchas cosas» *(On Heroes, Hero Worship and the Heroic in History)*. Por eso Carlyle erige en hecho predominante, en *sine qua non* del heroísmo, a la fe. Entendámonos: a la fe en su sentido más lato, y no necesariamente a una particular fe religiosa.

¡Y vaya si la tenía, en todos los sentidos, don Quijote! Es lo primero que comenzamos a divisar con claridad acerca del héroe manchego, de cuyo mismo nombre ni siquiera la historia tenía mayor certeza: ¿Quijada, Quesada, Quejana? No bien comenzamos a leer su vida, se nos informa que «le pareció convenible y necesario, así para el aumento de su honra como para el servicio de su república, hacerse caballero andante, y irse por todo el mundo con sus armas y caballo a buscar las aventuras y a ejercitarse en todo aquello que él había leído que los caballeros andantes se ejercitaban, deshaciendo todo género de agravio, y poniéndose en ocasiones y peligros donde, acabándolos, cobrase eterno nombre y fama» (I, i). Acto seguido, «no quiso aguardar más tiempo a poner en efecto su pensamiento», y cuando sale subrepticiamente de su aldea, el aprendiz de caballero andante exclama para sus adentros: «¿Quién duda sino que en los venideros tiempos, cuando salga a la luz la verdadera historia de mis famosos hechos ...?» (I, ii).

La fe en su misión ya está constituida y permanecerá incólume, a pesar de pedradas, mojicones y derrotas, hasta su lecho de muerte. Lo heroico en la vida de don Quijote no son sus victorias, ya que no sufre más que derrotas, sino la fe en su misión, lo que equivale a la fe en sí mismo: «Yo sé quién soy» (I, v). Y el elemento sustantivo y diferenciador en la vida del héroe es la fe, y para ello me apoyo nuevamente en Carlyle. Todas las victorias de don Quijote han sido póstumas, así como la leyenda nos dice que la última victoria del Cid, el otro gran héroe castellano, fue, asimismo, póstuma. Las victorias de don Quijote después de su muerte han sido innumerables y en continua, incesante sucesión que cubre todas las generaciones europeas hasta la actualidad, momento en que, desde hace tiempo, su victorioso campo de acción *post mortem* se extendió por tierras de Ultramar.

La fe, pues, es lo que ha hecho de don Quijote un héroe. Y de esta manera don Quijote concibe un amor heroico por la verdad. En este sentido el héroe manchego es como la encarnación literaria del tema filosófico de un gran tratado italiano que fue contemporáneo de su creador. Me refiero a la extraordinaria obra de Giordano Bruno, *Degli eroici furori* (1585). En su vivir diario don Quijote autoriza, defiende y da corporeidad al Ser, a la Verdad y al Bien. Y Giordano Bruno veía en este triple principio la sustancia infinita del mundo, lo que comienza a explicarnos cómo el heroico don Quijote se sobrevivirá *per saecula saeculorum*. Vale decir, mientras haya seres que crean en la Verdad y el Bien. Por ello, desde este punto de mira, y sólo desde éste, se puede decir que *Don Quijote de la Mancha* es la cristalización literaria, no filosófica, de *Degli eroici furori*.

No cabe duda: don Quijote, ese vejete hidalgo manchego, fue un héroe. Un héroe *sui generis,* desde luego, pero Carlyle había anticipado esto cuando escribió: «El Héroe puede ser Poeta, Profeta, Rey, Sacerdote o lo que quiera, según el tipo de mundo en el que ha nacido» (*Heroes and Hero-Worship*). Y entonces, ¿por qué no caballero andante, y loco, por añadidura? [2] Mas al llegar a este punto, y si el lector recapacita brevemente sobre mis afirmaciones de comienzos de este capítulo, acerca de que los héroes nacen y mueren, don Quijote de la Mancha se destaca como un héroe singularísimo. Porque don Quijote entra en la historia (en la crónica de su vida) con pie firme y ya cincuentón. O sea, que su nacimien-

---

[2] Volveré más adelante sobre el tema apasionante de la locura de don Quijote, elemento sin el cual es imposible comprender su forma de vida. Pero éste no es el lugar; sólo quiero apuntarlo.

to físico antecede por mucho el comienzo de su biografía (historia, novela o lo que se le ocurra al lector); lo que sí es materia de su crónica es su muerte.

Esto constituye un hecho insólito, extraordinario y único en los anales literarios y folklóricos hasta la época de Cervantes. Al correrse las cortinas del escenario de la literatura-vida las luces de esas candilejas iluminan a un héroe que es un vejestorio chiflado y casi desmarrido —la fe, sólo la fe, le salva explícitamente de estas circunstancias—. Claro está que desde entonces acá ese tipo de héroe-protagonista constituye casi legión, pero es sólo con los ojos bien abiertos y centrados en el antecedente literario de don Quijote, que podemos comenzar a apreciar mejor una dimensión adicional a ese extraordinario don Alonso Gutiérrez de Cisniega, deuteragonista inefable de *Trafalgar,* el primero de los *Episodios nacionales,* de Galdós (1873).[3] Los ejemplos se pueden multiplicar con tal facilidad que no vale la pena hacerlo.

El hecho de que don Quijote debió tener un nacimiento precronístico es una perogrullada tal que ruboriza declararlo. Pero lo indudable es que la crónica nunca alude a tal acontecimiento, ni a educación, juventud, ni siquiera madurez. La crónica sólo se hace cargo de un escuálido cincuentón. Pero este hidalgo ya entrado en años no sólo tuvo que pasar por todos los hechos biológicos ya mencionados, sino que también tuvo familia, por lo que quiero decir hermano o hermana. Este hecho, de que en alguna época hubo un deuter-

---

[3] La influencia de *Don Quijote de la Mancha* en la obra total de Benito Pérez Galdós es de un peso tal que arredra al más pintado. Con que el lector piense en ese casi increíble don Santiago Quijano-Quijada, tío de Isidora Rufete en *La desheredada* (1881), que vivía en el Tomelloso, y cuyo nombre de pila rezuma glorias épico-nacionales, basta recordar a este personaje —sin meternos en los vericuetos de las últimas producciones narrativas de Galdós: *El caballero encantado, La razón de la sinrazón*— para apreciar, aun así sea en forma minúscula, la inmensa báscula que don Quijote ejerce en la forja de la novela moderna. Así y todo, creo yo que el anciano protagonista de *Le Père Goriot,* de Honoré de Balzac, por el carácter trágico de su vida, responde más bien a módulos shakespirianos, como el pobre y traicionado padre de *King Lear,* que al cervantino de un don Quijote, quien, viejo y todo, con y por fe, se ha aupado a su circunstancia, y vive un pleno y noble ideal.

Quijote, se suele pasar por alto, pero el cronista lo hace evidentísimo en el propio primer párrafo, cuando declara que el héroe «tenía en su casa una ama que pasaba de los cuarenta, y una *sobrina* que no llegaba a los veinte» (I, i). Y aquí no cabe la malicia pueblerina cuando hablan de «la sobrina del señor cura». La propia interesada, en el escrutinio de la librería de don Quijote, cuando el cura llega a la sección de los libros pastoriles, decide no quemarlos, porque «son libros de entendimiento, sin perjuicio de tercero» (I, vi). Lo que escandaliza a la sobrina, quien insiste que se quemen, «porque no sería mucho que, habiendo sanado mi señor tío de la enfermedad caballeresca, leyendo éstos se le antojase de hacerse pastor». No sólo la sobrina lo es, y carnal, sino que además tiene el don profético. Pero lo que me interesa apuntar ahora es que don Quijote, héroe *sui generis,* no tiene nacimiento, juventud ni madurez narrados, y, además, ha tenido familia de consanguinidad fraterna. En su lecho de muerte nuestro héroe confirma todo lo precedente: «Mando toda mi hacienda, a puerta cerrada, a Antonia Quijana, mi sobrina» (II, LXXIV).

Debe ser evidente para el lector que este nuevo héroe se nos presenta con características inéditas y nunca vistas en la tradición literaria o el folklore. Porque ocurre que el héroe tradicional y folklórico tiene unas características generales comunes y que han sido tabuladas varias veces por diversos especialistas. Por su brevedad, transcribiré a continuación la fórmula a que redujo Otto Rank, distinguido discípulo de Sigmund Freud, las características del héroe tradicional con mis muy específicos fines de contraste:

El héroe es hijo de padres muy distinguidos, por lo general hijo de un rey. Su nacimiento está precedido por dificultades tales como la continencia sexual, o bien prolongada esterilidad, o bien trato sexual secreto entre los padres debido a prohibición ajena u otros obstáculos. Durante, o bien antes de la preñez, hay una profecía, en forma de sueño u oráculo, que alerta contra su nacimiento, y por lo general avisa peligro al padre, o a su representante. Por lo general es entregado a las aguas, en una caja. En este momento es salvado por animales, o por gente muy humilde (pastores), y es amamantado por un animal hembra o por humilde mujer. Después de haber crecido, encuentra a sus distinguidos padres, en formas de gran variedad. Se venga de su padre, por un lado, o bien es reconocido, por el otro. Finalmente alcanza gran rango y honores. [4]

Debe resultar más que evidente al lector que en la misma medida en que la vida del héroe don Quijote se aparta por completo de este esquema arquetípico y tradicional (Moisés, Rómulo, etc.), en esa misma medida se pliega él a la vida literaria de otro gran héroe: Amadís de Gaula. Y no olvidemos que Amadís era el modelo vital de don Quijote, al punto que a él se imitará en el famoso episodio de la penitencia en Sierra Morena: «Viva la memoria de Amadís, y sea imitado de don Quijote de la Mancha en todo lo que pudiere» (I, XXVI). Y todo esto implica un conocimiento al dedillo por parte de Cervantes de la anónima novela de caballerías.

Por si alguien no ha leído el *Amadís*, quiero recordar ahora, en rasguño, los elementos más afines al esquema de Otto Rank.[5] Amadís es hijo del rey Perión de Gaula y de la princesa Elisena, bellísima hija del rey Garínter de la pequeña Bretaña. Violentísimo flechazo amoroso en la primera entrevista lleva a Perión y Elisena a ilícito y nocturno trato amoroso. Elisena mantiene todo esto oculto a sus padres hasta el momento del parto, cuando, para mantener la disimulación, el recién nacido Amadís es botado al agua en una caja. Ya en la mar, un barco encuentra la caja, y uno de los que iban en la nave, Gandales, «un caballero de Escocia» (*Amadís*, I, I), llevó al recién nacido a criar en un castillo en su tierra natal. Más tarde, Amadís es reconocido por sus padres y, después de innúmeras aventuras, llega a casarse con Oriana, hija de Lisuarte, rey de la Gran Bretaña.

Es obvio que el *Amadís de Gaula* está sólidamente basado en esquemas tradicionales, pero no es eso lo que me interesa destacar hoy en día, y ya he dicho que eso es tema de otro libro en el alfar. Lo que sí me interesa destacar en

---

[4] Traduzco de la versión inglesa, Otto Rank, *The Myth the Birth of the Hero,* trad. de Philip Freund (Nueva York, 1964), pág. 65.

[5] Trabajo desde hace tiempo en un libro sobre el *Amadís de Gaula,* en el cual, entre otras cosas, a base de esquemas folklóricos, he podido reconstruir el *Amadís* primitivo, antes de que le pusiera mano Garci Rodríguez de Montalvo.

Adelanto que mi reconstrucción hipotética me parece razonable y satisfactoria, al menos para mí.

esta coyuntura, y con fines muy propios, es el hecho de que el mundo del *Amadís* es uno de paradigmas. Todos son reyes, princesas o caballeros, fuertes, guapos y leales, y si aparece algún bellaco, como Arcalaus el Encantador, es para hacer más notorio el triunfo inevitable del Bien sobre el Mal. O sea que es un mundo vuelto de espaldas a la normalidad, voluntariosamente cerrado sobre sí mismo.

Hay, además, un fuerte determinismo, propio del género épico-caballeresco, y sustentado por la atávica interpretación mágica de la herencia de sangre, determinismo que marcará vivamente a la novela hasta el momento en que Cervantes pondrá pluma al papel para comenzar a escribir el *Quijote*. La vida de Amadís de Gaula, el arquetipo y prototipo del caballero andante, queda firmemente encuadrada y determinada por las noticias que nos dan los primeros capítulos acerca de su padre, madre, abuelos y circunstancias de su nacimiento. Como recordará Cervantes en apropiada ocasión, y con alegre guiño de ojos, seguramente: «Nos cuentan [los libros de caballerías] el padre, la madre, la patria, los parientes, la edad, el lugar y las hazañas, punto por punto y día por día, que el tal caballero hizo» (I, L). Amadís de Gaula, como los otros caballeros andantes, sus epígonos, es producto de un estricto determinismo que lo configura y prepara *a nativitate* para su sino heroico.

Al hacer su materia de ese sino heroico, el desconocido autor del primitivo *Amadís de Gaula* recurre a la ingenua ficción de que lo que él narra es historia. Su materia es el ciclo completo de una vida, cerrado por las circunstancias naturales de nacimiento y muerte. Bien es cierto que la muerte de Amadís está ausente en la versión que conocemos, ampliamente retocada por Garci Rodríguez de Montalvo, regidor de Medina del Campo, y que se publicó en Zaragoza, 1508, pero hay alusiones a su muerte en testimonios del siglo XIV. La muerte de Amadís la teorizó María Rosa Lida de Malkiel y la demostró palmariamente el feliz hallazgo de unos fragmentos manuscritos de un *Amadís* de hacia 1420 que efectuó Antonio Rodríguez-Moñino.[6]

___

[6] Aludo en el texto a dos grandes trabajos por dos investigadores extraordinarios, hoy en día desgraciadamente ambos desaparecidos, pero

La ficción narrativa al simular que su materia es histórica nos quiere hacer suponer que el primitivo autor del *Amadís* ve ese ciclo desde fuera, acabado y perfecto, finiquitado por el término natural de una vida. Con esa perspectiva, lo que se finge que en cierto momento fue vida adquiere homogeneidad y lógica. Sabiendo, como se sabe, cuál fue el fin último de las acciones cotidianas, es fácil desentrañarles un sentido que las haga apuntar a una comunidad ideal de conducta. El sino heroico se convierte así en el denominador común de ese especial tipo de hacer cotidiano a que está entregado el caballero andante. En este sentido, la concepción de la novela caballeresca presupone una organización genética al revés, no de principio a fin, sino de fin a principio. Y esto más que en cualquier otro tipo de novela, con la excepción de la moderna novela policial, donde el autor tiene que comenzar por imaginar quién es la víctima, cómo y quién la mata, y luego empezar la novela. En esa teórica marcha a redropelo de la caballeresca, la peripecia, su materia y resultado, todo se uniformiza y adquiere sentido único, polarizado por la fuerza magnética de un ideal de conducta que fundamenta el sino heroico. La ficción histórica presupone, en nuestro caso, una uniforme lógica en las acciones, y éstas atienden todas a racionalizar lo heroico, vale decir a desmontarlo con cuidado en mil peripecias ejemplares. ¡No en balde el *Amadís de Gaula* se convirtió en manual de cortesanía para las generaciones europeas subsiguientes, y en ejemplario de esfuerzo heroico para las españolas! [7] Y a todo esto el *Quijote*, por

---

llorados por todos sus amigos.: María Rosa Lida de Malkiel, «El desenlace del *Amadís* primitivo», *Romance Philology*, VI (1953), 283-89; Antonio Rodríguez-Moñino, «El primer manuscrito del *Amadís de Gaula*. Noticia bibliográfica», *Boletín de la Real Academia Española*, XXXVI (1956), 199-216, seguido por dos complementarios estudios de Agustín Millares Carlo y de Rafael Lapesa.

[7] Aludo en el texto al artículo de E. B. Place «El *Amadís* de Montalvo como manual de cortesanía en Francia», *Revista de Filología Española*, XXXVIII (1954), 151-69. Y a pasajes como éste de Bernal Díaz del Castillo, compañero de Cortés, quien describe en estos términos la primera visión que el español tuvo de la actual ciudad de México: «Nos quedamos admirados y decíamos que parescía a las cosas de encantamiento que cuentan en el libro de *Amadís*, por las grandes torres y cúes y edificios que tenían dentro en el agua», *Historia verdadera de la conquista de la Nueva España* (1632, edición

sus motivos particulares, ni educó a cortesanos ni alentó a conquistadores.

Esto nos acerca al meollo de la cuestión. Según se demuestra desde el propio comienzo del *Amadís*,[8] la prehistoria del héroe (padres y abuelos), su historia y su posthistoria (su hijo Esplandián, cuyas *Sergas* sí escribió originalmente el propio Garci Rodríguez de Montalvo), todo esto tiene unidad de sentido y apunta, unánimemente, a un mismo blanco: el ejemplar progreso, personificado en Amadís, de lo bueno a lo óptimo. Porque, la verdad sea dicha, el caballero andante —el de verdad literaria al menos, que no don Quijote— no cabalga, sino que marcha sobre rieles en esa dirección única. Y el comienzo de la novela, del *Amadís,* se extiende, se abulta con todo género de indicadores que señalan esa dirección única de la trayectoria ejemplar. Esta, a su vez, determina el ambiente en que se desempeña Amadís, pues para seguir el progreso de su trayectoria vital bueno-óptimo, sus propias aventuras tienen que desarrollarse en un ambiente de parecido cambio de signo: normal-descomunal.

Lo que posibilita todo lo anterior es que el autor se plantea la materia de su novela como historia y no como vida, como lo ya hecho y no lo aún por hacer. El está fuera de la órbita de su novela: él está en el *aquí* y *ahora,* mientras que

---

póstuma), cap. lxxxvii. Asimismo, a aspectos de la toponimia americana ya bien dilucidados, tales como *California,* que proviene de *Las sergas de Espandián,* y, en el otro extremo del continente, *Patagonia,* del *Primaleón.*

[8] «No muchos años después de la Passión de Nuestro Redemptor y Saluador Jesu Xpo, por un rey cristiano en la pequeña Bretaña, por nombre llamado Garínter, el qual seyendo en la ley de la verdad, de mucha deuoción y buenas maneras era acompañado. Este rey ouo dos fijas en vna noble dueña su muger, y la mayor fue casada con Languines, rey de Escocia, y fue llamada la Dueña de la Guirnalda, porque el rey su marido nunca la consintió cubrir sus fermosos cabellos sino de vna muy rica guirnalda, tanto era pagado de los ver... La otra fija, que Helisena fue llamada, en grand quantidad mucho más hermosa que la primera fue. Y como quiera que de muy grandes príncipes en casamiento demandada fuese, nunca con ninguno dellos casar le plugo, antes su retrayimiento y santa vida dieron causa a que todos beata perdida la llamassen, considerando que persona de tan gran guisa, dotada de tanta hermosura, de tantos grandes por matrimonio demandada, no le era conueniente tal estilo de vida tomar.»

sus personajes están en el *allá* y *entonces*. El autor puede, en consecuencia, contemplar las vidas que pueblan su novela en la totalidad de sus perspectivas y trayectorias, y se encuentra así en absoluta libertad para infundir a las acciones la lógica *a posteriori,* por así decirlo, que su intención artística conocía *a priori.* Tal tarea hubiera sido imposible de haberse planteado el autor su materia novelística como vida, donde lo ilógico se conjuga con lo imprevisto. Historia era lo que necesitaba la intención ejemplar del *Amadís de Gaula,* o sea tiempo pasado y acontecer finiquitado, para impedir que se colase el presente con su teoría de posibilidades.

Ahora invito al lector a dar un salto de siglos —en la imaginación, se entiende—, ya que si bien el *Amadís* retocado por Montalvo se publicó en 1508, el texto primitivo ya era muy popular en la juventud del canciller Pero López de Ayala, nacido en 1332.[9] Este salto imaginativo nos debe llevar al año de 1554, en que se publicó otra extraordinaria obra anónima, el *Lazarillo de Tormes.*[10] Fue obra de tal influencia sobre Cervantes, como ya he dicho, que uno de sus propios personajes, Ginés de Pasamonte, se confiesa envidioso de ella (I, XXII).

Lazarillo es un Amadís muy venido a menos. No: esto es decir poco. Lazarillo es un Amadís que ha dado un horripilante bajón en la vida. Hay en el *Lazarillo* un determinismo semejante al del *Amadís,* aunque de signo contrario.[11] Además,

---

[9] Su *Rimado de palacio* empieza con una confesión general del autor, que incluye entre sus pecados de juventud la lectura de libros profanos.: «Plógome otrosí oír muchas vegadas / libros de devaneos e mentiras probadas: / *Amadís, Lanzalote* e burlas asacadas, / en que perdí mi tiempo a muy malas jornadas», copla 162.

[10] La autoría sigue en el aire, y ningún candidato reúne el suficiente número de votos, por decirlo así. Lo mismo se puede decir acerca de la fecha de redacción de la obrilla: todo lo que se puede decir con seguridad categórica es que se escribió durante el reinado de Carlos V.

[11] Así comienza el *Lazarillo*:. «Pues sepa V.M. ante todas cosas que a mí llaman Lázaro de Tormes hijo de Toé González y de Antona Pérez, naturales de Tejares, aldea de Salamanca. Mi nacimiento fue dentro del río Tormes, por la cual causa tomé el sobrenombre, y fue desta manera. Mi padre, que Dios perdone, tenía cargo de proveer una molienda de una aceña, que está ribera de aquel río, en la cual fue molinero más de quince años; y estando mi madre una noche en la

ese determinismo se fundamenta no ya sólo en la interpretación mágica de la sangre heredada, sino también en actitudes específicamente bíblicas, como, por ejemplo, la siguiente: «Ego sum Dominus Deus tuus fortis zelotes, visitans inquitatem patrum in filios, in tertiam et quartam generationem eorum qui oderunt me» (Exodo, XX, 5). Así pues, a los monarcas que engendran a Amadís corresponden aquí unos padres de ínfima categoría social, siendo uno de ellos un molinero ladrón. El sino del protagonista —o antihéroe, si se quiere— queda ya dibujado, y su prehistoria informará su historia. El autor hace esta correspondencia más aguda aún, al encuadrar toda su historia entre dos amancebamientos: el de su madre con el negro esclavo, y el de su propia mujer con el arcipreste de San Salvador. Como en el Amadís, hay perfecta armonía entre término introductor (padres) y término introducido (protagonista). Y la ecuación entre ambos términos produce la definición. El Amadís y el Lazarillo son, radicalmente, dos intentos de definir al hombre. Aclaro: al hombre en dos momentos muy distintos de su evolución histórica: un tipo de hombre gótico, si se quiere, y un tipo de hombre renacentista. Lo mismo será el Quijote, un nuevo ademán definitorio, pero de validez y permanencia absolutas, ya que Cervantes llega en la vida del protagonista a aislar un esencial constituyente para la vida espiritual del hombre de todos los tiempos: la fe. Por eso somos todos algo quijotescos —aun así se sea ateo, ya que no hablo de la fe religiosa—, mientras que los amadises de hoy están en plena bajamar, y, ¡gracias a Dios!, la merma y carestía de lazarillos es casi total, al menos entre la gente de buena voluntad.

A todo esto, ya es hora de recordar al lector que la fórmula definitoria del héroe tradicional de Otto Rank, al menos en sus primeras líneas, se cumple a la perfección en el Amadís de Gaula —lo demás ya es materia del otro libro aludido sobre este problema específico—. Y, en consecuencia, y en la

---

aceña, preñada de mí, tomóle el parto y parióme allí; de manera que con verdad me puedo decir nacido en el río. Pues siendo yo niño de ocho años, achacaron a mi padre ciertas sangrías malhechas en los costales de los que allí a moler venían, por lo cual fue preso, y confesó y no negó y padeció persecución por justicia. Espero en Dios que está en la Gloria, pues el Evangelio los llama bienaventurados.»

medida que *Lazarillo de Tormes* es la contrapartida del *Amadís,* también se cumplen en éste, aunque, claro está, patas arriba. El *Lazarillo* está construido sobre una base folklórica tan fuerte, por lo menos, como la del *Amadís.*[12] Y es sobre esta plus-minusvalía de lo folklórico que se monta el más imponente de los tinglados, el del *Quijote.* A lo que voy, y casi de inmediato, es al hecho de que lo que queda, o no, de los esquemas folklóricos en el *Quijote* es uno de los factores esenciales en convertir a éste en la primera novela moderna, mientras que las otras dos obras (y cualquiera otra que se piense, hasta esa época, en cualquier idioma) no lo son.

Pero antes de llegar a esto quiero subrayar el hecho de que la armonía entre el término introductor (padres) y el término introducido (protagonista) se da en el *Amadís* y en el *Lazarillo* en dos escalas distintas. En la novela de caballerías el recién nacido Amadís es echado al río en un bote, y por ser salvado más tarde en alta mar recibirá el noble apodo de Doncel del Mar. En la otra novela el protagonista, en parecidas circunstancias, se tendrá que conformar con un plebeyizante Lazarillo *de Tormes,* o sea un tragicómico *Doncel del Tormes,* como dijo en uno de sus últimos escritos nuestra inolvidable María Rosa Lida de Malkiel.[13] Y mientras estoy en esto creo que vale la pena puntualizar que Lázaro, el Amadís en alpargatas, no es ni siquiera «un niño de la piedra»;[14] apenas si llega a «niño del agua». Y englobo en esto todas las diferencias simbólicas entre *piedra* y *agua.*

No cabe duda, pues, que en cada novela, *Amadís-Lazarillo,* hay un primer ademán definitorio que corresponderá

---

[12] Esto lo ha demostrado ampliamente Fernando Lázaro Carreter en un artículo que primero apareció en *Abaco,* y que ahora ha sido recogido en libro.: «Construcción y sentido del *Lazarillo de Tormes*», «*Lazarillo de Tormes*» *en la picaresca* (Esplugues de Llobregat, 1972), páginas 59-192.

[13] «Función del cuento popular en el *Lazarillo de Tormes*», *Actas del Primer Congreso Internacional de Hispanistas* (Oxford, 1964), páginas 349-59. Es doloroso recordar que tan admirada amiga ya no pudo leer este trabajo, presentado, sin embargo, por su fiel marido.

[14] «Niño de la piedra, vale expósito, en el Reyno de Toledo, de una piedra que está en la yglesia mayor, donde vienen a echarlos», Sebastián de Covarrubias Orozco, *Tesoro de la lengua castellana o española* (Madrid, 1611), s. v.

estrechamente al mundo artístico que se va a crear. No permita el lector, sin embargo, que tantos vericuetos le hagan perder de vista el hecho de que nuestro punto de partida han sido los esquemas folklórico-tradicionales, y el de llegada, así espero, será el *Quijote*.

El comienzo de éste es tan conocido que causa rubor el transcribirlo, pero lo considero obligatorio, por método y motivos de claridad expositiva. Y aquí está:

> En un lugar de la Mancha, de cuyo nombre no quiero acordarme, no ha mucho que vivía un hidalgo de los de lanza en astillero, adarga antigua, rocín flaco y galgo corredor. Una olla de algo más vaca que carnero, salpicón las más noches, duelos y quebrantos los sábados, lantejas los viernes, algún palomino de añadidura los domingos, consumían las tres partes de su hacienda. El resto della concluían sayo de velarte, calzas de velludo para las fiestas, con sus pantuflos de lo mesmo, y los días de entresemana se honraba con su vellorí de lo más fino.

Con este sortilegio, con este *abracadabra* del taumaturgo Cervantes, se le ha arrancado una partícula a la nada, y de ella surgirá el nuevo héroe: don Quijote de la Mancha. El material crítico acumulado sobre este comienzo de novela es más que considerable, pero hoy haré caso omiso del método histórico, pues no se trata de eso en este libro. Y claro está que tampoco entraré por la sociología ni por la historia económica, disciplinas asimismo aplicables al párrafo transcripto, y también a toda la novela.

Lo que quiero destacar es el hecho innegable de que con las palabras copiadas ha nacido otro héroe, completamente al margen del folklore, como demuestra la fórmula que traduje de Otto Rank (*vide supra,* págs. 56-57), y de la tradición literaria como demuestran los comienzos canónicos del *Amadís de Gaula* y del *Lazarillo de Tormes,* que fueron traídos a colación precisamente con fines de tal cotejo. En realidad, para tantos de nosotros don Quijote es, casi, casi, el héroe por antonomasia, sobre todo cuando se nos hurga de verdad y a fondo. Digo, el héroe hispánico por antonomasia, para guardar respetuosa distancia con los demás, pero sólo en medida recíproca.

Lo más extraordinario es que, en sentido literal, don Quijote no nace en este primer párrafo; había nacido ya una cincuentena de años antes. El que aparece ante nuestros ojos azogados es un machucho hidalgo de aldea, de vida sosegada y sedentaria hasta este propio momento. El mundo de la literatura no conocía hasta la aparición del *Quijote* la existencia de un héroe semejante. Los anales literarios estaban colmados de caballeros y príncipes, de idealizaciones de las clases rectoras, en general. Para la época en que ve la luz del día don Quijote de la Mancha, empiezan a pulular idealizaciones negativas de las clases más bajas: el pícaro. O bien desfilaban comparsas de entelequias pastoriles. Muy pocos más eran los tipos literarios que registraban los anales de las letras europeas. Pero un personaje como don Quijote de la Mancha era rigurosamente inédito y de novedad absoluta.

La distancia que va del *Amadís* al *Quijote* —y hablo aho-ra de los protagonistas como encarnaciones de tipos humanos, hallables o inhallables— es la misma que separa al *Quijote* de *La Princesse de Clèves* (1678), pongo por caso. El mundo que crea madame de La Fayette es de un aristocratismo tan cerrado como el del *Amadís,* aunque transido de finos toques psicológicos. No en balde dijo Emile Faguet que *La Princesse de Clèves* era una tragedia de Racine en prosa. A nadie se le ha ocurrido comparar a don Quijote con nada ni con nadie fuera de su mundo; don Quijote no es la prosificación de cosa alguna anterior a él.[15] Debo aclarar que hablo en esta ocasión de don Quijote de la Mancha como concreción del espíritu humano. Nunca deja de maravillarme el hecho de que Cervantes haya encarnado en un vejestorio hidalguete de aldea, chiflado por añadidura, algo que todos llevamos dentro: la fe en algo eterno e inmutable, la fe en algo superior al individuo, como finamente percibió el gran novelista y poeta ruso Iván Turguenev en su ensayo sobre *Hamlet y don Quijote.*

---

[15] Desde luego que no hablo de modelos literarios, porque ya hemos visto cómo el propio don Quijote decide imitar a Amadís de Gaula en la Peña Pobre en el episodio de la penitencia en Sierra Morena. Y si nos metemos en la historia literaria de inmediato tropezamos con el anónimo *Entremés de los Romances,* cuyo labrador loco, Bartolo, y su escuderil Bandurrio pueden haber inspirado los primeros capítulos de nuestra novela máxima. Pero ya bastante tinta se ha gastado en esta polémica y otras semejantes, y no la aumentaré más.

Una vez que Cervantes clavó su pica en Flandes, ya hubo otros paladines de las letras que se le unieron en la refriega. Pero la lección efectiva de don Quijote tardó siglos en penetrar la conciencia literaria y creadora de los novelistas. Sólo los más grandes novelistas del siglo xix —el siglo de la novela, por cierto— son los que vieron en don Quijote de la Mancha un venero inagotable de posibilidades artísticas.[16] En orden cronológico las máximas producciones del siglo pasado que obedecen a la inspiración de la forma de vida quijotesca y que quiero recordar de momento son: *The Posthumous Papers of the Pickwick Club,* del inglés Charles Dickens (1847); *Madame Bovary,* del francés Gustave Flaubert (1857); *El idiota,* del ruso Fedor Dostoievski (1868); *The Adventures of Tom Sawyer* (1876) y su extraordinario complemento *The Adventures of Huckleberry Finn* (1884), del norteamericano Mark Twain, y *Nazarín,* del españolísimo Benito Pérez Galdós (1895).

Estudiar a fondo la forma en que el quijotismo —o sea la forma de vida de don Quijote— afecta a los protagonistas de cada una de estas novelas es materia para sendos libros, muchos de ellos ya escritos. Sólo pasaré brevísima reseña a las características más señaladas, a la espera que la imaginación del avisado lector rellene los innumerables huecos que tengo que dejar. Mr. Pickwick es un robusto anciano, calvo y con gafas, con un corazón rebosante de sencillez y benevolencia. El romanticismo galopante de Emma Bovary, que la arrastra al suicidio, le fue inducido por sus lecturas en el convento.[17] El abúlico príncipe Myshkin, y algo de esto ya

[16] La más conocido imitación del *Quijote* con anterioridad al siglo xix es el poema heroico-cómico *Hudibras* (1663-1678), del inglés Samuel Butler. Mas la obra no sólo está en verso, sino que su propio argumento no es más que un pretexto para poner en solfa a los puritanos. La forma de vida de don Quijote no es en ningún momento objeto de la consideración de Butler.

[17] Escribía el propio Flaubert.: «Je retrouve mes origines dans le livre que je savais par coeur avant de savoir lire.: *Don Quichotte»* (*Correspondance,* II). Pero este Quijote con faldas, como llamó Ortega y Gasset a Emma Bovary, ya tenía antecedentes literarios en el otro extremo de Europa. En 1833 había publicado el gran escritor ruso Alejandro Pushkin su gran novela en verso: *Eugenio Onieguin.* Allí, Tatiana Larina, el amor de Eugenio, está trascordada por la lectura

quedó insinuado con anterioridad, es orgánicamente incapaz de todo egoísmo. Tom Sawyer lleva a su compinche Huckleberry Finn a vivir sus aventuras dirigidos por un código estrictamente literario, en el que, por cierto, no deja de faltar el propio *Don Quijote de la Mancha* (*Huckleberry Finn,* capítulo II). Nazario Zaharín, o sea Nazarín, es un sacerdote manchego de Miguelturra, en el propio Campo de Calatrava, y vagabundea por los secos campos de Castilla acompañado por dos mujeres de mala vida. Adéntrese el lector en el estudio de esta extraordinaria floración del tronco del quijotismo. Yo tengo que seguir mi camino señalado.

· El lector recordará la plenitud de datos deterministas que se acumulan sobre Amadís de Gaula, y que lo disponen, *a nativitate,* para su heroico sino. Que el lector del siglo XVI entendía este tipo de datos en un sentido efectivamente determinista se hace obvio al repasar el comienzo del *Lazarillo de Tormes,* donde se repiten las mismas circunstancias de nacimiento, pero con el signo cambiado. Dado el supuesto determinista que anima a ambas obras por igual, el héroe se metamorfosea en el antihéroe, el noble se plebeyiza, el Doncel del Mar queda reducido al nivel de un Lázaro de Tormes, y no olvidar la tradicional carga evangélica de ulcerosa pobreza que lleva el nombre Lázaro (*San Lucas,* XVI, 19-31).

También Cervantes opta por cortarle las alas al ideal desaforado de la caballeresca, pero en forma más sutil y menos cruel que el anónimo autor del *Lazarillo.* Esto congenia

---

de las empalagosas novelas del inglés Samuel Richardson (1689-1761), aunque, al revés de Emma, se recupera de su desequilibrio mental inducido por la literatura. Algo de todo esto todavía puede observar el aficionado a la ópera, cuando asiste a la del mismo título (*Eugenio Onieguin,* 1878), de Pedro Tchaikovsky. Y de esta manera, el quijotismo se ha colado sobrepticiamente en los anales de la música operática moderna. Para ampliar un poco más esta dimensión de Quijotes con faldas, y la recepción-reacción europea ante el quijotismo, conviene recordar que el gran filósofo danés Sören Kierkegaard había escrito en 1843, en anticipación de Emma Bovary, pero *a posteriori* de Tatiana Larina.: «Es notable que en toda la literatura europea esté ausente todavía la contrapartida femenina de *Don Quijote.* ¿Estará por llegar ese momento? ¿No se descubrirá entonces el continente de lo sentimental?» (*Enten-Eller,* obra no traducida al español, que yo sepa, pero cuyo título completo se puede rendir como.: *Aut-Aut, un fragmento de vida, publicado por Víctor el Ermitaño,* parte I).

con la benevolencia llevada al heroísmo que siempre demostró Cervantes, y, además, el primer plano de su novela en ciernes no lo ocupará la sátira social, que es lo que caracteriza al *Lazarillo*. En consecuencia, en el *Quijote* se recortan con cuidado todos aquellos datos que singularizan desde un principio al caballero andante de la literatura: su patria, sus padres, su nacimiento y hasta su nombre, y ya hemos visto en qué medida todo esto obedece al tradicional esquema folklórico. Conviene ahora recordar un pasaje ya aludido de este primer capítulo: «Quieren decir que tenía el sobrenombre de Quijada o Quesada, que en esto hay alguna diferencia en los autores que deste caso escriben; aunque por conjeturas verosímiles se deja entender que se llamaba Quijana» (I, i).[18] Cervantes ha adanizado, efectivamente, a Amadís, y como consecuencia el héroe caballeresco se ha quedado en cueros, porque a eso equivale el tener un hidalgo sin linaje, ya que el linaje es la historia del nombre de una familia determinada. Un noble sin linaje es algo inaudito, pero también es inédita la concepción del nuevo héroe, sobre todo si repasamos los patrones folklórico-tradicionales según la concepción de Otto Rank.

Nos hallamos, evidentemente, ante una forma muy especial de la anticaballeresca; el protagonista no se nos anuncia ni glorificado ni encenagado, sólo mediocrizado. El heroico paladín se ha metamorfoseado en la encarnación de la burguesa medianía, que cifra su bienestar en comer palominos los domingos y gastar pantuflos de entrecasa. Desde luego que la lección de la obra en su conjunto, y a partir casi, casi desde este mismo momento, es muy distinta, pues nos demuestra cómo hasta la propia medianía puede alzarse a pulso por el

[18] El propio don Quijote complica aún más este confusionismo onomástico, cuando apostilla en su conversación con el canónigo toledano, al referirse al caballero histórico de la primera mitad del siglo XV, Gutierre Quijada.: «De cuya alcurnia yo desciendo por línea recta de varón» (I, xlix). Y es bien sabido que en su último y más grande acto de heroísmo, porque renuncia al ser que se ha creado voluntariosamente, don Quijote declara llamarse Alonso Quijano (II, lxxiv). Ante esta verdadera orgía de polionomasia no es extraño que a Alonso Fernández de Avellaneda se le trabuquen los datos, y escriba: «Ya no le llaman don Quijote, sino el señor Martín Quijada», *Quijote apócrifo*, V, i.

asiduo cultivo de un limpio ideal de conducta. Pero antes el protagonista tiene que enloquecer, y no olvidemos que muchos siglos antes Platón había escrito una verdad de a puño —como suya—, cuando estampó que la locura es «una liberación divina de los módulos ordinarios de los hombres» (*Fedro*, 265). Pero tiempo habrá de volver al tema de la locura.

Desde este punto de mira, el comienzo del *Quijote,* con ese «nacimiento» fuera de serie, lleva a esencializar al héroe en su contorno más humano, y antiheroico, en consecuencia. No se nos da su realidad genealógica, sino su realidad sociológica; no el *porqué* es, sino el *cómo es.* Y siguiendo esta, al parecer, ligera vena de la parodia caballeresca desembocamos en el serio asunto de que nuestro nuevo protagonista se nos da sin prehistoria, vale decir, sin factores determinantes. Tiempo habrá de volver a esto también.

En lo que quiero hacer hincapié ahora es en el hecho extraordinario de que en el *Quijote* un sistema de términos no desplaza y anula enteramente al otro, con lo que quiero decir que lo antiheroico no posterga por completo a lo heroico. Lo antiheroico como tal no tiene ni existencia ni sentido propio; como todo término relativo necesita imperiosamente la presencia real o aludida del punto de comparación apropiado. Así como en los termómetros la temperatura de ebullición es relativa a la de congelación, así lo antiheroico es algo que se entiende sólo en la medida en que existe el modelo de acción heroica. Si podemos hablar de Lazarillo como un anti-Amadís es porque la comunidad explícita que ambos tienen en sus circunstancias de nacimiento despierta la imaginativa al paralelismo deseado por el autor. Por eso Cervantes tiene siempre buen cuidado de dejar la puerta abierta al trasmundo heroico, ya que si no el protagonista se debatiría en un mundo empobrecido en la mitad de su sentido. Porque ese trasmundo heroico es el lugar adonde se puede escapar el hombre, al menos mentalmente, para hallar por un momento su plenitud soñada.[19] En el *Quijote* esto se lleva a cabo por un muy rico y

---

[19] En tono de franca farsa, la máquina de la necesidad vital del coeficiente heroico la desmontó el escritor satírico norteamericano James Thurber, muerto en 1961, en el graciosísimo cuento de *The*

complejo sistema de alusión y elusión, en el que si bien las cosas apuntan siempre más allá de sí mismas, se nos escamotea el término preciso de comparación, al menos en su forma más explícita. Como dirá mucho más adelante el propio don Quijote, haciendo buen uso de este proceso de alusión-elusión, cuando la duquesa deja que su curiosidad interrogue al protagonista acerca de si Dulcinea es dama fantástica o no, a lo que contesta el héroe: «Dios sabe si hay Dulcinea o no en el mundo, o si es fantástica o no es fantástica, y éstas no son de las cosas cuya averiguación se ha de llevar hasta el cabo» (II, XXXII).

En nuestro interrogatorio acerca del «nacimiento de un héroe» Cervantes *alude* repetidamente al mundo caballeresco en el Prólogo y en los versos preliminares —muchos de ellos escritos por héroes del mundo caballeresco literario—, mientras que *elude* con cuidado su caracterización. Por eso es que cuando el primer capítulo nos abre las puertas a *su* nuevo mundo de caballerías, casi nos caemos de bruces, porque hay que alzar mucho la vista para mirar las alturas paradigmáticas del *Amadís de Gaula,* mientras que aquí hemos tropezado con la bajeza de un lugar de la Mancha que ni siquiera merece ser nombrado. Y no olvidemos que Amadís de Gaula, en su apóstrofe poético a don Quijote, en los versos preliminares, le ha dicho:

> *Vive seguro de que eternamente,*
> *en tanto, al menos, que en la cuarta esfera*
> *sus caballos aguije el rubio Apolo,*
> *tendrás claro renombre de valiente;*
> *tu patria será en todas la primera;*
> *tu sabio autor, al mundo único y solo.*

Pero ¿cuál es esa patria que entre todas será la primera, si no bien se abre la obra se nos declara paladinamente que su nombre no merece recuerdo? Y esto se complica aún más si recordamos que en el Prólogo ya se había estampado esta

---

Secret Life of Walter Mitty. En la realidad, Walter Mitty es un marido acoquinado por mujer mandona, pero si su vida resiste elásticamente los embates del mangoneo es porque en sus ensueños él se ve como despampanante héroe.

declaración: «Aunque parezco padre, soy padrastro de don Quijote.» ¿Quién es este sabio autor, señero en el mundo? Este proceso de alusión-elusión, por el que se nos propone algo, y se nos entrega otra cosa muy distinta, se convierte rápidamente en uno de los recursos estilísticos y narrativos más socorridos en la obra, como ocurre, para no citar más que un ejemplo ya aludido, con aquel capítulo propuesto por el siguiente rimbombante epígrafe: «De la jamás vista ni oída aventura que con más poco peligro fue acabada de famoso caballero en el mundo, como la que acabó el valeroso don Quijote de la Mancha», capítulo que en su texto nos entrega la regocijada y hedionda aventura de los batanes (I, xx).

Este proceso lo podemos designar, en términos generales, como *ironía,* ya que ironía es, en su aspecto esencial, la forma verbal de darnos gato por liebre.[20] «Disimulo», entendían los griegos cuando pronunciaban la palabra *eironeia,* o sea presentar lo que es bajo el disfraz de lo que no es. En este sentido, pues, y frente al *Amadís de Gaula,* por ejemplo, el comienzo del *Quijote* introduce la ironización de una situación literaria dada y tradicional: el nacimiento del héroe y su problemática folklórica. Por un lado, tenemos la realidad literaria consagrada, y ya convertida en tradicional, del mundo de la caballeresca, con sus Gaulas y Amadises, todo explícito y perfecto, *ab initio,* como suele ocurrir en el mundo de los mitos. Por el otro lado, el comienzo del *Quijote* nos revela la intención firme y voluntariosa («no *quiero* acordarme») de crear una nueva realidad artística, en el que un nuevo tipo de héroe, inédito hasta el momento, nacerá efectiva, aunque no biológicamente, aun así esta biología sólo sea de orden literario. La identidad de esta nueva realidad no estará dada por los términos del ideal caballeresco —¿desde cuándo los caballeros andantes se paseaban por sus casas en

[20] No pienso entrar en un análisis estilístico del *Quijote,* pero el lector no se pierde nada, pues ahora puede consultar los múltiples ejemplos analizados finamente en el apartado «La ironía formal» en la hermosa obra de Helmut Hatzfeld *El «Quijote» como obra de arte del lenguaje,* segunda edición española refundida y aumentada (Madrid, 1966). Además, no olvide el lector que el libro de Hatzfeld tiene ahora magnífico complemento en el de Angel Rosenblat *La lengua del «Quijote»* (Madrid, 1971).

pantuflas?—, ni tampoco por los términos de la realidad empírica de una Argamasilla de Alba —¿cuándo produjo Argamasilla de Alba caballeros andantes que salían a recorrer el mundo en busca de aventuras?—, por así llamarla, aunque ambos términos están allí presentes por el ya referido sistema de alusión-elusión.[21] Y este sistema es, precisamente, el que posibilita que el mundo del *Quijote* sea de una manera y se nos presente de otra, lo que viene a consagrar el libre desempeño de la ironía. De ahí el tornasol eterno en que viven los personajes del *Quijote,* y por eso la azogada inquietud que ·asalta a todo crítico que intenta penetrar en ese mundo, y el que esto escribe no es de los menos azogados.

Se esboza aquí ya el fertilísimo conflicto que conscientemente crea Cervantes entre el mundo caballeresco, ideal y tradicional, y este mundo *sui generis,* que él está sacando de la nada. La tensión creada por este conflicto va mucho más allá de los datos puramente objetivos, como había ocurrido en las relaciones conflictivas entre *Amadís* y *Lazarillo:* Amadís, heroico hijo del noble rey Perión de Gaula; Lázaro, antiheroico hijo de un molinero ladrón. Porque a esta proposición inicial en el *Lazarillo* le sigue una tal cerrazón temática, impuesta por el determinismo, que toda posible efectividad actuante de Amadís como modelo de vida queda marginalizada.[22] En el *Quijote,* al contrario, ambos sistemas coexisten

[21] En ningún momento Cervantes identificó la patria de don Quijote ni con Argamasilla de Alba, ni con Argamasilla de Calatrava, ambas en la provincia de Ciudad Real. Son los académicos que escriben a la muerte de don Quijote quienes son de la Argamasilla, que también queda sin más identificación geográfica. Todo es en Cervantes puro juego de donaire. Fue Alonso Fernández de Avellaneda quien identificó la patria de don Quijote desde la propia dedicatoria de su obra, que lee así.: «Al alcalde, regidores y hidalgos de la noble Villa de Argamasilla de la Mancha, patria feliz del hidalgo caballero don Quijote, lustre de los profesores de la caballería andantesca.»

[22] El determinismo se ahonda en la hornada de novelas picarescas que sale a comienzos del siglo XVII, y se acumulan sobre el pícaro toda suerte de taras sociales, bastardía, impureza de sangre, etc., como lo testimonian Guzmán de Alfarache a Pablos de Segovia o la pícara Justina. La picaresca, al rigorizar el determinismo, se aparta por completo de las ideas cervantinas. Acerca de cómo el determinismo del *Lazarillo* se convierte en cruel y metódico en las novelas de comienzos del siglo XVII, ver el hermoso estudio de Marcel Bataillon «Hacia el pícaro.

y se complementan, y el autor invita así a nuestra imaginativa a que abra un compás que abarque, desde un principio, el polo literario de la idealización positiva, como lo es el mundo de las caballerías, y el polo literario de la idealización negativa, como lo es el antiheroico y aburguesado hidalgo de aldea, ya entrado en la última vuelta del camino, y que se describe en los términos más alejados de la caballería andante. Sin pensar en personajes episódicos, como la lasciva Maritornes o el apicarado Ginés de Pasamonte.

Como consecuencia, nuestra imaginación se ve obligada a recorrer continuamente la distancia que separa ambos polos, para poder abarcar en alguna medida el intrincado proceso de alusión-elusión-ironización. Y es, precisamente, este ejercicio imaginativo el que va dando dimensiones y densidad al relato, y quiero subrayar que esto parte del momento mismo en que Cervantes echó por la borda todas las características del nacimiento del héroe tradicional. Porque lo más significativo de todo esto es que Cervantes no nos introduce a un mundo ya dado y hecho, como lo es la Gaula de Amadís, o la Salamanca de Lazarillo (de allí la importancia de la prehistoria en ambas novelas), sino a un mundo que se está haciendo ante nuestros ojos —de ahí la carencia de prehistoria en este nuevo, novísimo tipo de relato—. Esto se explica porque desde un principio estamos viendo el mundo mítico de la caballeresca desde la perspectiva muy topográfica que nos permite ese innominado lugar: oteamos la maravillosa Gaula con los pies bien plantados en tierra manchega. Y este innominado lugar a su vez lo observamos desde las alturas del mito inmarcesible; desde allí oteamos la tierra de nobles caldos. Se hace posible así, desde el primer momento, la multiplicidad de perspectivas sobre la nueva realidad literaria, y ésta se da en el momento

---

Sentido social de un fenómeno literario», *Pícaros y picaresca* (Madrid, 1969). La insólita actitud de Cervantes tardó mucho tiempo en cundir, precisamente por ir a redropelo de la literatura mayoritaria. Piense el lector que sin el precedente cervantino sería inconcebible la actitud inicial de Augusto Pérez en *Niebla*, de Unamuno (1914), de cuyo quijotismo es inútil hablar. Sale Augusto Pérez a la puerta de su casa cuando se abre la novela, y no sabe qué hacer.: «Esperaré a que pase un perro —se dijo— y tomaré la dirección inicial que él tome.» Mas el propio Unamuno reconoció la audacia de esta técnica de abolengo cervantino, y llamó a su obra *nivola*.

y zona de cruce de esas perspectivas, sobre las que ya no ejerce ningún tipo de fuerza gravitatoria lo folklórico-tradicional. Y, en consecuencia, el *Quijote* no tiene, ni puede tener, al revés de los *Amadises* y los *Lazarillos*, ni prehistoria ni post-historia, ni tampoco, en sentido estricto, historia, ya que su materia narrativa no es lo ya dado y hecho, sino ese asiduo cruzarse de cambiantes aspiraciones y perspectivas que denominamos vida. Y nada ajeno a todo ello es el hecho de que don Quijote de la Mancha, *nunc et futurus heros*, nace, por así decirlo, y gastar otro latinajo, *in medias res*.

En esta forma Cervantes va dando marco a su nuevo tipo de narración, que no es ni literatura idealista ni literatura realista, aunque participa de ambas. Una forma de apreciar la distancia a que se coloca el relato de esos dos términos es repensar los parecidos y diferencias que existen entre «en un lugar de la Mancha, de cuyo nombre no quiero acordarme» y las fórmulas ya vistas (o la novela picaresca, o el cuento folklórico, o el relato mítico, etc.). A riesgo de estampar una perogrullada de las gordas, diré que resulta evidente, para mí, la superioridad artística implicada en ese voluntarioso negarle localización específica a su relato, pues se alude y elude, de esta manera, a toda una serie de posibles localizaciones, con lo que ésta tiene de valor determinista en la conformación de un relato.[23] Tan inimaginable resulta un Lazarillo *de Gaula* como un Amadís *de Tormes*. Pero sí nos parece de presencia inmediata un machucho hidalgo de aldea cuya patria y nombre específicos se silencian con firme voluntad. Y si a ese hidalgo le conocemos más tarde por el apelativo toponímico de don Quijote *de la Mancha*, esto es fruto exclusivo de su voluntad de ser lo que él ha identificado con su destino. Don Quijote *se llama a sí mismo* «de la Mancha»; a Amadís y a

[23] Para no meterme en más honduras, invito al lector a desasociar a Zalacaín el aventurero del País Vasco, a Martín Fierro de las pampas argentinas y hasta al propio Sherlock Holmes de su nebuloso Londres. El valor determinista de la geografía imbricada en la literatura impide, creo yo, tal acto de desasociación mental. En la vida, en cambio, este tipo de datos puede, y suele, marchar cada uno por su lado. Como botón de muestra.: es difícil imaginar, al leer los tratados filosóficos o estéticos o las propias novelas (*The Last Puritan*, en ella pienso), que George Santayana, catedrático de Filosofía en Harvard University, era español, el madrileño Jorge Ruiz de Santayana.

Lázaro *les llaman* de Gaula, de Tormes.[24] Autodeterminación, por un lado; determinismo, por el otro.

Ahora bien: se nos ha demostrado que la fórmula adoptada por Cervantes para ocultar esa información determinista —«de cuyo nombre no quiero acordarme»—, que anubla y problematiza el tradicional nacimiento del héroe, es variante de una fórmula folklórica o notarial, tanto monta, para mis fines de hoy.[25] Pero es variante con una innovación capital. La fórmula tradicional del cuento Cervantes la conocía y la usó en el *Persiles y Sigismunda,* cuando los peregrinos entran precisamente en un pueblo de la Mancha: «Llegó a un lugar no muy pequeño ni muy grande, de cuyo nombre no me acuerdo» (III, x). La variante consiste, pues, en esas nada inocuas palabras *«no quiero* acordarme». En esta expresión de voluntarismo creo yo que radica una de las claves para la interpretación recta no sólo del pasaje que estamos estudiando —el nacimiento de un héroe—, sino de la nueva concepción de novela que informa al *Quijote.* Y que esas palabras son expresión de la libérrima voluntad del autor lo refrendó el propio Cervantes, diez años después de estampadas, al escribir, al tiempo de la muerte del héroe: «Este fin tuvo el Ingenioso Hidalgo de la Mancha, cuyo lugar no quiso poner Cide Hamete puntualmente, porque todas las villas y lugares de la Mancha contendiesen entre sí por ahijársele y tenérsele

[24] No olvidemos.: «Pues sepa V. M. ante todas cosas que a mí *llaman* Lázaro de Tormes.»

[25] María Rosa Lida de Malkiel, «De cuyo nombre no quiero acordarme...», *Revista de Filología Hispánica,* I (1939), 167-71, llamó la atención al hecho de que el cuento de Aladino y su lámpara maravillosa en *Las mil y una noches* comienza con fórmula análoga.: «He llegado a saber que en la antigüedad del tiempo y el pasado de las edades y de los momentos, en una ciudad entre las ciudades de China de cuyo nombre no me acuerdo en este instante, había...» Y don Juan Manuel comenzó el último *exemplo* de su *Conde Lucanor* con estas palabras.: «Señor conde —dixo Patronio—, en una tierra de que me non acuerdo el nombre, avía...» Por su parte, Francisco López Estrada, «Un poco más sobre 'De cuyo nombre no quiero acordarme...'», *Strenae. Estudios de filología e historia dedicados al profesor Manuel García Blanco* (Salamanca, 1962), págs. 297-300, observó la frecuencia de uso en el lenguaje notarial de la época de Cervantes de fórmulas como la siguiente.: «Dibersas personas biejas e antiguas de cuyos nombres no se acuerda...»

por suyo, como contendieron las siete ciudades de Grecia por Homero» (II, LXXIV).[26]

En primer lugar, se cifra en esas breves palabras del comienzo todo un programa de acción literaria, pues se afirma en ellas, con toda claridad y firmeza, la libre voluntad del escritor. Pero esto es algo nuevo e insólito en la época de Cervantes, ya que la creación artística estaba entonces supeditada —para su bien y para su mal— a la fuerza gravitatoria de la tradición, que al atraer magnéticamente a la imaginación creadora la limitaba en su libre desempeño. Por eso, cuando un escritor de la época se libera de los dictámenes de esa tradición para crear una realidad literaria de novedad radical, como ocurre con el caso del *Lazarillo de Tormes* —donde el arma escogida para abrir brecha es colocar al mundo caballeresco patas arriba—, ese autor, asustado por su audacia, se ve obligado a esconderse para siempre, al parecer, en el anonimato.[27] Frente a esa actitud normativa, propia de las teorías literarias de la época —«El que no haze acción verisímil, a nadie imita», Alonso López Pinciano, *Philosophía antigua poética* (1596), epístola quinta—, frente a ese tipo de actitud, Cervantes proclama, desde el pórtico de su nueva obra, la libertad del artista, al colocar el *querer* el autor por encima del

---

[26] La identificación del *lugar de la Mancha* con Argamasilla de Alba es sólo una persistente y embarazosa tradición oral, que allá en 1863 llevó al por lo demás benemérito impresor madrileño Manuel Rivadeneyra a imprimir el *Quijote* en Argamasilla.: *El ingenioso hidalgo don Quijote de la Mancha. Edición corregida con especial estudio de la primera, por J. E. Hartzenbusch. Argamasilla de Alba. Impr. de Manuel Rivadeneyra (Casa que fue prisión de Cervantes)*, 1863, cuatro volúmenes. Es de lamentar que Hartzenbusch, que fue director de la Biblioteca Nacional y ocupó un sillón en la Real Academia Española, se haya prestado a tal inocentada.

[27] Desde otro cuadrante y desde otro país, aunque para la misma época, se rubrica lo indeseable que era la libertad creadora en el artista: «L'arte nostra è tutta imitazione della natura principalmente, e poi, per che da sé non può salir tanto alto, delle cose che da quelli che miglior' maestri di sé giudica sono condotte», Giorgio Vasari, *Le vite de' più eccellenti Architetti, Pittori, et Scultori Italiani da Cimabue insino a tempi nostri* (1551), prefacio. Las familias literarias de Celestinas, Amadises, Esplandianes, obedecen tácitamente el principio expresado por Vasari. Se trata, sustancialmente, del principio de imitación *(mimesis)* predominante en la estética del Renacimiento.

deber de los cánones.[28] Resultado directo de esa liberación serán las palabras que escribirá más adelante, y cuya sorna no está enteramente disociada del nuevo sentimiento de autonomía artística: el autor «pues se contiene y cierra en los estrechos límites de la narración, teniendo habilidad, suficiencia y entendimiento para tratar del universo todo, pide no se desprecie su trabajo, y se le den alabanzas, no por lo que escribe, sino por lo que ha dejado de escribir» (II, XLIV).[29] Si el artista está en plena libertad creativa es natural que lo que no escribe tenga tanto valor indicial como lo escrito, lo que se corresponde al tema de la nueva filosofía de que la vida del hombre adquiere su plenitud de sentido en el filo del *hacer* y el *no hacer*. La libertad de elección es la medida concreta de la liberación del hombre, o del artista.

Me parece oportuno citar en este momento a José Ortega y Gasset, ya que sus palabras darán más amplias dimensiones a mi tema estricto. En *Historia como sistema* (1941) escribió:

> Entre estas posibilidades [de ser] tengo que elegir. Por tanto, soy libre. Pero entiéndase bien: soy *por fuerza* libre, lo soy quiera o no. La libertad no es una actividad que ejercita un ente, el cual aparte y antes de ejercitarla, tiene ya un ser fijo. Ser libre quiere decir carecer de identidad constitutiva, no estar adscrito a un ser determinado, poder ser otro del que se era y no poder instalarse de una vez y para siempre en ningún ser determinado. Lo único que hay de ser fijo y estable en el ser libre es la constitutiva inestabilidad (capítulo VII).

---

[28] El Pinciano resume en su obra toda la estética neoaristotélica del Renacimiento. Como escribió Marcelino Menéndez y Pelayo: «Es el único de los humanistas del siglo XVI que presenta lo que podemos llamar un sistema literario completo, cuyas líneas generales pueden restaurarse, aun independientemente del texto de Aristóteles», *Historia de las ideas estéticas en España*, cap. X. Si he citado en el texto al Pinciano es para destacar aún más la revolución que implica, en los campos de la literatura y de la estética, la obra cervantina.

[29] No quiero decir que el sesgo *existencial* que doy a mi interpretación del texto citado es el único admisible. Desde luego que las palabras de Cervantes caen de lleno dentro de las teorías de la época acerca de la unidad de la fábula, pero explicar esto me metería en los vericuetos de la historia literaria, tarea que no entiendo hoy como mi principal objetivo. Mas si el lector siente interés por el ver el asunto desde esta perspectiva, le invito a leer las sesudas páginas que dedicó al tema mi querido amigo E. C. Riley, *Teoría de la novela en Cervantes* (Madrid, 1966), cap. IV.

Mas antes de seguir adelante, cuando habrá oportunidad de volver a este texto de Ortega, conviene arriar velas para no encallar en algún malentendido. La libertad de que hablo en Cervantes es doble; en parte es reacción contra la cuadrícula de la tradición literaria, y en parte, expresión de la más ahincada aspiración del hombre: la aspiración a ser libre en la elección de su forma de ser dentro del marco impuesto por el destino o circunstancia, como quiso Ortega. Pero este último tipo de libertad tiene una muy fuerte carga ética, arraigada en inconmovibles principios de jerarquía. No se trata, en absoluto, de las demasías anárquicas del Romanticismo, pese a las interpretaciones cervantinas de los propios románticos, y de algunos neorrománticos. Se trata de libertad, no de libertinaje.

Si August Wilhelm von Schlegel, introductor del Romanticismo en Berlín, pudo decir del autor del *Quijote* que era «el poeta que deroga las leyes de la fría razón y se precipita en el caos de la naturaleza» (*Vorlesungen über schöne Litteratur und Kunst* [1801-1804], III), Rubén Darío comenzó esa suerte de canonización laica de don Quijote, que todavía sigue en marcha, al escribir en su *Letanía de nuestro señor don Quijote* (1905):

> *Ruega generoso, piadoso, orgulloso;*
> *ruega, casto, puro, celeste, animoso;*
> *por nos intercede, suplica por nos,*
> *pues casi ya estamos sin savia, sin brote,*
> *sin alma, sin vida, sin luz, sin Quijote,*
> *sin pies y sin alas, sin Sancho y sin Dios.*

Y no puedo por menos que aplaudir entusiastamente la genialidad de Unamuno cuando bautizó a don Quijote el *Caballero de la Fe,* en el primer capítulo de su *Vida de don Quijote y Sancho* (1905).

Creo que ahora puedo de nuevo izar velas y volver a lo nuestro. Desde el momento inicial el relato se nos manifiesta como apoyado sólidamente sobre una voluntad que, a su vez, respalda a una cierta intención. En nuestro caso particular de exégesis, la intención expresa el anhelo de liberación. «*No quiero* acordarme» es la cabal forma de expresar la toma de conciencia del autor y su mundo artístico por crear, que se realizará dentro del concluyente marco de un querer personalizado y absoluto, al margen de tradiciones y folklores. De la misma manera, el autobautismo del héroe en ciernes constituye la toma de conciencia del protagonista y *su* mundo individual, cuando el novel caballero se libera de su salpicón y pantuflos cotidianos para expresar su absoluta voluntad de destino. El semianónimo y machucho hidalgo de gotera ha determinado *lo que* va a ser, ha programado su vida y ha identificado su *yo:* don Quijote de la Mancha.

Con todo esto se vienen abajo los términos de la estética imperante, que delimitaban el campo de la creación artística entre el *deber* y el *no deber*, o sea lo que se denomina la teoría renacentista de la imitación de los modelos. En el *Quijote*, y desde un comienzo, desde su propio pórtico, estos términos quedan suplantados por el *querer* y el *no querer*, con lo que la realidad mental del artista se convierte en una suerte de imperativo categórico.[30] Y cuando surge, explícitamente, el tema de la imitación de los modelos, como ocurre en el episodio de la penitencia de Sierra Morena, dicha imitación no viene impuesta por ningún tipo de consideraciones extrínsecas, sino por la libérrima voluntad del protagonista, como lo manifiesta éste claramente en el largo razonamiento con su escudero: «... El toque está en desatinar sin ocasión, y dar a entender a mi dama que, si en seco hago esto, ¿qué hiciera en mojado?...» (I, xxv).

Se glorifica así, para siempre, la libertad del artista, como escribió en cierta ocasión el gran crítico alemán Leo Spitzer:

[31] Ecos directos de esta nueva actitud del artista hacia su materia se hallan, y en abundancia, en Unamuno, y en el italiano Luigi Pirandello, también, pero tiempo habrá de volver a este último, con mejor coyuntura. El protagonista de *Niebla*, de Unamuno, Augusto Pérez, va a Salamanca a entrevistarse con su creador, don Miguel, para anunciarle sus planes de suicidio. Hay una larga discusión acerca de la libertad relativa de creador y criatura, con el resultado de que Unamuno monta en cólera.: «¡Bueno, basta!, ¡basta! —exclamé, dando un puñetazo en la camilla—, ¡cállate!; ¡no quiero oír más impertinencias!... ¡Y de una criatura mía! Y como ya me tienes harto y además no sé ya qué hacer de ti, decido ahora mismo no ya que no te suicides, sino matarte yo. ¡Vas a morir, pues, pero pronto! ¡Muy pronto! (cap. XXXI).

«Muy por encima de este vastísimo cosmos de su creación, en el que se combinan y entremezclan cientos de personajes, situaciones, perspectivas, acciones principales y secundarias, tiene su asiento el yo artístico de Cervantes, un yo creador y omnipotente, natural y deiforme, omnipresente, omnisciente, rebosante de bondad y comprensión. Y este creador que en todas partes vemos nos revela los secretos de su creación, nos muestra la obra de arte en su gestación y las leyes a que necesariamente ha de someterse. Pues este artista es deiforme, pero no está endiosado. Alejemos la idea de creer que Cervantes pretende destronar a Dios y poner en su lugar al artista como un superhombre».[31]

Esta cita, espero, aclara mucho mejor de lo que lo podría hacer yo algún posible malentendido acerca de lo que llevo escrito sobre el tema de la liberación del artista. Pero Cervantes va mucho más allá de esto, pues ya queda apuntado que la liberación del personaje es la otra cara de la medalla de la libertad del artista. En la literatura de ficción hasta entonces escrita ya he apuntado la característica esencial de que el personaje —caballero, pastor, pícaro— está fosilizado en una forma de vida, por un doble determinismo, estético y vital.

Al hacer caso omiso del determinismo en la literatura, Cervantes libera al personaje. Pero antes de estudiar la maquinaria de este proceso en el *Quijote,* quizá convenga, por motivos de claridad expositiva, alterar la cronología y saltar a nuestro siglo, a Luigi Pirandello, muerto en 1936, el mismo año que Unamuno y García Lorca. En *Sei personaggi in cerca d'autore* (1921), comedia en que hace crisis la dramaturgia pirandelliana, se lleva a un desarrollo lógico el gran tema cervantino de la liberación del personaje. Esto ya está patente en el título. Pero citaré un poco al azar para ejemplificar en forma previa un fenómeno literario que inicia Cervantes, y que las generaciones han ahondado en forma tal que ha adquirido las dimensiones de un verdadero fenómeno telúrico.

[31] «Perspectivismo lingüístico en el *Quijote*», en *Lingüística e historia literaria* (Madrid, 1955).

Uno de los personajes, el Padre, siente la necesidad de *ser*, de vivir *su* vida con plenitud, y no interpretado por el Director, y exclama:

«Digo, señores, que lo que para ustedes es una ilusión que han de crear, es ya para nosotros una realidad creada, la única, la nuestra. Y no sólo sabemos nosotros que esta realidad es nuestra y no suya, sino que ustedes también lo saben... ¡Si les sobra razón para reírse! ¡Como que sobre estas tablas todo es ficción y juego! Y usted puede argüirme que sólo por juego aquel señor [y apunta al primer actor] que es *él*, debe ser otro, ser *yo*. Cuando, por el contrario, mi realidad es exclusivamente mía, como afirmaba usted de la suya hace un instante, llamándome loco, sin imaginar que caía en la ratonera» (acto III).

Y un poco más tarde continúa: «Un personaje posee una vida verdaderamente suya, impresa con caracteres propios, por los cuales es siempre alguien; mientras que un hombre, conste que no lo digo ahora por usted ... un hombre así, genéricamente, ¡puede no ser *nadie!*» (*ibidem*). Para estas alturas de la obra, sin embargo. Pirandello ya nos había ofrecido un hilillo rojo para encaminarnos hacia la fuente de esta problemática existencial, cuando el Padre pregunta: «¿Quién fue Sancho Panza?» (acto I).[32]

Volvamos ahora al *Quijote* para observar cómo el maestro Miguel de Cervantes Saavedra empezó a leer la cartilla que educó a toda la Europa pensante, de Rusia a Inglaterra.

[32] En este siglo y fuera de España, Pirandello es, a mi entender, el autor más fuertemente impresionado y caracterizado por la lección del *Quijote*, con lo que no pretendo negarle originalidad alguna al gran genio dramático italiano. En las citas del texto, y en general en todo el drama *Sei personaggi*, Pirandello establece un fecundo diálogo, a través de los siglos, con el *Quijote*, específicamente con *Quijote*, II, III. En ese capítulo, recordará el lector, se narra cómo don Quijote y Sancho escuchan, lelos y azogados, al bachiller Sansón Carrasco, quien les describe el libro, recién publicado, en que narran sus aventuras, o sea el *Quijote* de 1605. El hidalgo y su escudero se encocoran con el autor, vale decir, el propio Cervantes, porque, en términos de Pirandello, se les ha falsificado «la vida verdaderamente suya». Inútil insistir en esto. Lo que es menos conocido es que ya en un temprano ensayo (*L'umorismo*, 1908) Pirandello había hecho su profesión de quijotismo. Al analizar la aventura de los molinos de viento —¿gigantes convertidos en molinos por don Quijote?, ¿o molinos transformados en gigantes por el sabio Frestón?— concluye Pirandello.: «Ecco la leggenda nella realtà evidente.»

Apenas el· protagonista de la nueva novela empieza a desvariar por la lectura de sus libros de caballerías, se entusiasma de tal manera con «aquella inacabable aventura» que «muchas veces le vino deseo de tomar la pluma, y dalle fin al pie de la letra, como allí se promete; y sin duda alguna lo hiciera, y aun saliera con ello, si otros mayores y continuos pensamientos no se lo estorbaran» (I, 1). Es evidente que el protagonista tiene ya, desde que pisa la escena, una triple opción: seguir la vida vegetativa de un hidalguete de aldea y de gotera, o hacerse escritor, o hacerse caballero andante. Ni que decir tiene que el héroe tradicional sólo tiene una opción única, que en consecuencia se convierte en irreversible destino literario. Pero con este nuevo héroe el voluntarioso abandono de la vida vegetativa implica una indeclinable renuncia a esa prehistoria suya que no conoceremos jamás. Esto, a su vez, implica un corte total con las formas tradicionales de la novela. El hacerse caballero andante, posibilidad la más inverosímil de todas, ya que es invento de su locura, es la cabal expresión de su absoluta libertad de escoger.

Abro un paréntesis para volver a *Historia como sistema,* de Ortega y Gasset, a la espera de que se vea a nueva y más clara luz lo dicho. En pasaje contiguo al citado más arriba, decía Ortega: «Invento proyectos de hacer y de ser en vista de las circunstancias. Eso es lo único que encuentro que me es dado: la circunstancia. Se olvida demasiado que el hombre es imposible sin imaginación, sin inventarse una figura de vida, de *idear* el personaje que va a ser. El hombre es novelista de sí mismo, original o plagiario.» Pero éste es el hombre físico, histórico, visto a la luz de la filosofía del siglo xx. Lo extraordinario es que allá hacia 1605 Cervantes había llegado a análogas conclusiones acerca de lo inenajenable de la vida humana, y sobre esas verdades creó el mundo del *Quijote.* Desde este punto de mira, el «inventor raro y peregrino», apelativo con el que le gustó autodenominarse a Cervantes, fue ese ajado hidalgo de gotera, supernovelista de sí mismo, ya que se inventó como figura de vida la del inigualable caballero andante, *nunc et futurus,* de don Quijote de la Mancha.

Y con esto volvemos a nuestro comienzo de novela, al nacimiento de nuestro héroe. Un plan de vida ya no le es

viable, o aceptable: el de hidalgo de aldea. Otro plan, que él
se inventa, es, en consecuencia, el que vivirá: el de caballero
andante. Pero le quedaba abierto un tercer plan de vida: ¿por
qué no hacerse escritor? Se debe observar que esta última
opción queda posibilitada sólo *después* de que el protagonista
ha enloquecido. La locura es la que le proporciona esta «figura
de vida», pero es la misma locura la que lleva a la caballería
andante. En su desvarío, el semianónimo hidalgo se inclina a
hacerse novelista y a ensartar imaginadas aventuras. Pero esta
es, precisamente, la tarea a que está abocado Cervantes, en
perfecta sincronía con las posibilidades vitales abiertas a su
protagonista. Cervantes está imaginando ensartar aventuras
al unísono con los desvaríos literarios de su ya enloquecido
protagonista. Es lícito suponer, entonces, que tan loco está
el autor como el personaje.[33] Y esto no va de chirigota. Al
contrario, va muy en serio. Debemos entender que esta deli-
ciosa ironía es la más entrañable forma de crear esa casi divina
proporción de semejanza entre creador y criatura. Sin el menor asomo de irreverencia, y sólo por aquello de que sobre
este concepto descansa la siempreverde labor de creación literaria, y otras más, quiero aducir aquí este texto sagrado: «Et
creavit Deus hominem ad imaginem suam: ad imaginen Dei
creavit illum, masculum et feminan creavit eos» (*Génesis*, I,
27). Salvadas ya todas las distancias, quiero ahora recordar
que al deponer Cervantes la pluma la increpó en estos términos: «Para mí sola nació don Quijote, y yo para él; él supo
obrar y yo escribir; solos los dos somos para en uno.» Y es
esta misma proporción de semejanza la que libera, enaltece y
dignifica a la criatura, con máxima carga de efectividad actuante. Y la adquisición de voluntad, de querer ser él y no
otro, o sea la opción vital segura y firme.[34]

---

[33] No piense el lector que se me ha cruzado por la mente revivir,
ni por un momento, disparatadas agudezas como la de Hippolyte Taine
cuando escribió.: «Cervantes era un caballero y amaba la nobleza y el
ideal caballeresco; pero al mismo tiempo sentía la locura y se complacía
viéndolo humillado bajo los palos de los villanos, en aventuras lamentables» (*Essais de critique et d'histoire*). Por otras y menos escondidas
sendas, o así lo espero, va mi crítica, según verá el lector.

[34] Cuando hace crisis el principio de la identidad humana basada
en la fe, es en ese momento en que irrumpen toda suerte de problemas y planteos, entre los que no debe olvidar el lector la presentación

Debo advertir en este momento que la posibilidad apenas apuntada de un don Quijote escritor la tomó muy en serio, aunque sólo para acentuar más su sátira, el novelista ruso Nicolás Gogol. Al final de *Almas muertas* (1842) uno de los personajes se duele y exclama: «Y aquí [en Rusia, se entiende] hay un nuevo don Quijote de la ilustración. ¡Ha fundado escuelas! Bueno, en realidad, ¿qué hay de mayor utilidad para el hombre que saber leer y escribir?» La compenetración de Gogol con don Quijote en *Almas muertas* es casi total, aunque la sátira social del ruso apunta a muy distintos blancos. Dicha compenetración es tal que el protagonista del novelista ruso es el equivalente de un hidalgo de gotera, el apicarado Chichikov, quien es en todo, en particular en sus cualidades morales, una cuidadosa puesta al revés de don Quijote. Y si en un vuelo de imaginación satírica Gogol admite la posibilidad de un don Quijote escritor, yo lo entiendo como un rasgo de íntima y cordial simpatía por parte del creador para dar dignidad a su criatura.[35]

Decía yo que la dignidad se respalda con la voluntad, que recubre a la necesidad vital y angustiosa de querer ser él y no otro. Por ello, al abrirse la novela el protagonista aparece desdibujado en la nebulosa de una significativa polionomasia: Quijada, Quesada, Quijana. Estos nombres encierran en cifra la diversidad de posibilidades vitales de ese ser en estado embrionario, de ese héroe en ciernes. Pero el autobautismo aclara y define: él será don Quijote de la Mancha, y no otro. Sabido es que en la tradición hebreo-cristiana el cambio de nombre de la persona refleja un cambio de horizonte: Jacob-Israel, Saulo de Tarso-San Pablo, son la misma e idéntica persona, pero con sus vidas asestadas a nortes totalmente distintos al que apuntaban antes del cambio onomástico. Los

---

de Pirandello, que para ejemplificar problemas de este tipo copié algo más arriba: *supra,* págs. 80-81.

[35] El crítico ruso A. N. Veselovski, *La influencia occidental en la nueva literatura rusa* (Moscú, 1916), estudió a fondo las relaciones entre *Don Quijote* y *Almas muertas,* y conceptuó a nuestra novela máxima como la principal fuerza genética que mueve a la novela rusa. Debo advertir que el libro de Veselovski está en ruso, idioma que yo ignoro en absoluto; en consecuencia, mi conocimiento me llega a través de extractos en inglés.

diversos nombres de nuestro protagonista (¿Quijada?, ¿Quesada?, ¿Quejana?), por lo tanto, desarrollan, como en película, sus diversos horizontes vitales, pero allí está la limpia y libérrima opción, representada por el autobautismo, que le orienta seguramente hacia una forma de ser y un destino.

Sin embargo, lo más curioso y distintivo del *Quijote* es que la inmensa mayoría de sus personajes aparecen como lo que no son; así el hidalgo manchego aparece como caballero andante; el zafio rústico, como escudero; Dorotea, como la princesa Micomicona, y los demás, por el estilo. Si recapacitamos sobre el hecho que, según mi definición anterior, *ironía* es ese frágil puente con que nuestra mente une el ser y el no ser, parecería como si Cervantes hubiese entendido que, más que una gala del ingenio y un artificio estilístico, la ironía es una forma de vida. Más aún: la ironía sería, desde este prisma, la única forma de vida compatible con lo que Américo Castro ha llamado la «realidad oscilante». En el mundo de los baciyelmos la ironía es una necesidad vital. O quizá sea al revés.

Aunque adelanto a sabiendas el tema del próximo capítulo, considere asimismo el lector que la locura es una necesidad vital para don Quijote de la Mancha. Antes de enloquecer es un abúlico hidalgo de gotera; cuando recupera la cordura, muere. Este tema de profundo significado ha recibido en nuestro siglo el tratamiento polémico, amargo y poético, todo a la vez, de Luigi Pirandello en *Enrico IV* (1922). Pero todo esto hallará mejor cabida en el capítulo siguiente. Si he adelantado la mención de *Enrico IV* se debe al hecho de que el protagonista de este drama es un don Quijote trágico, obsesionado por el problema de su identidad, que es a la vez su condena y su liberación.

De todas maneras, y para volver al tema sobre el tapete, en cualquier situación de vida en que se presenten estos personajes radicalmente *irónicos* alienta en ellos, y les da integridad, la firmísima intención de ser ellos mismos, y no otros. Considérense, por ejemplo, las circunstancias de don Quijote después de haber sido apaleado por los mercaderes toledanos, poco después del «nacimiento» de nuestro héroe, que aquí implica la opción firme y segura de una forma de vida. Ante este primer tropiezo en su nueva vida, y con un deshonroso dolor que le recorre todo el cuerpo, el héroe, despechado, casi olvida su reciente vocación vital, y se pone a divagar, suponiéndose ya Valdovinos, ya el moro Abindarráez (I, IV). Se trata, efectivamente, de la primera y única vez en que don Quijote parece renunciar a su plan de vida, y las causas psicológicas ya quedan mencionadas. Pero basta que Pedro Alonso, el caritativo labriego que le recoge, le recuerde que él no es ni Valdovinos, ni Abindarráez, sino «el honrado hidalgo del señor Quijana», para que a don Quijote se le encalabrine su nuevo y recién impuesto *yo*, y exclame: «Yo sé quién soy, y sé qué puedo ser, no sólo los que he dicho, sino todos los Pares de Francia, y aun todos los Nueve de la Fama, pues a todas las hazañas que todos juntos y cada uno por sí hicieron se aventajarán las mías.» Al ser tomado por otro del que se quiere ser, el héroe olvida el dolor y el despecho, y se redefine en su nuevo plan de vida con más firmeza que nunca, a pesar del dolor que abruma sus costillas. A la momentánea *alteración* —ese «sentirse otro», Valdovinos, Abindarráez, único en el libro— le sigue un más profundo y efectivo *ensimismamiento*.[36] Nada en el futuro hará vacilar un ápice al caballero andante de su plan de vida elegido. Sólo cuando está a punto de entregar su alma a su Hacedor depone este plan de vida, para reconocerse Alonso Quijano el Bueno, que constituye, en estos términos, su plan de eternidad.

Análogo proceso de *alteración* y *ensimismamiento* se da en el caso de Sancho Panza, a su entrada triunfal en la Insula Barataria. Se le ha elevado a tal pináculo de gloria que corre riesgo propincuo de *alterarse,* de ser otro, y así reacciona el buen escudero: «Yo no tengo *don,* ni en todo mi linaje lo ha habido: Sancho Panza me llaman a secas, y Sancho se llamó mi padre y Sancho mi agüelo, y todos fueron Panzas, sin añadiduras de dones ni donas» (II, XLV).

---

[36] El íntimo dolor ante el desastre de 1898 llevó a Unamuno a escribir.: «Comenzó [don Quijote] a revolcarse por tierra y a recitar coplas. En lo cual debemos ver algo así como cierta deleitación en la derrota y un convertir a ésta en sustancia caballeresca. ¿No nos está pasando lo mismo en España? ¿No nos deleitamos en nuestra derrota y sentimos cierto gusto, como el de los convalecientes en la propia enfermedad?», *Vida de don Quijote y Sancho,* cap. V. Sólo la perspectiva histórica muy especial de la posguerra de Cuba justifica tan amargas reflexiones.

Si volvemos los ojos a la cita de Ortega y Gasset que estampé en las páginas 77-78, se verá que este empecinamiento en ser uno mismo y no otro es la definición más exacta y adecuada de la libertad ontológica. Cuando el hidalgo de aldea eligió como forma de vida el ser caballero andante, tiene entonces, por fuerza, que escoger el personaje que va a ser: don Quijote de la Mancha. Pero el inocentón de Pedro Alonso ha estado a punto de dar al traste con su nuevo plan de vida al recordarle un *yo* periclitado —«el honrado hidalgo del señor Quijana»—, y esto es categóricamente inaceptable, ya que los planes de vida tienen, por necesidad, que estar en el futuro y no en el pasado. De allí la violencia de la reacción de don Quijote. «En los nidos de antaño no hay pájaros hogaño», dictaminará al recobrar la cordura, y ya en su lecho de muerte, Alonso Quijano el Bueno (II, LXXIV). El nuevo *yo* (el plan de eternidad, como dije) niega con entereza al viejo *yo* (el plan de vida). Lo mismo podría haber dicho don Quijote a Pedro Alonso cuando éste le recuerda un *yo* del que se ha despojado voluntariosamente y con integridad.

Hay, pues, un verdadero frenesí de autorrealización por parte de los personajes. Y si volvemos una vez más al comienzo de la novela, se podrá observar cómo dispuso Cervantes las cosas para dar expediente a esos pujos de autorrealización. Al repasar las frases iniciales —las que he denominado *el nacimiento de un héroe*— en que se describe a este cincuentón y empobrecido hidalgo, se observará que el protagonista está captado como una oquedad. «Un hidalgo de los de lanza en astillero, adarga antigua, rocín flaco y galgo corredor», y todo lo demás que sigue, son todos rasgos exteriores que dibujan el hueco en que cabrá una vida, pero una vida que todavía no ha florecido, ni siquiera ha empezado a brotar: brotará ante nuestros asombrados ojos. Lo que nos da la descripción a que aludo es la silueta del protagonista, trazada por todo aquello que le es adjetivo, salpicones, pantuflos, calzas. Lo sustantivo, lo que nos daría la densidad y el calor humanos en forma efectiva, todo eso ha quedado cuidadosamente eludido de momento. Según la ya vieja fórmula orteguiana, y a la que he rondado con anterioridad —«yo soy yo y mi circunstancia»—, lo que Cervantes nos ha dado es la *circunstancia,* pero nos ha escamoteado el *yo* que la ordena.[37] Y ese *yo,* como todos, es un plan de vida. O sea que falta, por el momento, la característica esencial que distingue al hombre particular del hombre genérico. Esta indiferenciación inicial se complica por el hecho de que voluntariosamente se vela el nombre de su patria. Y si unimos a esto las dudas sobre el nombre del protagonista, se observará cómo el personaje se termina de liberar del determinismo apriorístico que en tantos sentidos cimentaba la literatura anterior, y que desde el cuadrante del mito del nacimiento del héroe pudo codificar Otto Rank en la fórmula que copié a comienzos de este capítulo.

Por primera vez el personaje literario aparece en estado adánico, un nuevo Adán que está libre de coordenadas preestablecidas y ajenas a él. Por eso cada uno de nosotros, lo confiese o no, siente la necesidad imperiosa de crearse *su* Quijote, precisamente porque el contorno que Cervantes nos ha dado de él es de una limpidez aérea. Mariano José de Larra se nos anticipó, en esto como en tantas otras cosas, cuando escribió en la *Revista Española* del 26 de diciembre de 1832, al reseñar el drama de Ventura de la Vega *Don Quijote de la Mancha en Sierra Morena:* «Cada cual tiene en su imaginación un tipo particular de don Quijote y Sancho.»

Mas el adanismo que caracteriza al nuevo héroe permite, como consecuencia lógica, que el personaje se arrope con las vestimentas que quiera. Lo que equivale a decir que el protagonista está en situación óptima para trazarse *su* plan de vida, sin amarras de ningún tipo que le impidan el libre ejercicio de su voluntad de ser él, de idearse con imaginación inenajenable el personaje que quiere ser. En estas circunstancias, liberado de la determinación y determinismo de patria, padres, nombre y demás datos especificadores, el personaje pronuncia el *fiat lux* de su mundo, que se estructura de inmediato con la solidez que le confiere descansar sobre una

---

[37] No creo que sea casualidad alguna el hecho de que la primera vez que Ortega estampa la fórmula que en gran medida definirá su sistema filosófico sea en *Meditaciones del Quijote* (1914), su primer libro impreso.

consciente voluntad de autorrealización: él, don Quijote; su caballo, Rocinante; su amada, Dulcinea.

El ascenso a lirismos y alturas olímpicas debe esperar todavía, sin embargo, y si es que alguna vez me hallo dispuesto a ello. Este hidalgo de gotera, viejo y maniático, cazador y desaseado, se inventará su plan de vida, que lo llevará a empinarse a las alturas sobrehumanas a que llega don Quijote de la Mancha: dicho hidalgo sólo concebirá *su* personaje de vida una vez que ha enloquecido. La locura es la necesidad vital *sine qua non* para don Quijote. Cumple, pues, analizarla más de cerca, desde el punto de vista de la etiología y su explicación histórica en época de Cervantes, de las consecuencias literarias de este recurso, y cómo la locura es el ingrediente que distingue al quijotismo de todos los otros *«ismos»* del mundo.

IV

LA LOCURA DE VIVIR

Que hay locos y locos lo sabemos todos desde hace un buen rato, ya que el pueblo nos lo ha repetido por innúmeras generaciones. Y las formas de distinguir a un loco de otro son asimismo innúmeras, como las variedades. Pero como lego *ab initio* que soy en estos bordados, no pienso en absoluto andarme por las ramas de la frenopatía.

Sólo quiero volver a un texto de Platón que aduje en el capítulo anterior y que define a la locura. Creo que esto es mucho más adecuado a mi preparación y al enfoque que lleva este libro. Citaré ahora el texto completo de Platón: «Hay dos tipos de locura: uno, producido por la flaqueza humana, y el otro es una liberación divina de los módulos ordinarios de los hombres» *(Fedro, 265)*.

Si se me permite la familiaridad con que parafrasearé a Platón, yo diría que el filósofo concibe estos dos tipos: el chalado de manicomio y el loco divino. A la primera categoría plenamente pertenece el protagonista de Alonso Fernández de Avellaneda, quien al acabar su historia se halla encerrado en la Casa del Nuncio, de Toledo.[1] Y una vez que don Quijote *el malo* está encerrado en su celda, su acompañante cuerdo, don Alvaro Tarfe, le espeta el siguiente discurso, denigrante en la medida en que el más distraído lector

---

[1] El Hospital de la Visitación en Toledo fue fundado por el nuncio Francisco Ortiz a comienzos del siglo xvi, y «llegó a ser el más importante hospital de dementes de aquellos siglos», según explicó P. Madoz, *Diccionario geográfico ... de España* (1849).

recuerde cualquier faceta de la locura de don Quijote *el Bueno:*

> Señor Martín Quijada, en parte está vuesa merced adonde mirarán
> por su salud y persona con el cuidado y caridad posible; y advierta
> que en esta casa llegan otros tan buenos como vuesa merced, y tan
> enfermos de su proprio mal, y quiere Dios que en breves días sal-
> gan curados y con el juicio entero que al entrar les faltaba, lo mismo
> confío será de vuesa merced, como vuelva sobre sí y olvide las letu-
> ras y quimeras de los vanos libros de caballerías que a tal extremo
> le han reducido. mire por su alma, y reconozca la merced que Dios le
> ha hecho en no permitir muriese por esos caminos a manos de
> las desastradas ocasiones en que sus locuras le han puesto tantas
> veces (VII, xxxvi).

A esta homilía condenatoria ya había replicado por anticipado don Quijote *el Bueno,* en sus aventuras de 1605, y
con su entereza de siempre. Al final de esa parte de sus aventuras, un cabrero encontradizo, después de oír hablar a nuestro héroe, opina que persona que tales cosas dice «debe tener
vacíos los aposentos de la cabeza». A lo que se replica con
palabras que constituyen el perfecto tapabocas para oficiosos
mediadores, como don Alvaro Tarfe:

> —Sois un grandísimo bellaco —dijo a esta sazón don Quijote—, y
> vos sois el vacío y el menguado; que yo estoy más lleno que jamás
> lo estuvo la muy hideputa puta que os parió (I, LII).

No cabe duda, el don Quijote de Avellaneda es un chiflado de verdad, merecedor de ser encerrado en un manicomio, y allí acaba al final de su historia. La locura de don
Quijote *el malo* surge de una lesión de su inteligencia, como
demostró Stephen Gilman.[2] Ahora bien, es un inútil anacronismo, además de peligroso, el uso de los descubrimientos
de Freud, discípulos y opositores, para tratar de penetrar los
arcanos psicológicos que encerraban las mentes de edades
anteriores, apuntadas a nortes muy distintos a los de la edad
de Freud, que, al fin y al cabo, es la nuestra. Válida y efectiva, sin embargo, es la aplicación de textos psicológicos del
Siglo de Oro español para explicar mentalidades de esa época,

---

[2] *Cervantes y Avellaneda. Estudio de una imitación* (México, 1951),
capítulo IV.

o bien textos literarios de la misma. En consecuencia, me apoyo ahora en Juan Luis Vives para ver qué se entendía por *inteligencia:*

> Creado el hombre para la eterna bienaventuranza, le fue otorgada la facultad de aspirar al bien con el fin de que desee unirse y como pegarse con él. Esta facultad recibe el nombre de voluntad. Pero el hombre no deseará si no conoce; de ahí la existencia de otra facultad que se llama inteligencia. Y puesto que nuestro espíritu no permanece siempre en un mismo pensamiento, sino que pasa de unos en otros fuéle necesario un cierto receptáculo o almacén, en donde al presentarse los nuevos recondiese los anteriores como en tesoro de objetos actualmente ausentes, para reproducirlos y sacarlos cuando la oportunidad lo pidiere. El nombre de esta facultad es la memoria *(De Anima et Vita* [1538], introducción al libro II).

Es evidente que para Vives y su época, si el hombre tenía dañada la inteligencia, no podía aspirar al bien. Y el remate de todos los bienes es el amor: «Nuestra progresión ascendente va de la materia a los sentidos, de los sentidos a la imaginación y a la fantasía, de ésta a la razón y a la reflexión y de ahí al amor, que es su etapa final» (Vives, *De Anima et Vita,* II, XII).

Si aplicamos la lógica a las afirmaciones de Vives —no en balde Gilman se refiere a don Quijote *el malo* como el «loco escolástico»—, se hace evidente que al tener dañada la inteligencia el protagonista de Avellaneda no puede llegar a conocer el amor. Y me apresuro a hacer la salvedad, para que no se asuste ni me malentienda ningún lector, de que si Vives hablaba *de tejas arriba,* yo hablo *de tejas abajo.* Consecuencia natural de todo esto es que cuando don Quijote *el malo* sale otra vez en busca de aventuras lo hará bajo el nombre de El Caballero Desamorado.[3]

---

[3] En *Quijote apócrifo,* V, II, se copia el texto de una insultante carta de Dulcinea del Toboso a su fiel amante, que en el sobrescrito decía «A Martín Quijada el Mentecapto». Esta misiva provoca la muerte del amor en el pecho de don Quijote *el malo,* quien entonces sale al mundo con Sancho y, como le replica a éste, «quiero que en el primer lugar que llegáremos, un pintor me pinte en ella [su adarga] dos hermosísimas doncellas que estén enamoradas de mi brío, y el dios Cupido encima, que me esté asestando una flecha, la cual yo reciba en el adarga, riendo dél y teniéndolas en poco a ellas, con una letra que diga al derredor de la adarga.: *El Caballero Desamorado»,* V, IV.

El nuevo nombre con que sale al mundo don Quijote *el malo* provoca una violenta reacción en don Quijote *el bueno*. En la continuación de 1615 don Quijote llega a una venta, y al momento de comer oye en la habitación contigua una discusión acerca de la versión apócrifa de Avellaneda. (Apostillo que, evidentemente, ésta es la primera ocasión que la existencia del *Quijote apócrifo* llegó a conocimiento de Cervantes.) Uno de los participantes en esa discusión comenta:

—Con todo eso —dijo el don Juan— será bien leerla [la versión apócrifa], pues no hay libro tan malo que no tenga alguna cosa buena. Lo que a mí en éste más me desplace es que pinta a don Quijote ya desenamorado de Dulcinea del Toboso.

Oyendo lo cual don Quijote, lleno de ira y de despecho, alzó la voz y dijo:

—Quienquiera que dijere que don Quijote de la Mancha ha olvidado, ni puede olvidar, a Dulcinea del Toboso, yo le haré entender con armas iguales que va muy lejos de la verdad; porque la sin par Dulcinea del Toboso ni puede ser olvidada, ni en don Quijote puede caber olvido: [4] su blasón es la firmeza, y su profesión, el guardarla con suavidad y sin hacerse fuerza alguna.

—¿Quién es el que nos responde? —respondieron del otro aposento.

—¿Quién ha de ser —respondió Sancho— sino el mismo don Quijote de la Mancha, que hará bueno cuanto ha dicho, y aun cuanto dijere?; que al buen pagador no le duelen prendas.

Apenas hubo dicho esto Sancho, cuando entraron por la puerta de su aposento dos caballeros, que tales lo parecían, y uno dellos echando los brazos al cuello de don Quijote le dijo:

—Ni vuestra presencia puede desmentir vuestro nombre, ni vuestro nombre puede no acreditar vuestra presencia: sin duda, vos,

---

[4] El olvido se produce cuando falla la memoria, lo que en sí es una perogrullada, pero para no caer en más faltas de las que me son inevitables quiero citar aquí la definición de Juan Luis Vives de *memoria*, para que el lector tenga un nuevo punto de comparación para apreciar la distancia que va de Quijote a Quijote: «Es la memoria aquella facultad del alma por la cual aquello que uno conoció mediante algún sentido externo o interno consérvalo en la mente. Así pues, toda su actuación está vuelta hacia dentro, y la memoria es como la tabla rasa que un pintor iluminó. Así como la tabla, mirada con los ojos, produce una noción, la memoria la realiza por los ojos del alma, que entiende o conoce. Esta noción no es simple, pues necesita primero la reflexión examinadora e investigadora, y luego viene el recuerdo cuando ya se llegó a lo que nos proponemos reproducir», *De Anima et Vita,* II, II.

señor, sois el verdadero don Quijote de la Mancha, norte y lucero
de la andante caballería, a despecho y pesar del que ha querido
usurpar vuestro nombre y aniquilar vuestras hazañas como lo ha
hecho el autor deste libro que aquí os entrego (II, LIX).

La violencia de la reacción de don Quijote es índice, creo
yo, de las gravísimas implicaciones que Cervantes vio de inmediato en el hecho fundamental de que *su* héroe estuviese
ahora desamorado en manos del ladrón y malandrín de Avellaneda. No cabe duda de que para Cervantes la ausencia de
amor en el protagonista apócrifo derrumbaba de un golpe la
fábrica, tan bien construida y con tanto cuidado, de la estructura psicológica de su héroe. Levantado en peso por el amor,
don Quijote de la Mancha alcanza las alturas inmarcesibles
de la locura divina de que habló Platón. Si se le quita la
potencia de amar a don Quijote, como hizo Avellaneda, entonces su locura se arrastra por los niveles de una pedestre
chifladura maniática, como ilustra a cada paso el *Quijote
apócrifo.*

No cabe duda que la locura de los dos don Quijotes es
muy distinta en origen y manifestaciones: basta leer las dos
novelas para comprobarlo. Y ya he dictaminado, con el apoyo
de la autoridad de Stephen Gilman, que la locura de don
Quijote *el malo* era una falla de la inteligencia. ¿Y de qué
surgió la locura de don Quijote *el bueno?* El primero en ver
las cosas con la claridad deseada, o al menos la claridad aceptable hoy en día, fue Miguel de Unamuno. Al poner el problema de la locura en su perspectiva vital, nuestro gran vasco
afirmó que don Quijote «no fue un muchacho que se lanzara
a tontas y a locas a una carrera mal conocida, sino un hombre
sesudo y cuerdo que enloquece de pura madurez de espíritu».
Y pasa a autorizar sus asertos con una larga paráfrasis de
textos del doctor Juan Huarte de San Juan.

Como el nombre de Huarte aparecerá con cierta frecuencia en estas páginas, a lo que creo, más vale adelantar que
a este admirable navarro se le considera padre de la psicología moderna y que fue, sin duda, uno de los grandes humanistas de su tiempo, una suerte de doctor Gregorio Mara-
ñón de la segunda mitad del siglo XVI. Huarte dejó una obra
de importancia y difusión paneuropeas, traducida a múltiples

idiomas: *Examen de ingenios para las ciencias* (1575).[5] Como
recuerda Unamuno *(Vida de don Quijote y Sancho,* I), y no
hago más que seguirle, de momento, en el primer capítulo
de su *Examen* Huarte recuerda una anécdota clásica sobre
el filósofo Demócrito Abderita. Como el texto es de subido
interés, siempre que mantengamos al mismo tiempo bien enfocada la locura de don Quijote, me parece más apto citar
todo el texto del doctor Huarte que parafrasearlo, como hizo
Unamuno, cuyo libro marchaba a distinta meta que el presente, de todas maneras. Y aquí lo que escribió el doctor
Juan Huarte de San Juan:

> Demócrito Abderita fue uno de los mayores filósofos naturales y
> morales que hubo en su tiempo, aunque Platón dice que supo más
> de lo natural que de lo divino; el cual vino a tanta pujanza de en-
> tendimiento (allá en la vejez) que se le perdió la imaginativa, por
> la cual razón comenzó a hacer y decir dichos y sentencias tan fuera
> de término que toda la ciudad de Abdera le tuvo por loco, para
> cuyo remedio despacharon de priesa un correo a la isla de Coos,
> donde Hipócrates habitaba, pidiéndole con gran instancia, y ofre-
> ciéndole muchos dones, viniese con gran brevedad a curar a Demó-
> crito, que había perdido el juicio. Lo cual hizo Hipócrates de muy
> buena gana, porque tenía deseo de ver y comunicar un hombre de
> cuya sabiduría tantas grandezas se contaban. Y así se partió luego,
> y llegando al lugar donde habitaba, que era un yermo debajo de un
> plátano, comenzó a razonar con él y haciéndole las preguntas que
> convenía para descubrir la falta que tenía en la parte racional, halló
> que era el hombre más sabio que había en el mundo. Y así dijo a
> los que lo habían traído que ellos eran los locos y desatinados, pues
> tal juicio habían hecho de un hombre tan prudente. Y fue la ven-
> tura de Demócrito que todo cuanto razonó con Hipócrates en aquel
> breve tiempo fueron discursos de entendimiento, y no de la ima-
> ginativa, donde tenía la lesión *(Examen de ingenios,* I).

No creo que lo transcrito pueda dejar duda: don Quijote
de la Mancha cojeaba del mismo pie que el clásico filósofo
Demócrito de Abdera. Si bien Otis H. Green (v. *infra,*
nota 10) nos llama la atención al hecho de que Demócrito

---

[5] Cervantes conoció a fondo la obra del doctor Huarte, al punto
que uno de los casos médicos de que hace cuenta el gran médico navarro constituye el núcleo central de la vida del español Antonio de
la primera parte del *Persiles,* como demostré en *Deslindes cervantinos*
(Madrid, 1961), cap. II, y he ampliado en *Nuevos deslindes cervantinos*
(Barcelona, 1975).

llegó a una hipertrofia del entendimiento: «Vino a tanta pu-
janza de entendimiento», según Huarte. En los dos la lesión
estaba en la imaginativa, y en lo que tocaba a lo demás, don
Quijote estaba tan cuerdo como Hipócrates dictaminó que
lo estaba Demócrito. Pero Huarte se encarga de subrayar el
hecho de que Hipócrates sólo entabló «discursos de entendimiento y no de la imaginative». Lo mismo con don Quijote,
quien oye en atento silencio la historia de Cardenio («discursos de entendimiento»), pero cuando oye al Roto de la
Mala Figura mencionar al *Amadís de Gaula,* esto toca a su
imaginativa, no puede con su genio, interrumpe a Cardenio,
contra lo prometido, y se arma la de Dios es Cristo (I, xxiv).

Por esta alternancia entre entendimiento e imaginativa la
gente que conoce con relativa intimidad a don Quijote duda
tanto en diagnosticarle como loco del todo. Ilumina mucho,
en este sentido, la aventura de los leones y la breve estancia,
que le sigue, en casa de don Diego de Miranda, el Caballero
del Verde Gabán. Cuando con su sola presencia don Quijote
ha arredrado a los leones del carro —o bien éstos, aburridos
y adormecidos, prefieren no salir de la jaula—, nuestro triun-
fante caballero se dirige a su tímido viandante en estos términos: «¿Quién duda, señor don Diego de Miranda, que
vuestra merced no me tenga en su opinión por un hombre
disparatado y loco? Y no sería mucho que así fuese, porque
mis obras no pueden dar testimonio de otra cosa. Pues con
todo esto, quiero que vuestra merced advierta que no soy tan
loco y menguado como debo de haberle parecido» (II, xvii).
A pesar de las pleitesías de don Diego de Miranda, éste no
sale de la duda: ¿don Quijote está loco? ¿o es que rebosa
de discreción? Al llegar a casa de don Diego, su hijo, el estudiante y poeta don Lorenzo, pregunta al padre acerca del tipo
de persona que es la que acaba de entrar por las puertas de
la casa y se ha declarado caballero andante. «No sé que te
diga, hijo —respondió don Diego—; sólo te sabré decir que
le he visto hacer cosas del mayor loco del mundo, y decir
razontes tan discretas, que borran y deshacen sus hechos:
háblale tú, y toma el pulso a lo que sabe, y, pues eres discreto, juzga de su discreción o tontería lo que más puesto
en razón estuviere; aunque, para decir verdad, antes le tengo
por loco que por cuerdo» (II, xviii).

Obediente hijo, y tan curioso como el que más acerca del auténtico meollo de tan peregrino huésped, don Lorenzo de Miranda procede a «tomarle el pulso» a don Quijote. A estos efectos entabla larga conversación con el caballero andante sobre poesía, en general, y ambas partes demuestran buenas dotes de discreción, elocuencia y sabiduría.

De tan larga y sabrosa charla emerge don Lorenzo de Miranda con el siguiente dictamen, que comunica a su padre: «No le sacarán del borrador de su locura cuantos médicos y buenos escribanos tiene el mundo: él es un entreverado loco, lleno de lúcidos intervalos» (II, XVIII). Y a este juicio, «entreverado» él mismo, se atienen los demás personajes que opinan sobre la salud mental de don Quijote de la Mancha. Algún boto intruso podrá zaherir a don Quijote su locura: «Y a vos, alma de cántaro, ¿quién os ha encajado en el celebro que sois caballero andante y que venceis gigantes y prendeis malandrines? Andad enhorabuena, y en tal se os diga: volveos a vuestra casa, y criad vuestros hijos, si los teneis, y curad de vuestra hacienda, y dejad de andar vagando por el mundo, papando viento y dando que reír a cuantos os conocen y no conocen» (II, XXXI).

La acerada, mas contenida, respuesta de don Quijote a tan «infames vituperios», como él mismo los designa, reviste los aspectos de un extraordinario intento de autodefinición. El propio Cervantes refrendó la importancia que él daba a las palabras de don Quijote como ceñida definición del héroe y su misión, cuando estampó a finales del capítulo XXXI: «Pero esta respuesta capítulo por sí merece.» Y sí que lo merece, y habría que copiar íntegra la respuesta del caballero andante, ejemplar desde todo punto de vista, pero ahora sólo me cuadra copiar dos textos. En el primero brilla nítida la voluntad del héroe: «Caballero soy y caballero he de morir, si place al Altísimo.» La afirmación categórica de Juan Luis Vives que copio a continuación me exime de mayores comentarios: «Es, pues, la voluntad aquella facultad o energía del alma por la cual deseamos lo bueno y aborrecemos lo malo, guiados por la razón» (*De Anima et Vita,* II, XI).

Se hace de patente evidencia aquí que la locura no ha lesionado en absoluto la voluntad de don Quijote, ya que su misión es restablecer un concepto absoluto de justicia en el mundo, como cuando libera a los galeotes en la primera parte (I, XXII).[6] O como dirá el propio don Quijote en esta su respuesta al confesor: «Yo he satisfecho agravios, enderezado tuertos, castigado insolencias, vencido gigantes y atropellado vestiglos.» La misión de justicia de don Quijote, contenida en las tres primeras acciones de la cita, se mezcla fantásticamente con la lesión a la imaginativa, que es lo que le ha provocado la locura, según ya quedó apuntado, tema al que volveré de inmediato. Porque agravios, tuertos e insolencias se acumulan en las páginas de la historia antigua, moderna y contemporánea; pero gigantes y vestiglos sólo han tenido una vida puramente imaginativa en la literatura de ficción, en los libros de caballerías.

Y el segundo texto que quería destacar en la autodefinición de don Quijote es el siguiente: «Yo soy enamorado, no más de porque es forzoso que los caballeros andantes lo sean; y siéndolo, no soy de los enamorados viciosos, sino de los platónicos continentes.» Veamos esto con un poquitín de perspectiva. En el mundo corrupto en que le toca vivir a don Quijote, la justicia, en sentido absoluto, sólo la puede restablecer la punta de la lanza del caballero andante. Elemento consustancial a la caballería andante es el amor, y si volvemos por un momento la vista al protagonista de Alonso

---

[6] Con sus acciones don Quijote desmiente el *dictum* de Aristóteles.: «Todos los hombres tienen cierta inclinación natural por la justicia, pero proceden en esta dirección sólo hasta cierto punto, ni pueden, tampoco, distinguir en forma universal lo que es absolutamente justo», *Política*, libro III. En este sentido don Quijote es el héroe fundamentalmente cristiano, que responde a las siguientes admoniciones bíblicas.: «Et vir si fuerit iustus, et fecerit iudicium et iustitiam, in montibus non comederit, et oculos suos non levaverit ad idola domus Israel: et uxorem proximi sui non violaverit, et ad mulierem menstruatam non accesserit; et hominem non contristaverit, pignus debitori reddiderit, per vim nihil rapuerit; panem suum esurienti dederit, et nudum operuerit vestimento, ad usuram non commodaverit, et amplius non acceperit; ab iniquitate averterit manum suam, et iudicium verum fecerit inter virum et virum; in praeceptis meis ambulaverit, et iudicia mea custodierit, ut faciat veritatem: hic iustus est, vita vivet, ait Dominus Deus», *Ezechiel*, XVII, 5-9. El texto bíblico autoriza por completo las acciones de don Quijote en favor de la justicia, y desautoriza de la misma manera los «infames vituperios» del confesor de los duques, quien, desde este punto de mira, se asemeja a una prefiguración del temible hipócrita religioso que Molière encarnó en *Tartuffe* (1664).

Fernández de Avellaneda, nos debe sobrecoger la satisfacción con que éste se proclama El Caballero Desamorado.[7] De un desatinado plumazo Avellaneda ha pretendido derrumbar toda la compleja estructura psicológica del héroe cervantino, quien luchará elocuente y denodadamente por sus fueros en el episodio de la venta donde tropieza con lectores del *Quijote apócrifo,* y del que ya se ha hecho mención *(supra,* páginas 93-94).

Mas es hora de volver al tema de la locura de don Quijote. Es en las primeras páginas de su historia que se contiene todo lo que sabemos con certeza acerca del proceso de su enloquecimiento. Bien es cierto que al respecto se han escrito sesudas interpretaciones, y otras que no lo son tanto, de orden freudiano, posfreudiano o seudofreudiano, que de todo hay en la viña del Señor.[8] En este caso, como en algunos otros más aplicables al *Quijote,* lo mejor es abandonar la ruidosa senda por donde han transitado y transitan los modernos exégetas, consultar el texto original y proyectarlo, ya bien meditado, en su marco contemporáneo. El texto, que debe ser bien conocido por lo demás, dice así:

> En resolución, él se enfrascó tanto en su letura [de los libros de caballerías], que se le pasaban las noches leyendo de claro en claro,

---

[7] «El agrado confirmado constituye el amor, y se puede definir la inclinación o progreso de la voluntad hacia el bien, pues efectivamente la voluntad sale al camino del bien que se le acerca para recibirlo en sus brazos, de donde nace el deseo de unirse con él», Juan Luis Vives, *De Anima et Vita,* III, ii.

[8] Las paso por alto, en consecuencia, mas haré excepción, por su lirismo, con la interpretación de Azorín, que contiene páginas tan desacertadas como hermosas. En su obsesión con el paisaje, como otros miembros de su generación, Azorín atribuye el enloquecimiento de don Quijote al ambiente manchego, con su monótono latir diario: «Quiero echar la llave, en la capital geográfica de la Mancha [Alcázar de San Juan], a mis correrías. ¿Habrá otro pueblo, aparte de éste, más castizo, más manchego, más típico, donde más íntimamente se comprenda y se sienta la alucinación de estas campiñas rasas, el vivir doloroso y resignado de estos buenos labriegos, la monotonía y la desesperación de las horas que pasan y pasan lentas, eternas, en un ambiente de tristeza, de soledad y de inacción? ... Decidme, ¿no comprendeis en estas tierras los ensueños, los desvaríos, las imaginaciones desatadas del grande loco? La fantasía se echa a volar frenética por estos llanos; surgen en los cerebros visiones, quimeras, fantasías torturadoras y locas», *La ruta de don Quijote* (1905), xv.

y los días de turbio en turbio; y así, del poco dormir y del mucho leer se le secó el celebro, de manera que vino a perder el juicio. Llenósele la fantasía de todo aquello que leía en los libros, así de encantamentos como de pendencias, batallas, desafíos, heridas, requiebros, amores, tormentas y disparates imposibles; y asentósele de tal modo en la imaginación que era verdad toda aquella máquina de aquellas sonadas soñadas invenciones que leía, que para él no había otra historia más cierta en el mundo (I, i).

Y es en este momento que «vino a dar en el más estraño pensamiento que jamás dio loco en el mundo», y se hizo caballero andante y salió a recorrer el mundo a la busca de agravios que deshacer y aventuras que vencer. Un mundo que sólo las generaciones posteriores pueden apreciar que se ha enriquecido con las experiencias del loco hidalgo manchego en medida casi sideral. Mas el hecho efectivo, y de interés ahora, es que a partir de este momento don Quijote está loco, según dictamina y refrenda el autor —o sucesión de autores, según un punto de vista estructural: Cide Hamete Benengeli, varios autores anónimos, Cervantes—, y lo estará hasta las últimas páginas de la segunda parte, cuando vuelve a sus cabales para adoptar la identidad con que quiere enfrentar a su creador.

No puede caber duda: la locura del hidalgo manchego surge de una lesión de la imaginativa. Recurro una vez más a Juan Luis Vives, con fines de transcribir una autorizada definición de la imaginativa:

Así como en las funciones de nutrición reconocemos que hay órganos para recibir los alimentos, para contenerlos, elaborarlos y para distribuirlos y aplicarlos, así también en el alma, tanto del hombre como de los animales, existe una facultad que consiste en recibir las imágenes impresas en los sentidos, y que por esto se llama imaginativa; hay otra facultad que sirve para retenerlas, y es la memoria; hay una tercera que sirve para perfeccionarlas, la fantasía, y, por fin, la que las distribuye según su asenso o disenso, y es la estimativa... La función imaginativa en el alma hace las veces de los ojos en el cuerpo, a saber: reciben imágenes mediante la vista, y hay una especie de vaso con abertura que las conserva; la fantasía, finalmente, reúne y separa aquellos datos que, aislados y simples, recibiera la imaginación (De Anima et Vita, I, x).

Estos textos de Vives o mucho me equivoco o nos vienen como anillo al dedo. Quedan perfectamente definidas las dos facultades del alma de don Quijote que él tiene permanentemente desacordadas de principio a fin de su historia: la imaginativa y la fantasía. Ahora bien, si le falla la imaginativa a nuestro héroe, las imágenes que percibe no pueden por menos que llegarle adulteradas. No hay que extremar la demostración de algo que quedará patente desde el primer encuentro que tiene nuestro novel caballero andante en su primera salida, cuando ya ha perdido la chaveta. Rocín y caballero se hallan muertos de hambre y de sed en la rasa campiña manchega, cuando el jinete distingue una venta, que será su puerto de salvación: «Estaban acaso a la puerta dos mujeres mozas, destas que llaman del partido» (I, II). Lo que registran los sentidos de don Quijote son, pues, una humilde venta y a su puerta dos rameras. Pero esto es lo que podríamos llamar la impresión cutánea; según la concepción de la época, y ya lo hemos visto, esas imágenes entonces deben pasar al alma donde las recibe la imaginativa. Pero la de don Quijote está lesionada y, en consecuencia, su alma sólo registrará imágenes deformadas y distintas de las que perciben sus sentidos. El autor no nos deja lugar a dudas al respecto, y desde este primer encuentro: «A nuestro aventurero todo cuanto pensaba, veía o *imaginaba* le parecía ser hecho y pasar al modo de lo que había leído.» Y entonces, de inmediato, se produce la primera de esa larguísima serie de maravillas literarias que constituyen el *Quijote:* el autor nos describe las imágenes que se imprimen en el alma de un hombre cuya imaginativa está desarreglada, y, repito, es la imaginativa la receptora en el alma de lo que perciben los sentidos. «La venta se le representó que era un castillo con sus cuatro torres y chapiteles de luciente plata, sin faltarle su puente levadiza y honda cava, con todos aquellos adherentes que semejantes castillos se pintan.» «Se llegó a la puerta de la venta, y vió a las dos destraídas mozas que allí estaban, que a él le parecieron dos hermosas doncellas o dos graciosas damas que delante de la puerta del castillo se estaban solazando.»

Quiero destacar en la ocasión el hecho de que los sentidos no engañan a don Quijote en absoluto. Sus sentidos perciben una aislada venta manchega y dos prostitutas, imágenes autorizadas por la sucesión de autores que intervinieron en la redacción de la historia de don Quijote. Es en el paso de

lo sensorial a lo anímico que estas imágenes quedan totalmente trascordadas: el alma de don Quijote registra, en vez
de venta, un castillo, y dos hermanas doncellas en lugar de
las dos mozas del partido. Y las imágenes sensoriales quedan
totalmente metamorfoseadas y embellecidas en el momento
de imprimirse en el alma de nuestro héroe. A la vista del
texto de Juan Luis Vives que acabo de transcribir —y seguramente de varios más que la curiosidad del lector pódrá
suplir—, la explicación de fenómeno tan extraordinario es tan
sencilla como contundente. Las imágenes que se perciben sólo
pueden pasar de lo sensorial a lo anímico por la aduana de
la imaginativa, y ésta don Quijote la tiene lesionada. En consecuencia, lo que registra el fuero más interno de nuestro
caballero andante no responde en absoluto a la realidad que
perciben sus sentidos. Pero es más grave aún, porque nuestro
héroe tiene lesionada asimismo la fantasía, según ya se encargó de explicárnoslo el autor en el mismo pasaje copiado
más arriba, donde nos informa del daño a su imaginativa.
Y hemos visto que Vives y su época consideraban a ésta como
la facultad del alma que registraba las imágenes sensoriales,
pero la facultad que las perfeccionaba, dado que toda imagen sensorial es imperfecta, era la fantasía. Y así llego al
final de este aspecto de mi demostración: la venta es recibida por el alma de don Quijote como un castillo por el des-
ajuste de su imaginativa, y una vez que se imprime en su
alma la imagen de un castillo acude su lesionada fantasía a
perfeccionarla «con todos aquellos adherentes que semejantes
castillos se pintan». Y lo mismo se puede decir acerca de las
dos mozas del partido, que se perfeccionan a punto de llegar
a ser dos hermosas damas. Y cuantas aventuras recuerde ahora
el discreto lector.

Aquí está la matriz del gran tema del *Quijote* que don
Américo Castro bautizó con el nombre de «la realidad oscilante», y cuyo ejemplo más depurado lo constituye el gran
debate acerca de la bacía de barbero, que don Quijote mantenía que era nada menos que el yelmo de Mambrino. Todo
comenzó con el encuentro accidental con el pobre barbero:
«Venía sobre un asno pardo, como Sancho dijo, y ésta fue
la ocasión que a don Quijote le pareció caballo rucio rodado,
y caballero, y yelmo de oro» (I, XXI). Para abreviar lo que

todo el mundo recordará, don Quijote despoja al barbero de su bacía, que su imaginativa descarriada percibe como yelmo y que su fantasía desbaratada perfecciona a yelmo de Mambrino. Y ya sin interés en el resto de los despojos, permite que Sancho se lleve la albarda del asno. Mucho más tarde, en la venta de Juan Palomeque el Zurdo, se encuentran fortuitamente vencido y vencedor, o sea, el barbero y don Quijote. Este mantiene con todas las fuerzas de su voluntad la identidad del yelmo de Mambrino, pero la albarda ya no cae dentro de su estimativa, para mantener la terminología de Vives, por su propia bajeza, y así dice: «En lo de declarar si ésa es albarda o jaez, no me atrevo a dar sentencia definitiva» (I, XLV). Y poco después, la venta, con intervención de ciertos cuadrilleros de la Santa Hermandad, se convierte en un nuevo y verdadero campo de Agramante. Mal que bien se restablece una precaria paz, y puntualmente nos informa el autor: «La albarda se quedó por jaez hasta el día del juicio, y la bacía por yelmo y la venta por castillo en la *imaginación* de don Quijote» (I, XLV).

Desde mi punto de vista, o sea, a base de los textos de Juan Luis Vives, la fenomenal aventura del baciyelmo se debe interpretar así: los sentidos de don Quijote perciben una bacía y una albarda, pero estas imágenes, camino del alma del caballero donde hallarán su asiento definitivo, deben pasar por la aduana de su imaginativa, que ya sabemos que está desquiciada, como también lo está su fantasía, que perfeccionará las imágenes sensoriales que admite su imaginativa, mas sólo en la medida en que en su desbarajuste ésta las percibe. Por todo ello una humilde bacía de barbero queda impresa en el alma de don Quijote como una imagen de perfección caballeresca: el yelmo de Mambrino, héroe de la caballeresca rolandiana, modelo, en tantos sentidos, de todas las demás. Y la albarda del asno del mismo barbero alcanzará *imaginación* de don Quijote, de la mano con su fantasía, la eleva a la olímpica altura de «iaez».
su punto de perfección, «hasta el día del juicio», cuando la
Desde luego que hay «realidad oscilante» en el *Quijote*. Pero quiero precisar que la hay no en cuanto a *Don Quijote* como libro, y aplicable a su conjunto, sino que la hay en

cuanto a don Quijote de la Mancha: personaje y protagonista de ese libro que tiene lesionadas la imaginativa y la fantasía. A lo que voy es que en todo lo que se refiere a los demás personajes del libro, la realidad no oscila: es una y la misma, aunque a veces violentamente torsionada por la intervención de un loco. En ocasiones, asimismo, el tema de la realidad oscilante se puede estudiar en las acciones y reacciones de Sancho, y esto nos da la medida en que el escudero se quijotiza en el transcurso de la obra y, además, es tema para otro libro. En definitiva, me parece perfectamente aceptable la denominación de «realidad oscilante» para caracterizar el específico vivir del protagonista. Mas esta «oscilación» yo la veo desde la perspectiva de Vives y no de la filosofía del siglo xx. Y trataré de explicarme mejor: la realidad oscila porque entre la imagen sensorial y el alma se interpone una imaginativa-fantasía sensorial asimismo oscilante —oscilante por lesión, claro está—; la realidad de don Quijote, ni mucho menos la del libro en general, no oscila por ningún motivo existencialista ni de otras filosofías de vanguardia.

Las lesiones en esas dos facultades del alma de que sufre don Quijote ya no se denominan más de esa manera. La psicología que las diagnosticó periclitó hace siglos, y con ellas toda su terminología y «adherentes». Lesiones como las de don Quijote las conocemos ahora como *mitomanía*. En el fondo de todo mitómano moderno, y me refiero a la literatura, claro está, yace un poso irreductible de quijotismo. Consideremos al protagonista de las *Aventures prodigieuses de Tartarin de Tarascon* (1872) y de las otras dos partes de la trilogía: *Tartarin sur les Alpes* (1885) y *Port-Tarascon* (1890). El propio autor de esta chispeante y tierna trilogía, Alphonse Daudet, se encargó de avisarnos que en el personaje de Tartarin había intentado fundir a don Quijote y a Sancho Panza. Basta leer que el disparadero de la mitomanía de Tartarin es la lectura de las novelas de James Fenimore Cooper para no poder dudar de la prosapia intelectual del héroe provenzal. Como dijo el crítico literario Alphonse Thibaudet: «Tartarin ha resultado el don Quijote francés.»

El trágico cesante de Pérez Galdós, el protagonista de *Miau* (1888), Ramón Villaamil, tiene un final escalofriante,

pero no sin antes haber tenido un delirio mitómano, en el
que si bien no se menciona explícitamente ni a Cervantes ni
a don Quijote, se puede divisar en el fondo la colosal figura
del hidalgo manchego, sobre todo cuando recordamos la fuer-
tísima atracción que el gran novelista canario siempre sintió
por el *Quijote*. La crueldad inconsciente de sus conocidos ha
bautizado a Villaamil y a su familia con el remoquete burlesco de Miau. Hacia el final de la novela, cuando el infeliz
covachuelista cesante Villaamil ya no puede con la vida, se
venga del mundo, en un puro ataque de mitomanía, buscando
«una significación profunda» a las letras del infamante apodo:
*Mis... Ideas... Abarcan... Universo; Ministro... I... Admi-
nistrador... Universal; Muerte... Infamante... Al... Ungido*
(cap. XXXVII); *Muerte... Infamante... Al... Universo* (capítulo XLIII). Justo antes de levantarse la tapa de los sesos
el desesperado Villaamil sí hay un claro y lastimero eco quijotesco. Camino ya de la su cita con el suicidio, Villaamil oye
carcajadas y ve un grupo de alegres jóvenes. De la misma
manera que el famoso discurso sobre la edad dorada que pronuncia don Quijote al hallarse entre cabreros (I, XI), Villaamil empieza su discurso: «¡Oh dichosa edad de la des-
preocupación...!» (cap. XLIV). Lo entristecedor y trágico es
que el breve discurso de Miau ha sido provocado por el hecho
de que el inminente suicida se halla de rondón en el medio de
una exuberante y bulliciosa juventud.

Citaré un solo ejemplo más, ya que la lista se podría multiplicar de forma alarmante e innecesaria. Este nos demos-
trará cómo la levadura del quijotismo todavía actúa eficaz-
mente en ejemplos de mitomanía, al parecer totalmente ajenos
a ningún esquema trazado por el héroe manchego. Me refiero à *La condition humaine* (1933), novela de nuestro contemporáneo polifacético, el francés André Malraux. La novela
tiene lugar en Shanghai, en 1927, durante la guerra civil
china. El personaje atacado de mitomanía es el barón de Clappique, de quien otro personaje, Gisors, dice: «Su mitomanía
es un medio para negar la vida, ¿no lo ves?; de negarla y no
de olvidarla» (parte I). Poco quijotesco es esto, no hay duda,
ya que el credo de don Quijote es sobre todo vitalista.
Y cuando unas páginas antes hemos presenciado la entrada

en escena del barón de Clappique, las circunstancias no podrían ser menos quijotescas. En una sala de baile de mala muerte, *Le Chat Noire,* está Clappique, borracho como una cuba y arengando a una rusa y una mestiza filipina. El ambiente y las circunstancias del personaje parecen bien poco auspiciadores para el desarrollo de mi tema. Pero hay un delgado hilillo rojo que nos pone en la pista: Clappique parecía un «Polichinela delgado y sin joroba» y se inventa diversas identidades. Basta esto para enterarnos de la verdadera alcurnia del barón de Clappique: el héroe manchego. Es bien conocida la admiración y cariño que Malraux siempre ha sentido por España para dudar mucho acerca de la prosapia intelectual de Clappique. Malraux fue piloto voluntario en las fuerzas aéreas de la República durante la Guerra Civil. Esta anécdota vital tiene panegiristas y censores, pero lo efectivo es que dejó un extraordinario saldo literario en la novela *L'Espoir* (1937).

Creo que al llegar a este punto puedo retomar el «rastrillado, torcido y aspado hilo» de mi demostración *(Don Quijote,* I, XXVIII). Mas creo conveniente enfilar perspectivas con toda brevedad, como para no perder del todo la bitácora. La locura de don Quijote es tema que bien se puede abordar con el instrumental de la moderna psicología, pero tan grosero anacronismo sólo falsea las cosas. Me acogí, pues, a la autoridad de Juan Luis Vives, y con su *De Anima et Vita* en la mano pude diagnosticar la locura de don Quijote como un caso de lesión en la imaginativa, complicado por análoga lesión en la fantasía. El concepto de *facultades del alma* se pierde en siglos posteriores, pero el ejemplo de don Quijote y su locura tiene tal fuerza efectiva y actuante en generaciones posteriores, en particular las más cercanas a nosotros, que renace en múltiples novelas. Ahora, sin embargo, el concepto recibe el nombre laico de *mitomanía,* muy de acuerdo con la secularización progresiva y general que están presenciando estos dos últimos siglos.

El próximo problema que nos sale al paso es el hecho de que don Quijote el loco no es así denominado en el título de su historia, sino *El ingenioso hidalgo don Quijote de la Mancha,* lo que se confirma en 1615, en la *Segunda parte del*

ingenioso caballero don Quijote de la Mancha.[9] ¿Por qué se
llama a un loco «ingenioso»? En nuestra habla diaria, para
no meterme en definiciones de diccionario, una persona ingeniosa es alguien ocurrente, gracioso, de maña y artificio. El
grave empaque de don Quijote rechaza estas acepciones comunes y modernas. Y surge de nuevo la duda: ¿por qué Cervantes denomina con toda seriedad a su loco protagonista
como ingenioso?

Como ya estoy bien precavido acerca del riesgo de usar
el instrumental científico moderno y su tecnología para inda-
gar las esencias ideológicas del pasado, me atendré en esta
parte de mi demostración al ya citado navarro, el doctor Juan
Huarte de San Juan. Decía yo que la gran obra de Huarte,
que galvanizó a Europa, *Examen de ingenios para las ciencias,* salió en 1575 y fue bien conocida por Cervantes (*supra,*
páginas 95-96). Será el libro de Huarte el que nos desen-
trañará el complejo sentido que la palabra *ingenio,* y sus
derivados, tenía para Cervantes y contemporáneos.

La complejidad de sentido del vocablo ya nos la anuncian
dos versos de Garcilaso de la Vega, en que dice: «El curso
acostumbrado del ingenio, / aunque le falte el genio que lo
mueva» (égloga II, versos 948-949). Esto debe servirnos de
clarísima voz de alerta: si el genio mueve al ingenio, la consecuencia lógica es que dicho contacto implica una cierta analogía de sentido o denominador común. El dedo no puede
romper la piedra, pero la maza sí; el denominador común
es la dureza. Pero creo yo que el más pintado se verá en figu-
rillas para definir al genio, aun así si cuando vemos a uno lo
reconocemos como tal. Por lo tanto, definir el *ingenio* no
será tarea de las más fáciles.[10]

[9] Don Quijote es caballero en 1615, no hidalgo, porque lo fue armado en 1605 (I, III), pero cuando comienza la primera parte de su
historia era sólo un hidalgo.
[10] Por suerte hay dos trabajos que han desbrozado el camino, lo
que facilita el tránsito intelectual. Me refiero al libro de Harald Weinrich *Das Ingenium Don Quijotes. Ein Beitrag zur literarischen Charak-
terkunde* (Münster, 1956), y el artículo de Otis H. Green «El *Ingenioso*
Hidalgo», *Hispanic Review,* XXV (1957), 175-93. Ninguno de los dos
trabajos ha tenido mayor circulación por tierras de España, y por ello
debo precaver al lector que el libro de Weinrich le será de menos utilidad que el artículo, porque el filólogo alemán no presta mayor aten-

El punto de partida es la fisiología clásica (Aristóteles, Galeno, Hipócrates), tamizada y complicada por conceptos de varia procedencia en los siglos medios y llevada a su perfección en las primeras generaciones renacentistas. Desde luego, hablo de una perfección relativa y totalmente alejada a la nuestra. Se trata de la teoría de los humores, algo ya tan remoto que el gran crítico inglés C. S. Lewis la incluyó en lo que él llamó *la imagen descartada,* vale decir, la imagen del universo que el hombre occidental descartó en el paso a la Edad Moderna y de la que hemos perdido toda idea, al punto que, a menos de ser uno especialista, es casi imposible captar el esquema general ideológico de cualquier obra anterior al siglo XVIII.[11] La abandonada teoría de los humores, incomprensible para casi todos hoy día, nos decía que el cuerpo humano estaba constituido por cuatro humores, que eran la cólera (bilis amarilla), la sangre, la melancolía (bilis negra o atrabilis) y la flema. Según el balance alcanzado por los humores en cada ser humano, se daban las características psicológicas que distinguirían a cada individuo. Y si el predominio de un humor sobre los demás era muy notable, entonces surgían los siguientes tipos psicológicos, que hoy en día sí entendemos, aunque dentro de un contexto intelectual absolutamente distinto: el colérico, el sanguíneo, el melancólico y el flemático.

Como la mente medieval buscó siempre un perfecto juego de concordancias entre entidades, aun entre opuestos —*ars oppositorum*—, y como hay cuatro elementos (aire, fuego, agua, tierra), es inútil, y demasiado largo y prolijo, enumerar el complicado sistema que a este respecto se desarrolló. Lo resumiré en un cuadro que irá a continuación, y recomiendo ahíncadamente al lector meditar el asunto con calma y espacio, porque en ese cuadro estarán contenidas como en cifra no sólo las características psicológicas de don Quijote, sino

ción a los síntomas médicos —dentro de la etiología de la época de Cervantes, se entiende— desparramados a lo largo del *Quijote,* mientras que el crítico norteamericano los recoge y estudia con método y celo.

[11] Me refiero al libro de inmensa utilidad y provecho, ¡y que ojalá se traduzca pronto al español!, de C. S. Lewis, *The Discardel Image. An Introduction to Medieval and Renaissance Literature* (Cambridge, 1964).

también las de cualquier personaje literario de aquellas centurias que haya recibido así sea un conato de descripción de sus humores.[12]

ELEMENTOS	CUALIDADES ESENCIALES	HUMORES	TEMPERA- MENTOS	ÓRGANOS SECRETORIOS
Fuego	Caliente	Sangre	Sanguíneo	Corazón
Tierra	Frío	Atrabilis o humor negro	Atrabiliario o melancólico	Bazo
Aire	Seco	Bilis	Colérico	Hígado
Agua	Húmedo	Flema o pituita	Colérico o pituitoso	Cerebro

Visto este trabado juego de concatenaciones, debo agregar de inmediato que don Quijote es un individuo en quien predomina el humor de la cólera, vale decir, es un temperamento colérico. Mas el desgaste de los siglos que sufren rocas y palabras ya no nos dice nada: «montar en cólera» es en nuestros días una fórmula un poco cursilona de decir que alguien se ha enfadado. Así y todo, cuando nuestros antepasados decían que alguien era *colérico* se referían a un complicado juego de correspondencias que terminaba dándonos las características psicológicas —y hasta psicosomáticas— de dicho individuo. Decir que don Quijote era colérico lo definía de pies a cabeza, al menos en su época.

Creo inútil extenderme en la demostración de que don Quijote era colérico, Mas me creo obligado a adelantar el

---

[12] Una versión simplificada del cuadro se puede hallar en E. M. W. Tillyard, *The Elizabethan World Picture* (Nueva York, 1944, pág. 63); otra un poco más complicada se hallará en Martine Bigeard, *La folie et les fous littéraires en Espagne. 1500-1650* (París, 1972), pág. 20; me atengo a este último. Debo hacer constar que el capítulo XXIII del libro de Bigeard se intitula «La folie dans *Don Quichotte*», para reconocer, de inmediato, que no me ha sido de ninguna utilidad. En general, el libro está enfocado hacia los aspectos sociológicos de la locura, más que los literarios. En Tillyard, más de acuerdo con el Arcipreste de Talavera (*v. infra*, pág. 110), el *colérico* pertenece al elemento *fuego*.

usual botón de muestra. Después de la breve primera salida
ocurre el escrutinio de la librería de nuestro héroe, con el
resultado que la mayoría de sus libros son quemados por
el brazo seglar del ama. A todo esto el héroe dormía; para
ocultar la quema de los libros se decide tapiar el aposento
donde se guardaban. Y así, al despertar don Quijote nó encuentra ni libros ni librería. Con la imaginativa desquiciada,
como sabemos que la tenía, el hidalgo manchego acusa de tal
fechoría al sabio Frestón, un grande enemigo suyo, y la conversación que mantiene con ama y sobrina al respecto se caldea en forma peligrosa: «No quisieron las dos replicarle más,
porque vieron que se le encendía la cólera» (I, VII). Y si con
la ayuda de algún vocabulario cervantino (Cejador, Fernández
Gómez) algún lector sigue la hilada de la voz *cólera* y derivados, bien pronto tendrá una pintura de cuerpo entero de
don Quijote.

Otros textos de la época nos brindan los detalles físicos
que la palabra *colérico* invocaba en las imaginaciones contemporáneas. El más util es muy anterior a Cervantes (primera
mitad del siglo XV), lo que debería de terminar de demostrar
la validez absoluta de la teoría de los humores. Me refiero
al *Corbacho,* de Alfonso Martínez de Toledo, arcipreste de
Talavera, cuya edición príncipe salió en Sevilla, 1498, y que
para 1547, año del nacimiento de Cervantes y cuando la obra
fue reimpresa en Sevilla asimismo, llevaba siete ediciones por
lo menos. En resumidas cuentas: obra de inmenso éxito en
el siglo XVI. En la parte III, capítulo III, todo el texto está
dedicado a describir «la calidad del onbre colórico» [*sic*].
Por su brevedad e interés copio íntegro el capítulo:

Ay otros onbres de calidad colóricos; éstos son calientes e secos, por
quanto el elemento del fuego es su correspondiente, que es calyente
e seco. Estos tales súbito son yrados muy de rezio, syn tenprança
alguna; son muy sobervios, fuertes e de mala conplisyón arrebatada,
pero dura breve tienpo; pero el tienpo que dura son muy perigrosos.
Son onbres muy sueltos en fablar, osados en toda plaça, animosos
de coraçon, ligeros por su cuerpo, mucho sabyos, sobtiles e engeniosos, muy solícitos e despachados; todo perezoso aborrescen; son
onbres para mucho. Estos aman justicia e non toda vía son buenos
para la mandar, mejores para la exsecutar; asy son como carniceros
crueles, vindicativos al tienpo de su cólera, arrepentidos de que
les pasa. Son de color blanquinosa en la cara. E son de sus predu·

minaciones estos tres sygnos: Aries, Leo e Sagitarius, ardientes como
fuego. Reynan estos tres sygnos en levante. E son muy fuertes
onbres los demás a perder.

A mi entender, éste es mejor retrato de don Quijote que
las mejores ilustraciones de Gustavo Doré a la inmortal novela. Y así como Doré se inspiró en el texto de Cervantes,
Cervantes se inspiró para crear su héroe en la psicología diferencial de la época, aunque no quiero insinuar que el arcipreste de Talavera haya sido su precisa fuente, ya que éstos
eran conocimientos propios del acervo común.

Se pueden enfrentar toda suerte de textos de la novela
a la definición del *Corbacho* del Arcipreste de Talavera, pero
muy pocos bastarán para demostrar cuán firmemente plantados están los pies de don Quijote en la caracterología de su
época. *Yrados de muy rezio; syn tenprança alguna:* «¡Oh,
válame Dios, y cuán grande que fue el enojo que recibió don
Quijote oyendo las descompuestas palabras de su escudero!
Digo que fue tanto, que, con voz atropellada y tartamuda
lengua, lanzando vivo fuego por los ojos, dijo ... Y diciendo
esto, enarcó las cejas, hinchó los carrillos, miró a todas partes, y dio con el pie derecho una gran patada en el suelo,
señales todas de la ira que encerraba en sus entrañas. A cuyas
palabras y furibundos ademanes...» (I, XLVI). *Sobervios:*
hasta su lecho de muerte la soberbia es el pecado capital de
don Quijote. *Fuertes:* cuando las dos taimadas, Maritornes
y la hija de la ventera, han planeado atarlo de una ventana,
le piden la mano para admirarla, y al pasarla don Quijote,
dice: «No os la doy para que la beseis, sino para que mireis
la contextura de sus nervios, la trabazón de sus músculos, la
anchura y espaciosidad de sus venas; de donde sacareis qué
tal debe de ser la fuerza del brazo que tal mano tiene»
(I, XLIII). *Muy sueltos en fablar:* basta recordar los elocuentísimos discursos de la edad dorada (I, XI) y de las armas y
las letras (I, XXXVII). *Osados en toda plaça:* recordar la osada
respuesta a los «infames vituperios» del eclesiástico de los
duques (II, XXXII), aducida más arriba con otros fines (*supra,*
páginas 97-99). *Aman justicia, e non toda vía son buenos
para la mandar, mejores para la exsecutar:* bastante ya he
dicho en el capítulo anterior acerca del amor por la justicia
de don Quijote; ahora basta recordar el episodio de los

galeotes (I, xxII), donde el héroe actúa guiado por un concepto
erróneo de la justicia humana, pero, así y todo, con presteza
ejecutiva los libera. *Vindicativos al tiempo de su cólera, arrepentidos de que les pasa:* en el primer texto que copié en
este párrafo el autor se hace lenguas del enojo de don Quijote hacia su escudero, pero ante la intervención de don Fernando «don Quijote respondió que él le perdonaba, y el cura
fue por Sancho, el cual vino muy humilde, y, hincándose de rodillas, pidió la mano de su amo, y él se la dió, y después de
habérsela dejado besar, le echó la bendición» (I, xLvI).
Sabyos, sobtiles e engeniosos: de propósito he dejado este
texto para lo último, porque aquí se empieza a fundamentar
el calificativo de *ingenioso* con que Cervantes destaca siempre
a su loco protagonista. Por lo demás, el propio Sancho se ve
obligado a exclamar en la Sierra Morena: «Digo de verdad
que es vuestra merced el mesmo diablo y que no hay cosa que
no sepa» (I, xxv).

La sutileza y facilidad inventiva eran cualidades indispen-
sables en el *ingenio,* según lo define Sebastián de Covarrubias Orozco en su *Tesoro de la lengua castellana o española*
(1611, *s. v.*): «Vulgarmente llamamos ingenio una fuerça natural de entendimiento, investigadora de lo que por razón
y discurso se puede alcançar en todo género de ciencias, disciplinas, artes liberales y mecánicas, sutilezas, invenciones y
engaños.» Sin conocer ni por las tapas el texto de Covarrubias, Sancho ya había refrendado entusiastamente esta definición de ingenio, en particular aplicable a su amo, como
acabamos de ver. Pero es el propio don Quijote, aunque en
forma indirecta, quien nos declarará que él es de muy subido
ingenio. Todo empieza con su hermosísima definición de Poesía: «La poesía, señor hidalgo, a mi parecer, es como una
doncella tierna y de poca edad, y en todo estremo hermosa,
a quien tienen cuidado de enriquecer, pulir y adornar otras
muchas doncellas, que son todas las otras ciencias, y ella se
ha de servir de todas, y todas se han de autorizar con ella»
(II, xvI). En suma, la poesía es el compendio estético de
todas las ciencias, y ocurre que don Quijote, cuando imagina
sus proyectos pastoriles, confiesa a su escudero «el ser yo
algún tanto poeta» (II, LxvII). De esta manera, y por admi-

sión propia, don Quijote entra a formar parte de la definición de *ingenio* que nos ha dado Covarrubias.

Ahora, con el *Examen de ingenios,* de Juan Huarte en la mano, podemos redondear esta exposición de cómo el loco protagonista de la novela es designado, desde la portada, como «ingenioso». En primer lugar, Huarte nos informa de que la ecuanimidad psicológica de los tales es precaria: «Por maravilla se halla un hombre de muy subido ingenio que no pique algo en manía, que es una destemplanza caliente y seca del cerebro.» [13] En don Quijote se dan todas estas características: era de subido ingenio, según acabamos de ver, y como colérico que era, primaban en él, *per definitionem,* lo caliente y lo seco. Y esto, en términos de Huarte, explica la facundia de don Quijote, de la que ya queda memoria *(supra,* pág. 111): «La oratoria es una ciencia que nace de cierto punto de calor *(Examen de ingenios,* cap. VII).

En forma inevitable, el protagonista pica en manía, como diría Huarte, y su manía será la lectura de los libros de caballerías, que le hacen olvidar su manía anterior, la de la caza (I, 1). La manía de la lectura le recalentó el cerebro y esto, a su vez, se lo resecó: «Del poco dormir y del mucho leer se le resecó el celebro» (I, 1). La consecuencia insoslayable de todo esto es que «vino a perder el juicio» o, como dice el padre Iriarte, cayó en «la monomanía delirante», lo que retrotraído a su lenguaje original decía así: «Vino a dar en el más estraño pensamiento que jamás dio loco en el mundo.»

El padre Iriarte también tuvo la excelente idea de colectar todos los pasajes de nuestra novela que contribuyen a una descripción física y personal del protagonista. El resultado final nos proporciona una imagen de don Quijote como «alto de talla, largo de miembros, flaco pero recio, seco de carnes, huesudo y musculoso, rostro estirado y enjuto, el color

---

[13] Al llegar a este punto conviene advertir al lector, para su provecho intelectual, que hay una gran investigación sobre el tema, y es el libro del padre Mauricio de Iriarte, S. J., *El doctor Huarte de San Juan y su Examen de Ingenios. Contribución a la historia de la psicología diferencial,* tercera ed. corregida (Madrid, 1948). La existencia de este gran libro, sobre el cual también se estructura en buena parte el excelente artículo de Otis H. Green, ya citado, me exime de mayores comentarios o precisiones en favor de una breve claridad explicativa.

moreno y amarillo, la nariz aguileña, lacio el cabello que antes fue negro y ahora entrecano, abundante vellosidad, venas abultadas, voz ronca; y, en conjunto, feo y mal entallado» (página 321). Antes de pasar adelante quiero llamar la atención del lector a la descripción del propio don Quijote de su mano, que copié un poco más arriba (supra, pág. 111), y a lo bien que encaja con la imagen que recogió el padre Iriarte, y que de inmediato cotejaremos con lo que nos dice al respecto el doctor Huarte.

Ahora corresponde volvernos a Huarte de San Juan, quien nos da una acabada descripción del hombre caliente y seco, vale decir, del hombre colérico, en nuestro caso de don Quijote. Así escribe Huarte: «El hombre que es caliente y seco ... tiene muy pocas carnes, duras y ásperas, hechas de nervios y murecillos [músculos], y las venas muy anchas ... el color ... moreno, tostado, verdinegro y cenizoso ... la voz ... abultada y un poco áspera ... Los hombres muy calientes y secos por maravilla aciertan a salir muy hermosos, antes feos y mal tallados ...» (cap. XVIII, artículo primero).

En este momento sí estamos en ocasión de enfrentarnos con diversos textos del Quijote en que se nos describe al protagonista, ya que ahora estamos, o así lo espero, en condiciones de apreciar y ponderar la profundidad de significado de cada detalle. Desde un principio se nos dice que don Quijote era «seco de carnes, enjuto de rostro» (I, I). Tenía «las piernas ... muy largas y flacas, llenas de vello» (I, XXXV); era «su rostro de media legua de andadura, seco y amarillo» (I, XXXVII); era «estirado y avellanado de miembros» (II, XIV); cantaba «con voz ronquilla, aunque entonada» (II, XLVI). Y todo queda resumido en este parlamento de Sancho a su amo: «No puedo pensar qué es lo que vio esta doncella [Altisidora] en vuestra merced que así la rindiese y avasallase: qué gala, qué brío, qué donaire, qué rostro, qué cada cosa por sí déstas, o todas juntas, le enamoraron; que en verdad que muchas veces me paro a mirar a vuestra merced desde la punta del pie hasta el último cabello de la cabeza, y que veo más cosas para espantar que para enamorar» (II, LVIII). Y con esto ya no puede caber lugar a duda: don Quijote de la Mancha era un colérico de subido ingenio, y como tal de temperamento seco y caliente.

El paso de esta circunstancia a la locura se efectúa por resecamiento del cerebro y la lesión a la imaginativa. Como dice Huarte: «La vigilia de todo el día deseca y endurece el cerebro, y el sueño lo humedece y fortifica.» Hay un desequilibrio de humores, aquí causado por falta total de humedad, que sólo puede desembocar en el trastorno mental. El sueño restablece la humedad, pero ya estamos informados que la manía de don Quijote —los libros de caballerías— le mantenían en permanente vigilia: «Se le pasaban las noches leyendo de claro en claro, y los días de turbio en turbio.» Esto provoca un trastorno total, al punto que a nuestro héroe «llénosele la *fantasía* de todo aquello que leía en sus libros ... y asentósele de tal modo en la *imaginación* que era verdad toda aquella máquina de invenciones que leía». Y ahora en breve y anticipado resumen podemos decir que la locura de don Quijote —colérico, sutil, ingenioso— se vio precipitada por una aguda falta de humedad que, a su vez, surgió a raíz de que las horas del sueño las dedicaba a la lectura.

Es muy significativo observar ahora que cada regreso del héroe a su aldea, voluntario o involuntario, es seguido por un profundo sueño de duración de días, al parecer, y que le restableció en cada ocasión una cierta medida de juicio, lo que equivale a un restablecimiento de los humores a base de un aumento de humedad en el cerebro. Es interesante repasar las tres vueltas a la aldea, porque dan mayor luz al tema. Cuando el labrador Pedro Alonso trae a don Quijote a su aldea después de la primera salida, con el héroe cribado y molido a palos, los íntimos de su casa «hiciéronle a don Quijote mil preguntas, y a ninguna quiso responder otra cosa sino que le diesen de comer y le dejasen dormir, que era lo que más le importaba» (I, v). Pero el sueño esta vez no debió de ser suficiente, porque nuestro caballero andante despierta sobresaltado y empieza a sacudir cuchilladas y reveses, «estando tan despierto como si nunca hubiera dormido» (I, VII). Otra vez cura y barbero, más la gente de casa, consiguen sosegarle mal que bien, y entonces el héroe pide que le traigan de comer: «Hiciéronlo ansí: diéronle de comer, y quedóse otra vez dormido, y ellos, admirados de su locura.» Esta vez tiene un largo y reparador sueño —«de allí a dos días se levantó don Quijote»— y se levanta y actúa en forma casi

normal, aunque su temperamento colérico estuvo a punto de
hacerle perder los estribos *(supra,* pág. 110). Pero el equilibrio de los humores es sólo aparente, el sueño no ha resti-
tuido toda la humedad necesaria y el novel caballero andante
sigue con su tema, y esta vez emprende nueva salida con
Sancho Panza.

La segunda salida consta del inmenso y maravilloso em-
brollo de aventuras que constituyen el resto de la primera
parte. Al final de ésta, don Quijote, que se cree encantado,
es apaleado a gusto por una comitiva de disciplinantes. Lelo
de tantos palos y aturdido por sus últimas experiencias, don
Quijote es traído a su aldea, donde «el ama y sobrina de don
Quijote le recibieron y le desnudaron, y le tendieron en su
antiguo lecho» (I, LII).

Casi un mes de descanso tuvo don Quijote y comenzó a
dar visibles muestras de mejoría, momento en que el cura
y el barbero deciden volver a visitarle, «y halláronle sentado
en la cama» (II, I). De antemano, cura y barbero habían
acordado «no tocarle en ningún punto de la andante caballería», lo que en términos del doctor Huarte hubiesen sido
«discursos de la imaginativa». La reacción del descansado caballero andante es tan buena que «el cura, mudando el propósito primero, que era de no tocarle en cosa de caballerías,
quiso hacer de todo en todo esperiencia si la sanidad de don
Quijote era falsa o verdadera, y así de lance en lance», la
conversación desbarra a temas de guerras y caballerías (II, I).
Es evidente que el cura no tuvo la suerte de Hipócrates al
visitar a Demócrito *(supra,* págs. 95-96), con quien sólo
trató de temas tocantes al entendimiento y no la imaginativa,
lo que llevó al famoso médico griego a pronunciar al filósofo
más cuerdo que todos los demás isleños. El cura, con pésimo
tino, después de haber tratado de temas de entendimiento,
y con gran éxito, tuvo la idea infausta de darle unos toques
a ciertos asuntos atinentes a la imaginativa. ¡Y aquí fue Tro-
ya! Nueva y última salida de don Quijote.

El vengativo Sansón Carrasco, disfrazado de Caballero de
la Blanca Luna, derrota a don Quijote y le obliga a volver
a su aldea por un año. El quebrantamiento físico de nuestro
héroe no es ni comparable al quebrantamiento moral, espiritual y mental con que vuelve a su aldea. El caso es que

llegó a su fin y acabamiento cuando él menos lo pensaba: «porque, o ya fuese de la melancolía que le causaba el verse vencido,[14] o ya por la disposición del cielo, que así lo ordenaba, se le arraigó una calentura, que le tuvo seis días en la cama» (II, LXXIV). Y en este trance el caballero recupera el juicio y se prepara a bien morir: «Rogó don Quijote que le dejasen solo, porque quería dormir un poco. Hiciéronlo así, y durmió de un tirón, como dicen, más de seis horas; tanto, que pensaron el ama y la sobrina que se había de quedar en el sueño. Despertó al cabo del tiempo dicho, y dando una gran voz, dijo: —¡Bendito sea el poderoso Dios...!» Y sigue su elocuente, compungido y conmovedor arrepentimiento por haberse dedicado a la «amarga y continua leyenda de los detestables libros de caballerías». Es que, continúa el moribundo hidalgo: «Yo me siento, sobrina, a punto de muerte ... quiero confesarme y hacer mi testamento.» Y muere poco después, ya identificado su *yo* para siempre: Alonso Quijano el Bueno.

Es de sumo interés observar que hasta *in articulo mortis* don Quijote, más bien su autor, se modela sobre el navarro doctor Huarte. Este narra una anécdota histórica que explica puntualmente la cordura y conversión finales de don Quijote:

En confirmación de lo cual no puedo dejar de referir lo que pasó en Córdoba el año 1570, estando la corte en esta ciudad, en la muerte de un loco cortesano que se llamaba Luis López; éste, en sanidad, tenía perdidas las obras del entendimiento, y de lo que tocaba a la imaginativa decía gracias y donaires de mucho contento; a éste le dio una calentura maligna de tabardillo, en medio de la cual vino de repente a tanto juicio de discreción, que espantó a toda la corte: por la cual razón le administraron los santos sacramentos, y testó con toda la cordura del mundo, y así murió, invocando la misericordia de Dios y pidiendo perdón de sus pecados (*apud* Iriarte, pág. 319).

Hay un gran parecido entre ambos casos, al menos parecido en los siguientes factores: ambos personajes —uno de

---

[14] El europeo contemporáneo de don Quijote consideraba que «melancolía [atrabilis, humor negro] es el humor más enemigo de la vida», Lawrence Babb, *The Elizabethan Malady. A Study of Melancholia in English Literature from 1570 to 1642* (Michigan, 1951), págs. 11-12.

ellos histórico, el loco Luis López[15]— tienen lesión a la imaginativa; ambos recuperan el juicio, don Quijote después de
un gran sueño y Luis López después de un violento ataque
de fiebre.[16] La conciencia de muerte cercana es aguda en ambos, ambos reciben los últimos sacramentos y ambos testan.
Como dice don Quijote o más bien, ahora, Alonso Quijano
el Bueno: «Yo, señores, siento que me voy muriendo a toda
priesa; déjense burlas aparte, y tráiganme un confesor que
me confiese y un escribano que haga mi testamento.» Luis
López murió en la historia y Alonso Quijano el Bueno murió
en la novela. Mas don Quijote de la Mancha no ha muerto en
la historia, ya que sigue vivo en la inmortalidad de la
fama. La vida de este *colérico ingenioso* ha enriquecido la de
innúmeras generaciones de lectores; la muerte de Alonso Quijano el Bueno es de una ejemplaridad cristiana.

Mas estas consideraciones no nos deben hacer soslayar
el hecho de que la vida de don Quijote de la Mancha es un
largo paréntesis en la vida de un hidalgo aldeano que proba-
blemente se llamaba Alonso Quijano, y que ese paréntesis es
uno de locura. La locura de nuestro colérico ingenioso le lleva
a trazarse un plan de vida como caballero andante. Pero el
anacronismo de esta forma de vida es total dentro del mundo
y las circunstancias en que le toca desempeñarse; el choque
entre la forma de vida adoptada y la realidad circunstante es
inevitable y continuo. De igual inevitabilidad es el hecho de
que el vencido siempre en este choque es la persona que ha
adoptado ese vivir anacrónico. Don Quijote de la Mancha
siempre es vencido por la realidad, y la consecuencia es que
nuestro héroe vive en estado de casi continuo descalabro.

---

[15] Le recuerda Cervantes en el prólogo a *Ocho comedias y ocho entremeses* (1615), donde puntualiza que estaba enterrado «entre los dos
coros» de la catedral de Córdoba.

[16] Acerca de los efectos de la fiebre en el temperamento ya había
escrito el doctor Huarte.: «Si el hombre cae en alguna enfermedad
por la cual el celebro de repente mude su temperatura, como es la
manía, melancolía y frenesía, en un momento acontece perder, si es
prudente, cuanto sabe, y dice mil disparates, y si es necio, adquiere
más ingenio y habilidad que antes tenía», *Examen de ingenios,* cap. IV.
La temperatura del cerebro de Luis López cambia por un ataque de
tabardillo (tifus exantemático); la de don Quijote, por aguda melancolía; el resultado es el mismo: ambos recuperan el juicio.

Pero el maltrecho y machucho caballero andante se incorpora siempre para lanzar un nuevo reto a la realidad, que la voluntad del dolorido don Quijote hace que nuevamente se conforme a los deseos de su imaginativa.

La voluntad de don Quijote es indomable, pero hasta esta voluntad indomable necesita cierto apoyo para no derrumbarse ante los furiosos y continuos embates de la realidad. Ahora bien, la locura de nuestro colérico ingenioso le ha hecho dar en la manía de ser caballero andante, para volver a la terminología del doctor Juan Huarte. Y es en esa manía donde encuentra el apoyo indispensable para reformar la realidad, para no dejar que ésta lo aplaste. Se trata de los encantadores, elemento libresco, por cierto, tomado de los libros de caballerías, pero que encabeza la lista de los que pueblan y llenan la fantasía de don Quijote.[17] «Llenósele la fantasía de todo aquello que leía en los libros, así de *encantamentos* como de pendencias, batallas, desafíos...» (I, i). De este punto en adelante don Quijote demuestra completa familiaridad con los encantadores y su creencia en ellos no es menor que la fe del carbonero. Ya en su primera salida piensa para su coleto don Quijote: «¿Quién duda sino que en los venideros tiempos, cuando salga a la luz la verdadera historia de mis famosos hechos, que el *sabio* que los escribiere no ponga, cuando llegue a contar esta mi primera salida tan de mañana desta manera?...» (I, ii).

Lo extraordinario es que antes de la última salida del caballero andante el sueño se ha hecho realidad. Ha habido un sabio encantador que no sólo ha historiado los famosos hechos de don Quijote, sino que ha vencido la imposibilidad de copiar los mismos términos con que el héroe hablaba consigo mismo. La asombrosa nueva la trae Sansón Carrasco a comienzos de la segunda parte, y sus noticias provocan el

---

[17] El tema es largo y arduo, como que los encantadores son elemento consustancial a la vida de don Quijote. Yo seré breve en la medida de lo posible, mas no quiero defraudar al lector; quien desee ampliar tema tan apasionante como éste de los encantadores debe leer a Richard L. Predmore, *El mundo del «Quijote»* (Madrid, 1958), capítulo III, donde el asunto se trata con la profundidad debida y en relación a aspectos del mundo de don Quijote que no podré tocar, si es que quiero ser breve.

siguiente comentario por parte del héroe: «Yo te aseguro, Sancho —dijo don Quijote—, que debe de ser algún sabio encantador el autor de nuestra historia; que a los tales no se les encubre nada de lo que quieren escribir» (II, II). Nosotros leemos estas palabras con un aire de superioridad injustificado; si el lector se coloca por un momento en la perspectiva de don Quijote, lo que ha acontecido es inexplicable e incomprensible. Pero el arcano es penetrable con la llave de los encantadores.

Cuando cura y barbero, ama y sobrina dan al fuego con la librería de don Quijote, y para disimular el auto de fe tapian la habitación que los contenía, todo este tiempo el caballero está dormido. Pero «de allí a dos días se levantó don Quijote, y lo primero que hizo fue ir a ver sus libros; y como no hallaba el aposento donde le había dejado, andaba de una en otra parte buscándole. Llegaba adonde solía tener la puerta y tentábala con las manos, y volvía y revolvía los ojos por todo sin decir palabra; pero al cabo de una buena pieza, preguntó a su ama que hacia qué parte estaba el aposento de sus libros» (I, VII). La desaparición de unos libros, o de toda una librería, se puede explicar de mil maneras, mas ¿que desaparezca el propio aposento que albergaba a esos libros? Lo incomprensible cede ante la intervención del sabio Frestón: «Ese es un sabio encantador, grande enemigo mío, que me tiene ojeriza», dirá el caballero (*ibídem*).

El pleito de la bacía-yelmo y albarda-jaez culmina en la venta de Juan Palomeque el Zurdo en una pendencia de dimensiones descomunales. En el medio de esta tremolina «se le representó en la memoria de don Quijote que se veía metido de hoz y de coz en la discordia del campo de Agramante, y así dijo, con voz que atronaba la venta: «—Ténganse todos; todos envainen; todos se sosieguen; óiganme todos, si todos quieren quedar con vida. A cuya gran voz todos se pararon, y él prosiguió, diciendo: —¿No os dije yo, señores, que este castillo era encantado...?» (I, XLV).

El desenlace de los extraordinarios sucesos de la venta no se hace esperar, y esto nos llevará poco más tarde al desenlace y final de la primera parte. Toda la compañía que estaba en la venta, don Fernando y sus camaradas, don Luis y sus criados, los cuadrilleros, el propio ventero, todos se disfrazan, penetran de noche silenciosamente en la alcoba donde dormía don Quijote y lo atan fuertemente. Al despertar con sobresalto el caballero, se encuentra efectivamente inmovilizado: «No pudo menearse, ni hacer otra cosa más que admirarse y suspenderse de ver delante de sí tan estraños visajes; y luego dio en la cuenta de lo que su continua y desvariada imaginación le representaba, y se creyó que todas aquellas figuras eran fantasmas de aquel encantado castillo, y que, sin duda alguna, ya estaba encantado» (I, XLVI).

En la segunda parte el encantamiento mantiene el mismo férreo dominio sobre el mundo de don Quijote, y su ejemplo culminante es el encantamiento de la propia Dulcinea del Toboso. Mas para los fines que persigo ahora escogeré otro ejemplo. Don Quijote y su escudero llegan a orillas del Ebro, y allí tropiezan con «un pequeño barco sin remos ni otras jarcias», atado a un árbol y sin persona a la vista. La imaginación de don Quijote de inmediato lo convierte en un barco encantado, puesto allí para que él emprendiese el socorro de algún caballero. *Incontinenti* salta al barco el caballero, seguido por el escudero, que no las tiene todas consigo. La corriente del Ebro los lleva a tropezar con unas aceñas en medio del río. Las ruedas de las aceñas y los palos de los molineros provocan una catástrofe general de la cual salen nuestros dos personajes casi ahogados. Mal ha terminado la aventura caballeresca, y don Quijote echa la culpa a los molineros, que su imaginativa ha identificado con una «canalla malvada». La explicación que da don Quijote al fracaso es de perfecta coherencia dentro de su mundo: «En esta aventura se deben de haber encontrado dos valientes encantadores, y el uno estorba lo que el otro intenta: el uno me deparó el barco, y el otro dio conmigo al través. Dios lo remedie; que todo este mundo es máquinas y trazas, contrarias unas de otras. Yo no puedo más» (II, XXIX).[18]

He elegido este número mínimo de ejemplos de las manifestaciones que adquieren los encantadores en el mundo

[18] Otros asedios a la aventura del barco encantado podrá ver el lector en las págs. 168 y 193-194.

de don Quijote porque creo que nos ofrecen lo más característico de las funciones que les atribuye su imaginativa.[19]

De momento, y para generalizar, diré que la lealtad a su *yo* crea un problema especial para don Quijote, y es que a menudo se da una falta de adecuación entre *yo* y *circunstancia* —para volver a la socorrida fórmula orteguiana— que puede hacer zozobrar el plan de vida. Por ejemplo, es inconcebible que un caballero andante luche contra molinos de viento, y es a todas luces desdoroso batirse contra el libresco bachiller Sansón Carrasco. La reintegración de la circunstancia al nivel adecuado para el libre desempeño del *yo* escogido (o sea, en nuestro caso: gigantes, Caballero de los Espejos) es la función, de rigurosa necesidad intelectual en el mundo quijotesco, que cumplen los encantadores. Tres motivos principales tiene el imperativo categórico de la existencia de encantadores en ella. En primer lugar, encantadores y encantamientos son la realización de las ilusiones librescas de don Quijote, la realización de su manía, como en el caso del sabio encantador que entre su primera y última salida escribió la historia de sus estupendas hazañas. O bien la resignación con que marcha don Quijote a su aldea, maniatado primero, y luego enjaulado en indigna carreta de bueyes, todo esto lo admite y permite nuestro héroe porque desde un principio él se vio a sí mismo como encantado. Nosotros, espectadores no comprometidos de la vida quijotesca, vemos todo esto con la superioridad que nos permite la «perspectiva de la otra orilla» —que diría Valle-Inclán—, y nos sonreímos ante lo aparente de las realizaciones de su manía, pero nuestro colérico ingenioso las da por efectivas. La apariencia, potenciada por la imaginativa, desemboca en realidad, y sobre esto

---

[19] Insisto en que los encantadores no son algo atributivo del mundo de don Quijote. Hasta el propio ladino y socarrón, y bachiller por Salamanca, de Sansón Carrasco, confrontado con algo increíble de raíz —regalos de una duquesa a Teresa Panza; Sancho, gobernador de una ínsula—, tiene que apelar a la intervención de encantadores: «Nosotros, aunque tocamos los presentes y hemos leído las cartas, no lo creemos, y pensamos que ésta es una de las cosas de don Quijote nuestro compatriota, que todas piensa que son hechas por encantamento» (II, i). Mucho más se podrá ver en el libro ya citado de Richard L. Predmore.

se basa una de las formas más excelsas del heroísmo humano, entonces y ahora.

En segundo lugar, hay toda suerte de fenómenos inexplicables para don Quijote, tales como la desaparición de todo un aposento de su casona, aquel donde guardaba sus libros, o bien la marimorena increíble que se arma en la venta de Juan Palomeque, que, al fin y al cabo, es sólo culminación de unos acontecimientos fuera de lo común, como pasar una noche atado de una ventana por la muñeca.[20] Mas yo creo que si cada uno de nosotros se pone la mano sobre el corazón, deberá admitir, así sea en su fuero interno, que también nosotros recurrimos a nuestros *encantadores,* así los llamemos, como sugerí antes, «los de izquierda», «los de derecha», «la economía», «el petróleo», etc. La verdad es que disponemos de una legión de encantadores tan numerosa como la de don Quijote.

Y en tercer lugar, alguna manifestación de los encantadores combina las otras dos motivaciones previas, así como el caso del barco encantado. Este tipo de barco existe en abundancia en los libros de caballerías y llegan a éstos de antiquísima prosapia —el *Argos* con que van a la busca del vellocino de oro Jasón y sus argonautas—. En esta medida, el barquichuelo del Ebro es realización de un ideal literario caballeresco. Pero la intervención de aceñas y molineros, de palos y ruedas, esto ya es algo inexplicable dentro del cuadrante de la *manía* de don Quijote. Nunca tales objetos ni seres vivieron en el mundo de la caballeresca, por lo que su existencia queda al margen de toda posible explicación.

Ahora, como críticos (o sapientísimos lectores liberados, no comprometidos, del siglo xx), podemos, debemos establecer un sistema de relaciones entre el funcionamiento de los encantadores en el mundo de don Quijote y la realidad objetiva «de la otra orilla», y creo aquí forzar un poco el sentido de las palabras de Valle-Inclán dentro del contexto que tiene en *Los cuernos de don Friolera,* donde aparecen.

---

[20] «Allí invocó [don Quijote] a su buena amiga Urganda, que le socorriese, y, finalmente, allí le tomó la mañana, tan desesperado y confuso, que bramaba como un toro; porque no esperaba él que con el día se remediaría su cuita, porque la tenía por eterna, teniéndose por encantado» (I, XLIII).

Para el espectador marginalizado por voluntad propia, para aquel que no participa porque no quiere, todos estos fenómenos tienen una explicación de perfecta lógica y coherencia. Pero en esta vida ni siquiera Joseph Addison (muerto en 1719 y principal apoyo de *The Spectator)* y mucho menos nuestro admirable José Ortega y Gasset —*El espectador*—, nadie puede llegar, ni pretenderlo, a una objetividad de laboratorio. Somos víctimas de nuestros entusiasmos, simpatías, diferencias y odios. En consecuencia, la explicación lógica que de inmediato damos a todas las manifestaciones del encantamiento en el mundo quijotesco, todas ellas son falaces, porque con arrogancia olímpica nos hemos hecho cargo de las experiencias vitales intransferibles de don Quijote de la Mancha.

Nosotros sabemos —sabiduría que nos llega con el tiempo y la distancia— que los encantadores y todas sus funciones en el mundo de nuestro héroe son producto de su locura, mejor dicho, de su manía. En ocasiones —y esto lo sabemos nosotros, no don Quijote—, el encantamiento es resultado del capricho de los demás, como cuando las taimadas de Maritornes y la hija de la ventera le dejan pasar la noche atado, y colgado, de una ventana. También puede ser que el encantamiento surja de un voluntario deseo de engañar al caballero andante, tal la volatilización de sus libros y aposento. Y en alguna oportunidad se da el caso de que las dos causas anteriores se combinan, y se complican por la lesionada imaginativa del héroe, como ocurre cuando la aventura del barco encantado.

Mas todo lo antecedente lo sabemos nosotros, desde nuestra cómoda butaca de espectadores de una vida que, como una película, se está representando y haciendo ante nuestros ojos. No había forma de que don Quijote diese con la verdadera causa o motivo de ninguno de estos episodios. Por lo demás, y si no fuese por la intervención explícita del autor que nos lo explica, ¿quién puede dar una solución aceptable a la cabeza de bronce, parlante y profética, que don Antonio Moreno tiene en su casa de Barcelona? (II, LXII). Se necesita aquí que el propio autor nos quite la venda de los ojos a nosotros, veteranos y escépticos lectores del siglo XX: «Con esto se acabaron las preguntas y las respuestas; pero no se acabó la admiración en que todos quedaron, excepto los dos amigos de don Antonio, que el caso sabían. El cual quiso Cide Hamete Benengeli declarar luego, por no tener suspenso al mundo, creyendo que algún hechicero y extraordinario misterio en la tal cabeza se encerraba, y así, dice que don Antonio Moreno, a imitación de otra cabeza que vio en Madrid, fabricada por un estampero, hizo ésta en su casa, para entretenerse y suspender a los ignorantes; y la fábrica era de esta suerte...» *(ídem)*. Si no fuese por la intervención, exégetica e insólita del autor, creo yo que hasta los mejores de nosotros desbarraríamos en la solución... y en grande.

Ahora se puede decir que el encantamiento y los encantadores recubren una amplísima zona de vida —de la de don Quijote y de la nuestra misma, o mucho me engaño—, y esta zona, a su vez, va de lo más abismal de la locura de nuestro héroe, de su *manía*, a situaciones que patentizan la naturaleza intrínseca de laberinto que tiene el mundo; tema favorito del siglo XVII, sí, señor, pero no ajeno del todo a nuestra atribulada centuria. Ni en nuestro mundo ni en el de don Quijote hay ninguna compasiva Ariadne, y todos nos perdemos, inclusive nuestra razón, porque nada, o casi nada, muy pocas cosas, de verdad, tienen explicación racional.

Creo que no puede caber duda de que el encantamiento tiene, desde el punto de vista de don Quijote, una función especial: son los encantadores quienes cambian las apariencias de las personas o cosas por otras muy distintas. Esta función especial, a su vez, la podemos subdividir en dos grupos: en el primero es el propio don Quijote quien transforma la realidad antes de que aparezcan los encantadores. La aventura de los molinos de viento es acabada muestra de este grupo. En la distancia de la llanura manchega divisan treinta o cuarenta molinos de viento, y de inmediato exclama don Quijote: «—La ventura va guiando nuestras cosas mejor de lo que acertáramos a desear; porque ves allí, amigo Sancho Panza, donde se descubren treinta o pocos más, desaforados gigantes» (I, VIII). Embiste don Quijote, a pesar de las voces de su escudero, y las aspas de los molinos despatarran a caballero v rocín. Anonadado por el porrazo, nuestro héroe responde a las amargas quejas de Sancho: «Yo pienso, y es así verdad, que aquel sabio Frestón que me robó el aposento y los libros ha vuelto estos gigantes en molinos por quitarme la gloria de su vencimiento» (ibídem).[21] Lo mismo ocurre con la aventura de los rebaños de ovejas: al divisar dos polvaredas en el horizonte, la imaginativa de don Quijote se abalanza a identificarlas con dos ejércitos, el del emperador Alifanfarón de la Trapobana y el de Pentapolín del Arremangado Brazo, rey de los garamantas (vide infra, pág. 170). Y se repite la desastrada aventura de los molinos de viento, con peores resultados para el caballero, que saca de la arremetida unos dientes y muelas de menos, dedos machucados y dos costillas hundidas. Dolorido, exclama don Quijote: «—Como eso [cosas como ésas] puede desparecer y contrahacer aquel ladrón del sabio mi enemigo. Sábete, Sancho, que es muy fácil cosa a los tales hacernos parecer lo que quieren, y este maligno que me persigue, envidioso de la gloria que vio que yo había de alcanzar desta batalla, ha vuelto los escuadrones de enemigos en manadas de ovejas» (I, XVIII).

En el segundo subgrupo podemos agrupar aquellos ejemplos o aventuras en que don Quijote no participa en la metamorfosis que precede al encantamiento. Hay una hermosa labriega, Dorotea, que cuando se presenta a don Quijote lo hace bajo el disfraz de la princesa Micomicona (I, XXIX). De pura casualidad, y ya en la venta de Juan Palomeque, Sancho da en el busilis y corre cariacontecido con la historia a su amo: la princesa Micomicona es una dama particular llamada Dorotea. «—No me maravillaría de nada deso —replicó don Quijote—; porque, si bien te acuerdas, la otra vez que aquí estuvimos te dije yo que todo cuanto aquí sucedía eran cosas de encantamento, y no sería mucho que ahora fuese lo mesmo» (I, XXXVII). O bien en la segunda parte don Quijote tropieza con otro caballero andante. ¡Caso extraordinario! Este caballero se hace llamar el del Bosque o de los Espejos, y en la obstinada defensa de las damas respectivas, llegan los dos andantes a las armas (II, XIV). En su inesperada victoria don Quijote descubre que el Caballero de los

---

[21] Esta aventura demuestra, además, el arrojo insuperable de don Quijote, como corresponde con su temperamento colérico (vide supra, páginas 109-110).: lo que ven son treinta o cuarenta molinos de viento; lo que ataca don Quijote son treinta o pocos más. La diferencia de una cuarta parte de gigantes (o molinos) no le hace mella a su valor.

Espejos tiene la fisonomía del bachiller Sansón Carrasco, y el admirado Sancho cree reconocer en el otro escudero a «Tomé Cecial, mi vecino y mi compadre» *(ibidem)*. Ya en camino y trabada la conversación, Sancho interroga a su amo acerca de una posible justificación acerca de tan extraordinarios parecidos. «—Todo es artificio y traza —respondió don Quijote— de los malignos magos que me persiguen; los cuales, anteviendo que yo había de quedar vencedor en la contienda, se previnieron de que el caballero vencido mostrase el rostro de mi amigo el bachiller, porque la amistad que le tengo se pusiese entre los filos de mi espada y el rigor de mi brazo» (II, XVI).

En la aventura del Caballero de los Espejos Cervantes no ha puesto al lector al tanto de la tramoya previa a la transformación del bachiller Sansón Carrasco. En sustancia, se trata de una variante del episodio de la princesa Micomicona, donde el primero en conocer la verdadera identidad de esta seudoprincesa es el lector; se trata, pues, de un ejemplo más del acabado virtuosismo de técnica narrativa de que están llenas las páginas del *Quijote*. De todas maneras, cuando el Caballero de los Espejos se rinde, don Quijote le quita el yelmo, y con admiración, maravilla y espanto contempla el rostro de Carrasco. Los sentimientos, en esta ocasión, son compartidos por el lector porque la fisonomía que contempla don Quijote es de lo más inesperado del mundo para caballero y lector. En consecuencia, Cervantes dedica el capítulo XV a explicar los motivos de tan insólita metamorfosis. Conste que nuestro héroe y su escudero no pueden enterarse de tal explicación: «Don Quijote y Sancho volvieron a proseguir el camino de Zaragoza, donde los deja la historia, por dar cuenta de quién era el Caballero de los Espejos y su narigante escudero» (II, XIV). He aquí la muy razonable explicación que brinda Cervantes al lector, mas no a su protagonista:

Dice, pues, la historia que cuando el bachiller Sansón Carrasco aconsejó a don Quijote que volviese a proseguir sus dejadas caballerías fue por haber entrado en bureo con el cura y el barbero sobre qué medio se podría tomar para reducir a don Quijote a que se estuviese en su casa quieto y sosegado, sin que la alborotasen sus mal buscadas aventuras; de cuyo consejo salió, por voto común de todos y parecer particular de Carrasco, que dejasen salir a don Quijote, pues el detenerle parecía imposible, y que Sansón le saliese al ca-

mino como caballero andante, y trabase batalla con él, pues no fal-
taría sobre qué, y le venciese, teniéndolo por cosa fácil, y que fuese
pacto y concierto que el vencido quedase a merced del vencedor; y
así vencido don Quijote, le había de mandar el bachiller caballero
se volviese a su pueblo y casa, y no saliese della en dos años
(II, xv). [22]

Lo que quiero subrayar ahora es que somos nosotros, con
sideral perspectiva de lectores, quienes estamos al tanto de
todas estas metamorfosis y sus motivaciones. En ningún momento don Quijote está al tanto de nada de esto. En el caso
de los molinos de viento y de los rebaños el derrengado don
Quijote reconoce la verdadera identidad de las cosas, verdadera para nosotros, porque han intervenido los encantadores.
En los casos de las transformaciones de la princesa Micomicona a Dorotea y del Caballero de los Espejos a Sansón
Carras, el perplejo don Quijote, al no poder admitir estas
súbitas metamorfosis, se conforma y tranquiliza con aducir
los encantamientos.

En consecuencia, se puede decir que el encantamiento es
el principio por el cual don Quijote explica el muy inquie-
tante hecho, angustioso de verdad, de que las personas y cosas
ofrecen a menudo la apariencia de lo que realmente son. Ni
siquiera Frank Kafka llegó a soñar con una pesadilla tal. Debe
helarle la sangre a cualquiera el sólo pensar que puede haber
un mundo en que el adúltero se pasea con la apariencia perfecta del adúltero, o el ladrón como ladrón, o el asesino,
blasfemo, hereje... ¡Horror! ¡Gracias a Dios que aún hay encantadores en el mundo!

Una pregunta a formular, y a contestar lo menos mal que
pueda, es por qué Cervantes encarnó toda esta complejísima

[22] No cabe duda, a la vista de este texto, de que Cervantes tenía
la segunda parte del *Quijote* perfectamente planeada en su desarrollo
más amplio. Cuando salió la apócrifa continuación de Alonso Fernández de Avellaneda, Cervantes se limitó a hacer cambiar de ruta a su
caballero, aparte de contestar con sabia y noble moderación a los insultos de Avellaneda. «Era fresca la mañana, y daba muestras de serlo
asimesmo el día en que don Quijote salió de la venta, informándose
primero cuál era el más derecho camino para ir a Barcelona sin tocar
en Zaragoza: tal era el deseo que tenía de sacar mentiroso aquel
nuevo historiador que tanto decían le vituperaba» (II, lx). El final del
Quijote de Cervantes ya está implícito en la larga cita del texto.

máquina de ideas y conceptos en un loco. Si echamos la mirada por la Europa del siglo XVI, bien pronto notaremos que el tema de la locura apasiona por los cuatro costados del viejo continente. Como no me quiero meter en mayores honduras, mencionaré a Erasmo como el popularizador del tema. Desiderio Erasmo de Rotterdam, a quien sus contemporáneos alaban «sicut si esset miraculum mundi» (*Epistolae obscurorum virorum*) y de quien todavía en 1751 decía el inglés Samuel Johnson: «He will stand for ever in the first rank of literary heroes.» En 1511 publicó su *Encomium Moriae (Elogio de la locura)*, obra que hoy en día es la única que lee el público culto. Es paradójico que el más culto humanista de su tiempo sea recordado hoy en día como autor de un encomio de la locura y de la ignorancia. La extraordinaria fama de Erasmo cundió en su época por toda Europa, de Inglaterra a Alemania, de Suecia a España. En el siglo XVI y en España, el reguero erasmista se convierte en verdadero aluvión, al punto que se construyen diversos diques represivos por órdenes inquisitoriales. Así y todo, la ironía que caracteriza los parlamentos de Stultitia en el *Encomium* todavía resuena en las páginas del *Quijote*. La influencia de Erasmo sobre Cervantes en particular fue muy considerable, como ha quedado bien claro desde hace tiempo.[23] Es fácil descubrir una extraña afinidad entre la ironía de Stultitia y la de Cervantes: en ambos la ironía no sólo afecta el sentido de lo dicho, sino que llega a convertirse en ese mismo sentido.

Como no tengo la menor intención de hacer un censo de elogios de la locura en el siglo XVI, tema para el que no estoy preparado, sólo quiero mencionar un par de obras con las que sí tengo cierta familiaridad. La primera en el tiempo es *Gargantua y Pantagruel*, de François Rabelais, obra cuya complicada historia bibliográfica se extiende de 1532 a 1564, con dudas acerca de la autenticidad de las obras publicadas en estos últimos años, ya que Rabelais había muerto en 1553. Hay dos locos en esta colosal obra, aunque ninguno de los

---

[23] Me refiero concretamente a la luminosa obra de Marcel Bataillon *Erasme et l'Espagne. Recherches sur l'histoire spirituelle du XVIe siècle* (París, 1937), cap. XIV; esta obra capital hay que consultarla ahora en su segunda edición en español, corregida y aumentada, hecha en México, 1966.

dos puede haber llegado a oídos de Cervantes, ya que la novela sólo se tradujo a nuestra lengua en este siglo. Pero hay
que tomarlos en cuenta para apreciar en esta muy pequeña
medida la inmensa difusión del tema de la locura en la Europa
de aquellas calendas. Los locos son Pantagruel y Panurge.
El primero es un perfecto loco discreto de principio a fin,
y Panurge se convierte en protagonista del *Tiers Livre,* donde
se orquesta majestuosamente el tema de la vanidad de la sabiduría humana y, en consecuencia, de la necesidad vital de
que haya locura en el mundo.

El último loco excelso que quiero recordar es sir John
Falstaff, producto de la pluma del extraordinario contemporáneo inglés de Cervantes: William Shakespeare. Falstaff es
personaje en varios de los dramas de Shakespeare, todos de
aproximadamente los mismos años: *King Henry the Fourth,*
primera parte (1597-1598); *King Henry the Fourth,* segunda
parte (1597-1598); *King Henry the Fifth* (1598-1599), y *The
Merry Wives of Windsor* (1600-1601). Falstaff es otro tipo
del loco entreverado, muy distinto, sin embargo, del que nos
presenta don Quijote y acabamos de estudiar. En lo físico
Falstaff se parece más a Sancho, y algunas de sus características también le aproximan más al escudero que al amo. Falstaff aparece como un viejo caballero, aunque no tanto como
don Quijote, pero obeso, gracioso, juerguista y bebedor. Es
por boca del propio sir John Falstaff que nos enteramos que
Shakespeare tenía el mismo concepto de la locura que Erasmo,
Rabelais y Cervantes, que la locura constituía una necesidad
vital en este mundo: «no, my good lord, banish Peto, banish Bardolph, banish Pointz: but, for sweet Jack Falstaff,
kind Jack Falstaff, true Jack Falstaff, valiant Jack Falstaff...
banish not him thy Harry's company: —banish plump Jack,
and banish all the world» *(King Henry the Fourth,* primera
parte, II, iv).[24] Insisto un poco más en sir Jonh Falstaff en parte por la cercanía temporal a nuestro héroe y en parte
porque ya en 1936 Fitzroy Richard Somerset, lord Raglan,

---

[24] «No, mi buen señor; alejad a Peto, alejad a Bardolph, alejad a
Pointz; pero no alejéis de la compañía de vuestro Harry al dulce Jack
Falstaff, al gentil Jack Falstaff, al fiel Jack Falstaff, al valiente Jack
Falstaff ... alejar al rechoncho Jack sería alejar al mundo entero.»

en su polémico pero fundamental estudio sobre *The Hero: A Study in Tradition, Myth and Drama,* le había interpretado como un loco santo, una suerte de símbolo cómico de la caridad, como más tarde ha querido el poeta inglés W. H. Auden, lo que nos retrotrae, ideológicamente, a nuestro loco manchego. El gran literato inglés del siglo XVIII, ya citado, el doctor Samuel Johnson, escribió: «Falstaff, unimitated, inimitable Falstaff, how shall I describe thee?» Con cuánta más razón me puedo hacer análoga pregunta yo: «Don Quijote, inimitado e inimitable don Quijote, ¿cómo os puedo describir?»

En la España de Cervantes, y muy pocos años antes de la publicación de la primera parte de *Don Quijote,* se publicó una obra que se define en el título, que copiaré de inmediato, y que remacha el clavo de la necesidad de la locura como ingrediente vital, el gran tema de Erasmo a Cervantes, como hemos visto. El autor fue Jerónimo de Mondragón, de patria aragonesa, y la obra que nos concierne tiene el siguiente largo título, que me ahorra toda descripción adicional:

Censvra de la locvra hvmana, i excelencias della: en cvia primera Parte se trata como los tenidos en el mvndo por Cuerdos son Locos: i por serlo tanto, no merecen ser alabados. En la segunda se muestra por via de entreteni̇miento como los tenidos comunmente por Locos son dignos de toda alabança: con grande variedad de apazibles i curiosas historias, i otras muchas cosas no menos de prouecho que deleitosas (Lérida, 1598).[25]

Esta rapidísima ojeada al contexto literario de época de Cervantes del apasionante tema de la locura humana, y del papel que le correspondía desempeñar en la vida, demuestra que su popularidad fue amplísima. El consenso de la época, simbolizado aquí en los poquísimos escritores mencionados, afirmaba que la locura era indispensable; el mismo sir John Falstaff entiende que alejar de uno la locura equivalía a

---

[25] Hay reedición moderna de Antonio Vilanova (Barcelona, 1953), con muy buen prólogo. Lo que quiero recordar ahora es que en determinado momento de su obra Mondragón cita una anécdota narrada por nuestro conocido doctor navarro, Juan Huarte, y lo denomina, entonces, «cierto grave varón de nuestra España» (cap. XXXVI).

apartar de sí mismo al mundo entero.[26] Una vez que la locura
humana es enfocada de tal cuadrante, era inevitable que sobre-
viviese por múltiples generaciones. Los intelectuales de época
de Cervantes habían dado en el clavo: la locura es factor
imprescindible para corregir los excesos de la razón en nuestras vidas. Cada generación, cada época, cada movimiento
literario ha vuelto al tema con inmensa sed de autoconocimiento, y así, los ejemplos se me vienen a los puntos de la
pluma a verdaderos chorros. Pero me conviene aprovechar
el consejo de maese Pedro a su intérprete y declarador: «Muchacho, no te metas en dibujos» (II, xxvi).

Tomo a pecho estos avisos de cautela y, por lo tanto,
sólo sobrenadaré el contexto moderno de la locura quijotesca,
con la esperanza de que los lectores adelanten lo que puedan
este experimento. Para empezar, vuelvo a referirme al príncipe Myshkin, el protagonista de *El idiota,* de Fedor Dostoievski (1868), con fines, esta vez, de acercarme más a los
paralelos y analogías entre Myshkin y don Quijote. Cervantes
creó el primero y más extraordinario héroe anormal de la
literatura universal; Dostoievski, si bien no llegó al mismo
grado de perfección absoluta, creó personajes anormales a manos llenas (Raskolnikov, los hermanos Karamazov, Stavrogin
y tantos más), mas de todos ellos el modelado más cerca en
la turquesa quijotesca es el príncipe Myshkin.

Dostoievski conocía a fondo el *Quijote,* y su interesantísimo *Diario de un escritor* (1873-1876) nos lo recuerda de
continuo. Tuvo, asimismo, toda suerte de afinidades vitales
y electivas con Cervantes, a pesar de los siglos de distancia
a que vivieron y de los opuestos costados de Europa de donde
venían. De muy temprano en su carrera de escritor Dostoievski se lanzó a crear un don Quijote suyo, muy ruso y

---

[26] No he mencionado en el texto, porque no viene al caso, la locura de amor, aspecto particular de la locura humana. Este tema tiene
grandioso desarrollo en el *Orlando Furioso,* de Ariosto (1615), y en
España adquiere características especiales en la vida y en la literatura
de Lope de Vega: *Belardo el Furioso* y toda la larga lista de obras
lopescas que desarrollan el tema de la locura por celos y que culminan
en la *Dorotea.* Quien desee ampliar los conocimientos acerca del *Encomium Moriae* y el *Quijote,* y temas afines en la España del siglo xvi,
debe consultar la breve pero docta monografía de Antonio Vilanova
Erasmo y Cervantes (Barcelona, 1949).

muy siglo XIX. Los dos primeros intentos se encarnan en De-
vushkin, protagonista de *Pobre gente* (1846), y en Goliadkin,
protagonista, a su vez, de *El doble,* novela del mismo año que
la anterior. Ninguna de las dos ha tenido gran éxito con la
posteridad, pero después de muchos años Dostoievski volvió
al modelo quijotesco, en busca de inspiración y emulación,
y el resultado fue ese extraordinario Myshkin, el príncipe
idiota.

La génesis de *El idiota* está plenamente documentada por
el epistolario de Dostoievski de 1867 a 1870 (publicado en
ruso y que, por consiguiente, sólo conozco en versiones frag-
mentarias inglesas), y sabemos que pasó por ocho redacciones
distintas antes de ir a la imprenta. En una de esas cartas dice
el gran novelista ruso: «He ido demasiado lejos. Sólo quiero
mencionar el hecho de que de todos los hermosos personajes
que nos brinda la literatura cristiana, sólo don Quijote es el
más completo.» Esta cita nos descorre otro rincón de la intimidad creadora de Dostoievski: Myshkin tiene como primer
modelo a Cristo y como segundo a don Quijote, como años
después lo haría Pérez Galdós con *Nazarín,* a lo que ya aludí.

Ahora bien, don Quijote está loco —mas loco entreverado, por cierto—, mientras que el príncipe Myshkin no.
En consecuencia, ¿dónde radica el paralelo aquí? Desde mi
punto de vista, es la locura de nuestro hidalgo la que da unidad de sentido, método y organización al *Quijote* —o sea,
artificio literario al fin, pero ¡qué artificio!—, mientras que
en *El idiota* es la epilepsia de la que sufre el príncipe Myshkin la que cumple análogos fines.

Para apurar paralelos, basta pensar que don Quijote es
bien poco imaginable sin su *amor de lonh por* Dulcinea del
Toboso. En idéntica medida, aunque con personaje desdo-
blado, Dostoievski nos presenta el doble amor de Myshkin:
Aglaya Epanchina y Nastasya Filipovna. Los entendidos ven
en Aglaya el símbolo de Dulcinea, mientras que Nastasya
Filipovna sería símbolo de la humanidad abusada. Precisamente es Aglaya quien recuerda una balada de Alejandro
Pushkin, de cuyo quijotismo ya queda constancia, titulada
El pobre caballero y que en el original es nueva muestra de
ese mismo quijotismo. Y en su comentario Aglaya subraya
cómo ambos caballeros —Myshkin y el protagonista de

Pushkin— se parecen a don Quijote, aunque los dos Quijotes en que piensa ella no son del pasado, sino del futuro (II parte, capítulo VII).

Ya en nuestro siglo nos encontramos con un don Quijote tocado en clave de tragedia. Me refiero a la obra dramática de Luigi Pirandello, cuyo quijotismo también ha surgido con anterioridad en estas páginas, titulada *Enrico IV* (1922), y que desde su estreno en Milán fue muy discutida y contrastada. La belleza y universalidad de este drama no han podido vencer, sin embargo, la popularidad de *Sei personaggi in cerca d'autore,* y como la obra es poco leída en la actualidad, se impone un somero examen. Un joven caballero participa en una ceremonial cabalgata carnavalesca vestido de Enrique IV, emperador del Sacro Imperio Romano-Germánico, famoso por su disputa con el Papa Gregorio VII acerca de las investiduras, excomulgado por ello y absuelto sólo después de su famosa penitencia en Canossa; murió en 1106. En el drama y en la cabalgata, el joven, arrojado al suelo por el caballo, recibe fuerte golpe en la cabeza y enloquece. En su locura cree, efectivamente, ser el emperador Enrique IV. Parientes y amigos, movidos por la compasión, aceptan lo que ha creado la locura y transfiguran su quinta en palacio y sus criados en cortesanos. Mas aun en esta fingida corte el tiempo corre; pasan doce años y el joven, que ya no lo es más, recupera el juicio. El ex loco se encuentra en la madurez sin haber vivido la juventud: la vida le ha excluido. Amargado, decide fingir ahora la locura para, al menos, poder observar la vida desde fuera. Pero el pasado se inmiscuye tercamente en el presente, y la vida en la ficción, y después de varios lances de extraordinaria belleza, dialéctica, profundidad filosófica y melancolía, el ex joven —que en toda la obra sólo se identifica por el nombre de Enrique IV— mata a un antiguo rival. De ahora en adelante la ficción de la locura se convierte en un imperativo.

El quijotismo de la obra es quizás el más marcado de todo el teatro pirandelliano. Apuntan a ello la tenuidad de la divisoria entre vida y ficción, entre cordura y demencia. Así como cura, barbero y Sansón Carrasco tratan de ayudar a don Quijote, y todo lo que consiguen es hacerle un daño irreparable, lo mismo se puede decir de los fingidos cortesanos de *Enri-*

co IV. El resultado es trágico: el hombre se ve obligado a vivir los sueños de su imaginativa. A esta melancólica tragedia está abocada toda vida; si se cae en ella es porque todos llevamos, cuando menos, una partícula de don Quijote por dentro.

V

LA VIDA COMO OBRA DE ARTE

Sí, señor: cada uno de nosotros lleva un quijotismo interior, en dosis y exteriorizaciones variables según el individuo. Lo demuestra el hecho, observado y comentado por Ortega y Gasset en *Historia como sistema* (1941), y en su filosofía, en general, de que la clave del vivir es inventarse un personaje, un plan de vida, que luego se vive a diario, con variantes impuestas por las circunstancias. Como dijo Ortega y Gasset: «Invento proyectos de hacer y de ser en vista de las circunstancias.» Si el quijotismo original rayó en locura fue porque el avejentado hidalgo de gotera se creó el personaje más inverosímil dadas sus circunstancias: ser un caballero andante.

De niños todos soñamos con ser reyes o presidentes, o quijotada por el estilo, mas pronto las abandonamos en vista de las circunstancias. En cambio, nuestro hidalgo, ya machucho, decide hacer frente a sus circunstancias, y contra viento y marea se hace *su* plan de vida, que vivirá con dedicación plena —la única que admite la existencia— hasta sus últimos momentos. En este sentido, la inmensa mayoría de nosotros somos Quijotes fracasados, ya que nuestros pobres proyectos de vida se dejan imponer siempre por las circunstancias. El atractivo perenne de don Quijote para todos los hombres del mundo ha sido siempre su ejemplo de subyugar a las circunstancias, a pesar de costillas hundidas, dientes rotos y palos diarios. El continuado magnetismo de don Quijote de la Mancha radica en el hecho de que en nuestro fuero más interno todos le tenemos un poco de envidia. A diario nos codearíamos con héroes si supiésemos, o pudiésemos, sobreponernos a las circunstancias.

Uno de los motivos de nuestra envidia, y no el último por cierto, es que el hidalgo de gotera al inventarse su proyecto de ser lo hace en forma deliberadamente artística, con modelos literarios y todo. El vejete para poco que fugazmente divisamos en el primer capítulo de la novela, de inmediato cede lugar a un brioso caballero andante que imita con plena conciencia a Amadís de Gaula. Ya en plena madurez, el hidalgo de aldea se lanza a vivir un personaje que se ha inventado por encima de sus circunstancias y trata, con rabioso tesón, en convertir a su vida en una obra de arte. La medida de sus triunfos y de sus fracasos será el tema al que torno mi atención ahora.[1]

Ab ovo Ledae. El hombre fue creado a imagen de Dios, hecho del que nunca ha podido (o querido) olvidarse del todo. Aun en sus momentos de ateísmo más rabioso, el hombre no se ha preocupado tanto con la negación de Dios como con el hecho de emplazarse él en lugar de Dios. En esa novela de Dostoievski tan brillante como oscura, *Los endemoniados* (1871), hay un personaje, Alejo Nylich Kirilov, que demuestra esto cumplidamente. Hasta que entra en la novela Kirilov ha vivido un ateísmo teórico; ya en el cuerpo de la novela el ateísmo le lleva a un fin trágico. En largas y filosóficas disputas Kirilov afirma y mantiene que los hombres creen en Dios por miedo a la muerte. El día en que el hombre logre vencer ese temor, Dios no tendrá ya razón de existir. Por ello Kirilov se mata, para negar la existencia de Dios. En forma más radical lo que ha hecho Kirilov es suplantar a Dios: él ha querido convertirse en *su* Dios de *su* destino.

El ejemplo de Kirilov demuestra que el acto de suplantar es una forma más o menos solapada, y más o menos consciente —de máxima conciencia en caso del personaje ruso, desde luego—, de la imitación. Así, pues, el hombre ha necesitado siempre de modelos para sus acciones, y aun para sus aspiraciones, modelos que, en el peor de los casos y cuando las cosas van mal, le servirán de excusa o de cabeza de turco.

---

[1] Un primer asedio al problema que enfoco aquí lo representa mi ensayo «Don Quijote o la vida como obra de arte», *Cuadernos Hispanoamericanos*, núm. 242 (febrero 1970), que recojo parcialmente, y adobo, en las páginas que siguen.

La historia nos da como de tristísima evidencia el hecho de que la capa de la emulación ha cubierto al parigual vicios y virtudes, sonadas hazañas e infames traiciones.

En este sentido, el hombre ha usado y abusado de la literatura como modelo de vida. El uso apropiado de la literatura, dentro de mi contexto de hoy, se halla en la zona amplia y general de la literatura devota, con la familiar *Imitatio Christi,* de Tomás de Kempis, como modelo descollante. El abuso se produce cuando la imitación de la literatura en la vida se ve como un fin en sí mismo, sin la posible redención de un propósito trascendente. Para ilustrar escojo *Le Rouge et le Noir,* de Stendhal (1830). El protagonista, Julien Sorel, es un don Quijote de la edad posnapoleónica, vale decir, un ambicioso materialista. Se inventa su proyecto a base del *Mémorial de Sainte-Hélène* y de los boletines de la *Grande Armée.* Con estos modelos literarios aspira a obtener amor, riqueza y poderío. Pero el cerrado materialismo de Julien Sorel sólo le conduce a la guillotina.[2]

Ahora bien, y me apresuro a agregarlo, la zona de deslindes entre uso y abuso es vaga e imprecisa. Y esto ocurre, precisamente, porque la mayoría de los mortales vivimos una existencia centáurica, en la que adobamos hecho y ficción, realidad y ensueño. En la medida en que cada uno de nosotros lleva un grano de quijotismo en el alma es imposible el deslinde efectivo.

Pero si volvemos a la literatura, dichos deslindes son un poco más fáciles de efectuar, aunque no mucho más. Don Quijote de la Mancha fue un hombre que erigió a su imaginación en credo, fue un hombre que hizo de la ficción la razón de su vida, fue un hombre, en fin, con cuya vida se urdió la primera novela moderna y la más grande de todos los tiempos. Como dijo el gran filósofo romántico alemán Friedrich

---

[2] El quijotismo de Julien Sorel es evidente, y ha sido puntualizado más de una vez; por eso me interesa transcribir la siguiente cita del crítico francés Alphonse Thibaudet.: «Obra inmensa, que su época no comprendió y que no halló su público y su eco hasta veinte años después; su virus infuso aun hoy no está agotado.» ¡Con cuánta más razón se puede decir lo mismo del originador de la epidemia: don Quijote de la Mancha! Sólo que el paciente don Quijote tuvo que esperar más de doscientos años para tener descendencia digna de su nombre.

von Schelling: «El *Quijote* es el cuadro más universal, más profundo y más pintoresco de la vida misma.» Pero nuestro héroe, el protagonista de esa novela, elevó *su* vida al nivel del arte, con gesto de olímpico desdén hacia la prosaica realidad, y a pesar de que esa realidad le abrumaba las costillas. Al impulsarle hacia dicha superación, su creador reveló para siempre esa taracea tenue y delicada que forma, de manera casi paradójica, la mezcla inextricable de realidad y ficción que llamamos vida.

En el capítulo III, «El nacimiento de un héroe», estudié con bastante detalle, como para evitar repetirlos, la técnica que usa Cervantes para presentarnos a su nuevo héroe, un héroe de novedad absoluta, como allí demostré. Con arte maravilloso Cervantes nos presenta al protagonista del *Quijote sin* el determinismo milenario de sangre, familia y tradiciones. Está en estado adánico, el estado óptimo para inventarse *su* proyecto de vida. Y desde el momento de su autobautismo don Quijote de la Mancha ha decidido, en forma implícita al menos, hacer de su vida una obra de arte. El mundo en que él aspira a vivir es un mundo de arte (en su caso, de libros, de libros de caballerías para ser preciso) y, por lo tanto, toda la prosa vil del vivir diario debe transmutarse en su equivalente poético si aspira a tener un puesto en el nuevo orden recién creado. Y así, comienza con su propio caballo, que no podrá permanecer más en bendito pero antipoético anonimato, y en consecuencia será arrastrado (pataleando sin duda) a la plena luz del arte con el ponderoso nombre de *Rocinante.*

Observemos de pasada que en la playa barcelonesa el Caballero de la Blanca Luna expulsa a don Quijote del mundo caballeresco al derrotarle y obligarle a volver a su aldea (II, LXIV). Esto equivale a obligar a don Quijote a salirse de las páginas de los libros de caballerías, donde obstinadamente ha vivido hasta el momento. Pero nuestro héroe no puede vivir sin el ideal de la vida como obra de arte. Con involuntaria crueldad el Caballero de la Blanca Luna ha obligado a don Quijote, con la punta de su lanza, a abandonar *un* ideal de vida como obra de arte. Con tenacidad ejemplar nuestro héroe de inmediato decide refugiarse en las páginas de otros libros, los de pastores (II, LXVII). Desalojado de un ideal de vida como obra de arte, don Quijote de inmediato lo reemplaza con otro, que esboza en sus proyectos pastoriles. *Le roi est mort; vive le roi.* Pero la ausencia del ideal, aun del pastoril, y otros factores que vimos en el capítulo anterior, desembocan inevitablemente en la muerte. Como escribió en cierta oportunidad Jorge Luis Borges: «El libro entero ha sido escrito para esta escena, para la muerte de don Quijote.» [3]

Por lo menos desde la época en que Platón escribió su diálogo *Protágoras,* el hombre ha tratado de empinarse, suponiendo que a través de la limitación del arte le aseguraba a su vida una nueva dimensión, que se ha llamado en los avatares de la Historia sabiduría, virtud, fama y muchas cosas más. Para la época del Renacimiento, este principio de la imitación de los modelos había adquirido, a su vez, una nueva dimensión, puesto que para entonces se daba por supuesto que el arte mismo debía imitar al arte.

Para aclarar y ser breve comienzo por citar un texto platónico: «Si se imita en absoluto, se deben imitar, desde la juventud, sólo aquellos caracteres apropiados a la profesión: al hombre valeroso, templado, santo, libre y demás. Mas no se debe en ningún momento tratar de imitar el egoísmo o la bajeza, por el riesgo de que a través de la imitación se llegue a ser lo imitado» *(República,* III). Y ahora repetiré un texto citado con anterioridad, pero con otros fines *(supra,* pág. 76). Se trata del crítico de arte italiano de mediados del siglo XVI Giorgio Vasari, quien, en el proemio a sus *Vite dei più celebri pittori, scultori e architetti* (1551), había dado por sentado que «l'arte nostra è tutta imitazione della natura principalmente, e poi, per chi da sé non può salir tanto alto, delle cose che da quelli che miglior' maestri di sé giudica sono condotte».

Pero la vieja idea de que la vida debe imitar al arte y así convertirse, en alguna medida o forma, en una obra de arte en sí, esa idea mantenía todo su vigor, prestigiada por textos como el de la *República,* de Platón: el imitador se puede convertir en lo imitado. Nada más natural que esta larga vigencia, renovada en una época como el Renacimiento, que

[3] Jorge Luis Borges, «Análisis del último capítulo del *Quijote*», *Revista de la Universidad de Buenos Aires,* Quinta Epoca, I (1956), 36.

Jakob Burckhardt caracterizó, en su libro clásico *Die Kultur der Renaissance in Italien* (1860), como la época en que se originó y tuvo máximo desarrollo el concepto del Estado como una obra de arte. Y uno no debe olvidar, como le ocurrió a Burckhardt, el papel preponderante que desempeñó el Rey Católico en la forja de este concepto, como que creó la diplomacia moderna, el arte de tratar de potencia a potencia.[4] Y la plenitud del concepto, en el nivel nacional y en el nivel personal, la vino a encarnar su nieto Carlos V, el primero y único emperador del Viejo y del Nuevo Mundo, quien en todo momento creyó firmemente en la viabilidad del concepto de la vida como obra de arte y lo practicó con asiduidad. No es extraño en consecuencia, sino muy propio, que hacia finales de su vida, y a partir de 1550, el emperador Carlos V dictase sus *Memorias o Comentarios* —título que prefirió el gran historiador alemán Karl Brandi y que me parece más apropiado a la índole de la obra— a su ayuda de cámara, Van Male, lo que va de la mano con el hecho de que uno de los contados libros que tuvo en su retiro de Yuste fueron los *Comentarios,* de Julio César.[5]

Por lo demás, son muchas las oportunidades en que su cronista Alonso de Santa Cruz alude a la conciencia artística que guiaba sus acciones, y esta cita tendrá que valer por todas:

> El fin de mi ida a Italia es para trabajar y procurar con el Papa que se celebre un general Concilio en Italia o en Alemania para desarrai-

---

[4] Desde luego que apenas si puedo mencionar tan apasionante tema, que puso en el tablero europeo a lo mejor de la España intelectual, así como lo mejor de la España bélica llevaba ya décadas en efectiva ocupación del mismo tablero. Consulte el lector el bien documentado libro del historiador norteamericano Garrett Mattingly, *Renaissance Diplomacy* (Boston, 1955), parte III, donde verá el alcance inmenso de las innovaciones de Fernando el Católico a la timorosa diplomacia de los Estados italianos.

[5] El tono de objetividad que da a sus *Comentarios* no termina de ocultar la vanidad de Carlos al dictarlos, en la cúspide, como estaba, después de su victoria sobre la Liga de Schmalkalden, lo que se confirma por sus silencios deliberados. Con innato sentido crítico —y con la objetividad que se suele adjudicar a éste—, Carlos V desmonta ante nuestros ojos la obra de arte que constituyó su vida. El curioso lector debe consultar la interesantísima publicación de Manuel Fernández Alvarez *Carlos V. Memorias* (Madrid, 1960).

gar las herejías y reformar la Iglesia. Y juro, por Dios que me crió
y por Cristo su Hijo que nos redimió, que ninguna cosa de este
mundo tanto me atormenta como es la secta y herejía de Lutero,
acerca de la cual tengo de trabajar para que los historiadores que
escribieren cómo en mis tiempos se levantó puedan también escribir
que con mi favor e industria se acabó; y en los siglos venideros merecía ser infamado y en el otro muy castigado de la justicia de Dios,
si por reformar la Iglesia y por destruir aquel maldito hereje no
hiciese todo lo que pudiese y aventurase todo lo que tuviese *(Crónica
del Emperador Carlos V,* II [Madrid, 1920], 457).

Para sacar sobresaliente ante el tribunal de la posteridad,
tanto nuestro histórico emperador Carlos V como nuestro fic-
ticio don Quijote de la Mancha saben muy bien que el método más directo es modelar la vida como si fuese una obra
de arte.[6] Peto hay más: al tratar nuestro emperador de conci-
liar en su vida y en su política la contradicción entre las aspiraciones medievales y las posibilidades modernas, Carlos V
encarnaba la verdadera esencia del ideal renacentista de armonía universal. Lo cual es otra forma de decir que Carlos V
aspiró a la más noble forma de la vida como obra de arte.

Menciono todos estos hechos sin intención de ahondar en
ellos, sólo de pasada, con el fin inmediato de proveer un telón
de fondo a los ideales y a las acciones de nuestro hidalgo
manchego. La práctica de don Quijote del principio de la imitación de los modelos, y sus esfuerzos para convertir su vida
en una obra de arte, están de consuno con la actitud vital de
Carlos V o con los aforismos estéticos de Giorgio Vasari. Pero
es poco menos que una perogrullada decir que los problemas
que confrontan a don Quijote al tratar de ejercitar su ideal
son propios e intransferibles y nada tienen que ver con la

---

[6] Hay una extrañísima afinidad entre Carlos V y don Quijote de la
Mancha; el emperador se preocupa por *«los historiadores* que [en el
futuro] escribieren cómo en mis tiempos...»*,* y don Quijote, ya en su
primera salida, como hemos visto, piensa «en los venideros tiempos,
cuando salga a luz la verdadera historia de mis famosos hechos, que
el sabio que los escribiere...» (I, II). Quizá todo esto se pueda empezar a explicar por el hecho de que Cervantes nació en 1547, año de
la gran victoria imperial en Mühlberg, en el cenit de las victorias im-
periales, y hasta el año de 1580 en que volvió a España vivió una vida
de activa lucha contra el turco, como Carlos V, y no como Felipe II,
rey de España al regreso del futuro novelista, que vivía arrebujado en
su monasterio de El Escorial.

política imperial o con la estética renacentista. En su caso se trata, más bien, de que son demasiadas y muy heterogéneas las cosas —o circunstancias, como quería Ortega— que le salen al paso como para triunfar en su empresa. Así, por ejemplo, los gigantes tienen una tendencia empecatada a convertirse en molinos de vientos, o bien los airosos castillos a desplomarse al nivel de malolientes posadas, con castellanos de nombres tan poco caballerescos como Juan Palomeque el Zurdo. Claro está que don Quijote encuentra la coartada hecha para explicar estos amilanadores desniveles al recurrir a la intervención de los encantadores, según expuse en el capítulo anterior.

Pero, por fin, llega un momento en que parece que todas las circunstancias se conjugan para favorecer el logro de su sueño. Me refiero al episodio de la penitencia en Sierra Morena, episodio central en todos los respectos, según se verá, de la primera parte. En medio de la soledad de la montaña, alejado de los mundos de los demás, en íntima comunión con la naturaleza, nuestro protagonista se halla en el centro de un escenario pintiparado para levantar en vilo su vida al nivel del arte. Y a ello se entrega, con plena y obsesionada dedicación.

En parte inducido por la soledad de Sierra Morena y en parte por razones más sutiles a las que aludiré más adelante, nuestro caballero decide imitar a Amadís de Gaula, su héroe caballeresco favorito y producto estrictamente artístico. Como exclamará airadamente don Quijote en otra ocasión: «¿Quién más honesto y más valiente que el famoso Amadís de Gaula?» (II, I). En cierto momento de su vida Amadís se había sentido desdeñado y hasta traicionado por su amada Oriana, y con la congoja del perfecto amador se había retirado a las fragosidades de la Peña Pobre a hacer penitencia (*Amadís de Gaula*, II, XLVIII-LII). Esto es precisamente lo que emprenderá don Quijote, mas no sólo como una emulación de conducta, sino también, y ésta es la clave, como una imitación *artística*. Como dice nuestro héroe a su escudero:

No sólo me trae por estas partes el deseo de hallar al loco [Cardenio, de quien trataré más adelante], cuanto el que tengo de hacer en ellas una hazaña con que he de ganar perpetuo nombre y fama en todo lo descubierto de la Tierra; y será tal que he de echar con ella el sello a todo aquello que puede hacer perfecto y famoso a un caballero andante (I, xxv).

A este fin de impeler su vida «a todo aquello que puede hacer perfecto y famoso a un caballero andante», o sea, a convertirla en una obra de arte, ya que sólo en esas tierras se da lo perfecto, don Quijote explica con celo y detalle a su escudero la doctrina renacentista de la imitación de los modelos.[7]

Nos hallamos ante una versión muy personal de la *mimesis* aristotélica, pues en su discurso nuestro caballero mezcla de continuo la estética y la vida. Esto se hace harto evidente desde el introito de su razonamiento, que podría estar tomado de Giorgio Vasari o de cualquier otro tratadista de arte del siglo XVI. Cuando algún pintor quiere salir famoso en su arte procura imitar los originales de los más únicos pintores que conoce. Y la cadena de sus raciocinios la remata don Quijote con el siguiente corolario silogístico: «Siendo, pues, esto ansí, como lo es, hallo yo, Sancho amigo, que el caballero andante que más le imitare [a Amadís] estará más cerca de alcanzar la perfección de la caballería.»

No hay que ser muy lince para ver que don Quijote confunde, adrede sin duda, la imitación artística, plenamente justificada en la pintura, como él mismo nos recuerda, con la emulación de conducta. Un caballero andante normal (si los hubo) trataría de emular la conducta de Amadís, su fortaleza, sinceridad, devoción y demás virtudes ejemplares, pero no trataría de imitar las circunstancias en que se ejecutaron los diversos actos de su vida, y en los que se desplegó tal conducta. Cuando lo que se imita no es más ya el sentido de una vida, sino también, y muy en particular, sus accidentes, nos hallamos con que el imitador quiere vivir la vida como una obra de arte.

Lo que llevó a don Quijote a tomar esta extraordinaria decisión en plena Sierra Morena fue, según lo explica él mismo, un limpio acto de voluntad. Sus acciones, en esta coyuntura, no tienen motivación alguna, y así lo reconoce él, de manera paladina, al admitir que no tenía razón de queja alguna contra Dulcinea del Toboso, como Amadís la tuvo con-

---

[7] El lector bien puede repasar lo ya dicho en las páginas 76-77 de este libro, y refrescarse la memoria de esta manera.

tra Oriana. Al enterarse de la insólita decisión de hacer penitencia que ha tomado su amo, Sancho el cuerdo exclamará:

> Paréceme a mí ... que los caballeros que lo tal ficieron fueron pro-
> vocados y tuvieron causa para hacer esas necedades y penitencias;
> pero vuestra merced, ¿qué causa tiene para volverse loco? ¿Qué
> dama le ha desdeñado, o qué señales ha hallado que le den a en-
> tender que la señora Dulcinea del Toboso ha hecho alguna niñería
> con moro o cristiano?
>
> —Ahí está el punto —respondió don Quijote—, y ésa es la
> fineza de mi negocio; que volverse loco un caballero andante con
> causa, ni grado ni gracias; el toque está en desatinar sin ocasión y
> dar a entender a mi dama que, si en seco hago esto, ¿qué hiciera en
> mojado? (I, xxv).

Por difícil que sea, invito al lector, a guisa de ejercicio
intelectual, a olvidar por un momento la levedad de tono de
estos discursos y a considerar, en abstracto, las implicaciones
morales del acto de don Quijote. A todas luces, le falta en
absoluto la motivación. En este lance es un puro acto de voluntad el que sustenta en vilo a toda su vida. Nada en la realidad justifica su acción o el sesgo que le ha imprimido a su
vida. En la normalidad de los casos, y por lo general, nuestra
voluntad, guiada por nuestra conciencia, apetecerá ciertos objetivos más que otros (la fama sobre el dinero, la honradez
más que el éxito, o bien quizás al revés), y entonces las reservas combinadas de nuestra vida respaldarán a nuestra voluntad a machamartillo. Pero al llegar a esta coyuntura en la
carrera de nuestro caballero andante, esta relación normal ha
sido puesta exactamente del revés: en vez de sustentar los
objetivos de la voluntad con todas las fuerzas del vivir, la
vida de don Quijote, desasida de la realidad, se halla con el
único apoyo de la voluntad. Es algo así como el acróbata de
circo, que por unos instantes sustentará todo el peso de su
cuerpo en precario equilibrio sobre su dedo índice.

A riesgo de subrayar lo archipatente, recordaré que en el
esquema normal de las cosas el cuerpo humano es el que empuja y sustenta al dedo índice, y no al revés. De darse alguna
vez esta última posibilidad, me imagino que los resultados
bien podrían ser calamitosos. Todo esto es un rodeo para
decir que nuestra vida íntegra está arraigada, en forma inconmovible, en el funcionamiento normal de las eternas

relaciones entre sujeto y objeto. Pero con don Quijote en Sierra
Morena, a punto de comenzar su penitencia, parece más bien
como si su voluntad se hubiese convertido en su propio sujeto
y objeto, de la misma suerte que el índice del acróbata de
circo es a la vez su dedo y su sustento corporal. Nos hallamos
ante un caso, único hasta ese momento en los anales literarios, en que la voluntad se ha trascendido a sí misma al anular
la relación normal entre sujeto y objeto.

Para Arthur Schopenhauer, el gran filósofo del Romanticismo alemán, en su obra fundamental *Die Welt als Wille
und Vorstellung* (1819 fue el año de su primera edición, pero
el propio autor la adicionó seriamente para la segunda,
de 1844), la voluntad es lo que está en las raíces de nuestra
persona (libro II). Esto no está muy alejado del viejo concepto escolástico de que la voluntad era una *potentia* del
alma.[8] Pero lo que sigue sí lo está. Porque Schopenhauer considera a la voluntad *(Wille)* como una tendencia ciega, impul-
siva e inconsciente, no como un valor racional *(Wollen)*. Es
una fuerza causal que, a pesar de la tautología, hay que definir
como «voluntad de vivir». Y al llegar a este punto me pregunto hasta qué extremo puede el *Quijote* haber influido en
las cavilaciones de Schopenhauer sobre el tema, ya que sabemos a ciencia cierta que fue ardiente admirador de nuestra
inmortal novela. Es precisamente en *Die Welt als Wille und
Vorstellung* donde dice: «La obra [*Don Quijote de la Mancha*] expresa alegóricamente la vida de todo hombre que no
se satisface, como los demás, con buscar su propia felicidad,
sino que aspira a una meta objetiva, ideal, que se ha apoderado de su pensamiento y de su voluntad, lo que le da, en
este mundo, una actitud muy singular» (III, párrafo 50).[9]

---

[8] No es casualidad ninguna, sino producto de la misma preocupación ambiental, el hecho de que para los mismos años que Cervantes
daba tratamiento artístico al tema de la voluntad, nuestro gran jesuita
Francisco Suárez, el *doctor eximius,* le daba largo tratamiento especulativo en sus *Disputationes Metaphysicae* (1597), en particular en la
disputatio XIX.

[9] La admiración de Schopenhauer por la obra cervantina en su conjunto fue ilimitada. En *Parerga und Paralipomena* (1851), su última
gran obra filosófica, copia a todo lo largo un hermoso soneto de August
Wilhelm von Schlegel, dedicado a la *Numancia,* de Cervantes, con el

No quiero desenfocar del todo este gran tema quijotesco de la voluntad, por ello mis consideraciones sobre Schopenhauer, admirador entusiasta de nuestro inimitable hidalgo manchego. Ajustado el enfoque en la medida en que he podido, vuelvo al aspado hilo de mi historia. Decía que con don Quijote a punto de comenzar su penitencia en Sierra Morena, su voluntad se ha convertido en sujeto y objeto de sí misma. En este momento ha ocurrido un gravísimo quebranto en ·el orden de la vida, porque la consecuencia insoslayable de todo lo antecedente es que ha cesado de existir la relación normal entre causa y efecto. Y el eterno juego reflexivo, de lanzadera, entre causa y efecto es lo que alumbra a nuestra conciencia y le imparte el conocimiento de que una causa determinada provocará un efecto específico. Esto, a su vez, es lo que da sentido, unidad y dirección a nuestras vidas.

Este quebranto de máxima gravedad en el esquema eterno de las cosas es lo que los moralistas modernos llaman *el acto gratuito*. Y con don Quijote haciendo penitencia en Sierra Morena —«en seco», sin causa alguna— nos hallamos confrontados con el primer acto gratuito de la literatura occidental. Por primera vez, al menos en las letras occidentales, un artista se ha lanzado a explorar los problemas y posibilidades que surgen cuando la voluntad de un hombre se ha convertido en su propia conciencia.

Una breve excursión por la historia literaria más moderna nos ayudará a esclarecer algunas de las implicaciones de la acción de don Quijote. Porque no se puede negar que la penitencia de Sierra Morena, vista desde este punto de mira, abrió la caja de Pandora que encerraba los más graves problemas morales de conducta. Debemos recordar, como punto de partida, que nuestra edad moderna —nosotros mismos, ahora, en este momento— ha asignado a los problemas de moral el puesto de privilegio que en épocas anteriores habían ocupado los problemas metafísicos. Y este reajuste de nuestra axiología existencial ha provocado, en consecuencia, el replanteo, en forma radical, del problema del individualismo. Y el individualismo, llevado a su expresión última, exige el acto gratuito.

---

título de *Kopfstimme* (Voz de la Cabeza), y lo adiciona con versos propios que tituló *Bruststimme* (Voz del Corazón).

En mi sentir, el precursor de más talla —en la literatura, se entiende, porque no me permito adentrarme mucho en campos filosóficos— en la compostura intelectual del individualismo fue Fedor Dostoievski, quien introdujo la idea de un hombre-Dios para reemplazar el tradicional concepto de un Dios-hombre. Claro está que no es coincidencia alguna que desde su primera gran novela Dostoievski se aboque a explorar las honduras del acto gratuito, o sea, las posibilidades y consecuencias del actuar humano en libertad absoluta. Cuando Raskolnikov asesina a la vieja usurera en *Crimen y castigo* (1866) nos hallamos ante un acto gratuito, o al menos ésta es la forma en que Raskolnikov quiere que se interprete su acción. Claro está que Raskolnikov, como buen universitario que era, responde a los clarinazos ideológicos más recientes en su época, como las ideas sociales de Marx, o anticipa el concepto de superhombre de Nietzsche. El caso es que cinco años más tarde Dostoievski volvió a la carga y dio más prolongado asedio al problema en *Los endemoniados,* en las interminables pero profundas discusiones de Kirilov acerca de Dios, del suicidio y de una posible autoapoteosis a través de la entrega voluntaria y gratuita a la muerte, tema ya abordado, desde otro cuadrante, en este capítulo (*supra,* pág. 37).

André Gide fue un gran admirador del novelista ruso, y como testimonio nos dejó un buen libro sobre Dostoievski (*Dostoievsky,* 1923), aunque la obra es mejor aún como fuente de estudio acerca del propio Gide.[10] Pero nos dejó, además, otro tipo de tributo acerca de la influencia que Dostoievski ejerció sobre él y al *compromiso* moral de ambos con los problemas del acto gratuito. En *Les Caves du Vatican* (1914), el protagonista, Lafcadio Wluki, es la versión que Gide da del *hombre libre,* tipo humano que cuenta entre sus antepasados literarios con el Julien Sorel de *Le Rouge et le Noir,* de Stendhal —de cuyo abolengo quijotesco dejé cons-

---

[10] Lástima grande que André Gide fuese un extremista vital y estético. Lo primero lo atestigua, entre otras muchas cosas, *L'Inmoraliste* (1902); lo segundo, el hecho de que llegó a opinar que *Los hermanos Karamazov,* de Dostoievski, era la mejor novela del mundo. El propio Dostoievski ya se había encargado de desmentir por anticipado el extremismo estético de Gide en el texto de su *Diario de un escritor,* que campea como lema al frente de estas páginas.

tancia a comienzos de este capítulo—, y con el recién mencionado Kirilov de Dostoievski, y que apunta al Meursault de Camus, el protagonista de *L'étranger* y de quien hablaré de inmediato. Mas antes de seguir adelante quiero mencionar el hecho de que yo no veo ninguna relación entre el *hombre libre* moderno y el *personaje autónomo* que hace su aparición en las letras españolas del Siglo de Oro y cuyo más acabado ejemplo es la discusión entre don Quijote, Sancho y Sansón Carrasco acerca de los méritos relativos de la primera parte de sus aventuras, que ya andaba impresa (II, iii). No encuentro mejor deslinde que la siguiente afirmación: el problema del *hombre libre* es uno de ética, el del *personaje autónomo* es uno de estética.[11]

Lafcadio Wluki, rumano, es hijo bastardo del viejo conde Juste Agénore de Baraglioul. En la línea del ferrocarril de Roma a Nápoles, Lafcadio empuja por la portezuela del tren en plena marcha a un hombre a quien no ha visto en su vida —aunque sí ha aparecido con anterioridad en la novela y se llamaba Amadée Fleurissoire— y comete un asesinato que no le reportará beneficio alguno. Gide, que no Lafcadio, nos insinúa que el joven estaba predispuesto por nacimiento y educación a abrazar las ideas más avanzadas y rebeldes y ha hecho suya una suerte de mística del *acto gratuito*. Se trata de un crimen insensato, desde luego, como el de Raskolnikov, y que Lafcadio, al igual que el personaje de *Crimen y castigo,* tratará de racionalizar, en su coleto, como un acto gratuito. Hay que dejar constancia, sin embargo, que el acto de Lafcadio, gratuito o no, le produce un profundo trastorno, así como el crimen de Raskolnikov le condena a ocho años de prisión en las cárceles de Siberia. Pero el tono de Gide es muy distinto al de Dostoievski, lo que se hace evidente desde el momento en que el novelista francés llamó a su obra una *sotie.*

En años todavía más recientes, Albert Camus —muerto trágicamente en 1960, poco después de haber recibido el Premio Nobel—, que tuvo tempranos resabios de Gide (pienso

---

[11] Como el tema es de subido interés, y me tengo que quedar en su superficie, creo cumplir con mi obligación al indicar al lector la existencia de un gran artículo de Joseph E. Gillet, «The Autonomous Character in Spanish and European Literature», *Hispanic Review,* XXIV (1956), 179-90.

en las relaciones entre *Noces,* 1939, la primera novela de Camus, y *Les nourritures terrestres,* 1897, de Gide), demostró en repetidas ocasiones su propio fervor por Dostoievski, con alguno de cuyos personajes compartió una predilección por el absurdo, que el novelista francés elevó a culto y clave existencial. No es extraño, pues, que Meursault, protagonista, como dije, de su novela *L'étranger* (1942), cometa un asesinato irresponsable, acto en el que los modernos parecen haber cifrado la gratuidad, a exclusión de cualquier otro aspecto. Si se acepta que Meursault, en su abulia y rutina, es un símbolo del hombre y la sociedad de Francia —como lo fue también el ambiente de *La peste,* del mismo Camus, 1947—, es imposible negar la importancia que el *acto gratuito* había adquirido en ciertos sectores del pensamiento europeo. De todas maneras, Camus tuvo la precaución de justificar ideológicamente a Meursault y su acto gratuito en *Le mythe de Sysiphe,* colección de ensayos publicada en el mismo año que la novela, donde, por cierto, en la tercera parte («La création absurde») hay un ensayo sobre «Kirilov». Dentro de la misma línea de *Le mythe de Sysiphe,* y con más profundidad, Camus volvió a la justificación ideológica de *L'étranger* en *L'homme révolté* (1951), donde, por fin, se supera el nihilismo. Y por el momento no hay necesidad de prolongar más esta breve excursión, que ha cumplido con el recorrido mínimo necesario para mis fines actuales.

Me proponía mostrar las diferencias que van del primer acto gratuito, con conciencia de tal, que registra la literatura de Occidente, a sus versiones de hogaño. La característica más evidente en las versiones modernas es que ha desaparecido por completo el sentido ético de la vida, escamoteo ideológico que nuestras generaciones pagan a diario. En un sentido radical, en estas versiones la vida se ha convertido en poco más que en una dimensión de la voluntad del hombre. Así se explica que Raskolnikov y sus congéneres hayan erigido su amoralismo criminal en una nueva suerte de *standard* social. Y el árbitro de esta sociedad fue Friedrich Nietzsche, cuyo *Der Antichrist* (1888) se escribió como primera parte de un grandioso himno anticristiano y amoral que, gracias a Dios, no pasó de proyecto: *Umwerthung aller Werthe,* o sea, *Transmutación de todos los valores.*

¡A qué distancia estamos de las acciones de don Quijote, que no presentaron crimen alguno! Caballero cristiano y ejemplar como lo fue don Quijote de la Mancha, en su vida no hay ni el más mínimo atisbo del *Übermensch* del alemán Nietzsche. En el caso de nuestro hidalgo no hay crimen, pero sí hay error, y esto porque, arrebatado por su deseo imaginativo de vivir la vida como una obra de arte, ha permitido que su voluntad se convierta en autosuficiente. Al ocurrir esto, su conciencia ha quedado arrinconada en el trasfondo de su espíritu, y la voluntad, ya en libertad absoluta, se ha entregado con fruición a los dictados de la imaginativa. Si los sueños de la razón producen monstruos, como quiso el Goya de los *Caprichos,* no son menos deformes las imaginaciones de la voluntad. Ya hemos visto en el capítulo anterior que la lesión de don Quijote estaba en la imaginativa y que se enconaba al contacto con la caballeresca. Vale decir, la voluntad sometida a la imaginativa era ocurrencia casi diaria en la vida de don Quijote, pero con una diferencia esencial: en todas los otras ocasiones el correctivo apropiado no ha faltado nunca, ya sea en la forma de molinos de viento, venteros, encantadores o duques.

Frente a todo esto, y por contrapartida, el episodio de la penitencia en Sierra Morena se singulariza porque, en primer lugar, las circunstancias no podrían haber sido más propicias para vivir la vida como obra de arte. Esto lo insinúa Cervantes, con la acabada descripción de la naturaleza en que hará penitencia don Quijote, y éste lo confirma de inmediato:

Llegaron [amo y escudero], en estas pláticas, al pie de una alta montaña, que, casi como peñón tajado, estaba sola entre otras muchas que la rodeaban. Corría por su falda un manso arroyuelo, y hacíase por toda su redondez un prado tan verde y vicioso que daba contento a los ojos que le miraban. Había por allí muchos árboles silvestres y algunas plantas y flores, que hacían el lugar apacible. Este sitio escogió el Caballero de la Triste Figura para hacer su penitencia; y así, en viéndole, comenzó a decir en voz alta, como si estuviera sin juicio:
—Este es el lugar, ¡oh cielo!, que diputo y escojo para llorar la desventura en que vosotros mesmos me habeis puesto (I, xxv).

Para completar el personaje «artístico» que su imaginativa ha creado, don Quijote considera un deber fingirse loco:

«Como si estuviera sin juicio.» Don Quijote comienza a empinarse a las alturas cimeras de Orlando o de Amadís. Empuja su vida a las alturas del arte: «¡Oh vosotros, quienquiera que seais, rústicos dioses que en este inhabitable lugar teneis vuestra morada, oid las quejas deste desdichado amante, a quien una luenga ausencia y unos imaginados celos han traído a lamentarse entre estas asperezas!» *(ibídem)*. La transmutación de los elementos de la realidad en la lesionada imaginativa de don Quijote es total, al punto que el *apacible lugar* se convierte en *inhabitable lugar,* lleno de *asperezas* y repleto de *imaginados celos.* Y todo se llena con cuidado de elementos mitológicos o literarios que cumplen la función indispensable de crear el telón más adecuado para vivir la vida como una obra de arte: napeas, dríadas y sátiros. Y cuando desenfrena y desensilla a Rocinante, exclama don Quijote: «Libertad te da el que sin ella queda, ¡oh caballo tan estremado por tus obras cuan desdichado por tu suerte! Vete por do quisieres; que en la frente llevas escrito que no te igualó en ligereza el Hipogrifo de Astolfo, ni el nombrado Frontino, que tan caro le costó a Bradamante» *(ibídem)*. Todo es mitología, literatura, arte, desde la despedida a Rocinante —«libertad te da el que sin ella queda»—, que recrea un manido tópico de la literatura epistolar amorosa de la época —así comienzan unos tercetos de Timbrio a Nísida en la *Galatea* del propio Cervantes: «Salud te envía aquel que no la tiene», III—, hasta los repetidos nombres finales del grandioso poema de Ariosto.[12]

No puede caber duda que la imaginativa de don Quijote ha creado las circunstancias más propicias para vivir la vida como obra de arte, como he destacado en primer lugar. Pero, y en segundo lugar, no hay correctivo apropiado, al parecer, a lo que es un evidente error del caballero. Don Quijote no sale deslomado de su penitencia en Sierra Morena, como suele salir de casi todas sus otras aventuras. La ausencia de correc-tivo sí constituiría a la penitencia en episodio único, absolu-

---

[12] Acerca del metamorfoseado tópico de enviar salud quien no la tenía, por estar enfermo de amor —don Quijote no tiene libertad por estar atrapado en las redes del amor de Dulcinea—, puede consultar el lector las notas a mi edición de *La Galatea,* I (Madrid, 1961), 170-71.

tamente insólito en las obras de Cervantes, el novelista *ejemplar*.[13] El hecho es que el castigo de don Quijote de la Mancha está allí, sólo que bien envuelto en una ironía, característica la más propia, quizá, del estilo cervantino.[14] La reprimenda que el autor dirige a su protagonista emboza su mueca irónica en los siguientes términos, que se hallan al final del capítulo XXV, cuando Sancho ha pedido a su amo que haga un par de locuras sobre las que él pueda informar, con conocimiento de causa, a Dulcinea del Toboso, sin incurrir en ningún cargo de conciencia:

> Y desnudándose [don Quijote] con toda priesa los calzones, quedó en carnes y en pañales, y luego, sin más ni más, dio dos zapatetas en el aire, y dos tumbas la cabeza abajo y los pies en alto, descubriendo cosas que, por no verlas otra vez, volvió Sancho la rienda a Rocinante, y se dio por contento y satisfecho de que podía jurar que su amo quedaba loco.

La imagen mental que evocan estas frases provocará, y ha provocado por generaciones, la risa del más curtido, y en esa hilaridad cifra Cervantes su reprobación. La repulsa viene provocada porque don Quijote ha creído que con su vida podía imitar el arte, sin pararse a medir las consecuencias —«daño

[13] Viene bien a cuento recordar algo del prólogo de las *Novelas ejemplares* (1613).: «Heles dado el nombre de *ejemplares,* y si bien lo miras, no hay ninguna de quien no se pueda sacar un ejemplo provechoso; y si no fuera por no alargar este sujeto, quizá te mostrara el sabroso y honesto fruto que se podría sacar, así de todas juntas, como de cada una de por sí. Mi intento ha sido poner en la plaza de nuestra república una mesa de trucos, donde cada uno pueda llegar a entretenerse sin daños de barras.: digo, sin daño del alma ni del cuerpo, por que los ejercicios honestos y agradables antes aprovechan que dañan.» Tocado en clave mucho más solemne el tema llegó a adquirir las grandiosas proporciones de lo que don Américo Castro denominó la «muerte *post errorem*»: Anselmo, en el *Curioso impertinente (Quijote,* I, XXXI); Carrizales, en *El celoso extremeño;* ver Américo Castro, *El pensamiento de Cervantes,* nueva edición ampliada (Barcelona, 1972), capítulo III, «El error y la armonía como temas literarios».

[14] Desde el lema de este libro ya hemos visto cómo Dostoievski definía al *Quijote* como «la ironía más amarga que puede expresar el hombre». Aunque yo prefiero subrayar, en vez de la *amargura* de la ironía cervantina, su simpatía cordial, que libera y enaltece. Por ello es que para Pío Baroja el descubrimiento del humorismo lo hizo Cervantes, y en consecuencia éste no fue un producto del genio anglosajón, como quiso Taine; ver la primer parte de *La caverna del humorismo* (1919).

de barras», dirá Cervantes en el prólogo de las *Novelas ejemplares*—, y que emprender tal imitación justificaba el liberar a su voluntad de su conciencia. Por todo ello, el episodio se redondea con graciosísimo final de capítulo. Los logros de la voluntad de don Quijote —incluidos sus sátiros, dríadas, napeas e Hipogrifos— se desrealizan ante el pinchazo irónico: el héroe, en paños menores, queda expuesto al ludibrio del lector. Por primera y única vez, un héroe caballeresco ha aparecido ante nuestros asombrados ojos «en carnes y en pañales», y esto ha provocado, y provoca, homérica risotada. Es, casi, como si la ironía cervantina hubiese creado un Cid Campeador en alpargatas.[15]

Esta es la primera enmienda o corrección al vuelo de la voluntad de don Quijote y la podríamos llamar al nivel estilístico, en cuanto la ironía es gala del estilo. Pero hay una corrección más, y más seria, desde luego, y la podríamos denominar la enmienda al nivel ideológico. Las consecuencias de las acciones de don Quijote en su momento de festiva penitencia fueron de un tipo harto inesperadas, tanto para él como para el lector. En este sentido, en el hecho de que en toda la obra no hay episodio, aventura ni incidente siquiera que no tenga alguna forma de continuación, el mundo novelístico del *Quijote* es como el antecedente literario de la ley de Lavoisier acerca de la conservación de la materia: nada se pierde, todo se transforma. La repulsa que ha recibido el protagonista no ha sido digna de él, y en última instancia, y bien pensado, tampoco ha sido digna de Cervantes. El ridículo puede ser correctivo, pero malamente puede ser ejemplar, y la ejemplaridad es una de las directrices del arte cervantino, como con toda claridad lo dice en el prólogo a las *Novelas ejemplares,* aunque el bizantinismo crítico todavía se enzarce en polémica al respecto. Por lo tanto, el episodio del acto gratuito —la penitencia en Sierra Morena— tendrá un suplemento ejemplar.

---

[15] Ya he aludido a la ironía como característica de profundo arraigo en el estilo cervantino (*supra,* págs. 71 y 85); ahora creo conveniente anotar que también se ha visto a la ironía como factor diferencial de don Quijote en cuanto héroe, frente a los héroes épicos, trágicos y cómicos, según sostuvo el poeta inglés W. H. Auden en su gran ensayo «The Ironic Hero.: Some Reflections on Don Quixote» (1949).

Sancho Panza abandona la Sierra Morena para ir al pueblo de Dulcinea del Toboso y llevarse el mensaje escrito del amor de su amo, donde, por cierto, don Quijote recae en el tópico de los epistolarios amorosos de la época, y que ya queda mencionado: «El ferido de punto de ausencia y el llagado de las telas del corazón, dulcísima Dulcinea del Toboso, te envía la salud que él no tiene» (I, xxv). Y ya sin cargo de conciencia, Sancho asimismo lleva el testimonio visual de las locuras de su amo. En el camino se encuentra con el cura y el barbero «de su mismo lugar, y los que hicieron el escrutinio y acto general de sus libros» (I, xxvi). Interrogado por ellos, Sancho les cuenta los disparates de su amo: «Quedaron admirados los dos de lo que Sancho Panza les contaba» *(ibídem)*. E incontinenti deciden sacar a don Quijote de la Sierra Morena y llevarle a curar a su pueblo, por engaño, claro está: «Vino el cura en un pensamiento muy acomodado al gusto de don Quijote, y para lo que ellos querían» *(ibidem)*. A este propósito pronto obtendrán la ayuda de Dorotea, quien en su belleza «no es persona humana, sino divina», al parecer de Cardenio (I, xxviii), y que se presta a hacer de «doncella menesterosa», la desvalida princesa Micomicona *(ibídem)*. Y con esto se salva la posible indecencia de que el cura anduviese vestido «en hábito de doncella andante» (I, xxvi) por las fragosidades de Sierra Morena. Todos juntos, esta suerte de comitiva, con el acompañamiento de Cardenio, regresan a las asperezas donde había quedado el penitente don Quijote. Al encontrarle, Sancho se ve obligado a inventar unas paparruchas descomunales y graciosísimas acerca de Dulcinea del Toboso (I, xxxi) para cohonestar un mentido viaje que sólo había realizado en la imaginación.[16] En el curso de esta conversación entre amo y escudero, don Quijote dirá:

[16] El pretendido viaje es tan corto, dada la distancia actual de la Sierra Morena a la aldea de Dulcinea, que don Quijote tiene que recurrir a la intervención de encantadores para explicárselo.: «¿Sabes de qué estoy maravillado, Sancho? De que me parece que fuiste y veniste por los aires, pues poco más de tres días has tardado en ir y venir desde aquí al Toboso, habiendo de aquí allá más de treinta leguas; por lo cual me doy a entender que aquel sabio nigromante que tiene cuenta con mis cosas y es mi amigo (porque por fuerza le hay, y le ha de haber, so pena de que yo no sería buen caballero andante); digo que éste tal te debió de ayudar a caminar, sin que tú lo sintieses» (I, xxxi).

Has de saber que en este nuestro estilo de caballería es gran honra tener una dama muchos caballeros andantes que la sirvan, sin que se estiendan más sus pensamientos que a servilla por sólo ser ella quien es, sin esperar otro premio de sus muchos y buenos deseos sino que ella se contente de acetarlos por sus buenos caballeros (I, XXXI).

A lo que replicará Sancho:

Con esa manera de amor ... he oído yo predicar que se ha de amar a Nuestro Señor, por sí solo, sin que nos mueva esperanza de gloria o temor de pena, aunque yo le querría amar y servir por lo que pudiese.

Esta inesperada respuesta causa la admirada sorpresa de don Quijote. Es obvio que él ha estado pensando y cavilando desde su punto de vista preferido: la caballeresca. Y en consecuencia, a lo que él se refiere es a una antigua y noble forma del amor humano (el humano, no el divino), lo que casi toda la Edad Media conoció con el nombre de *amor cortés* y que, evidentemente, persistía aún en tiempos de don Quijote, a lo que volveré más tarde *(infra,* cap. VII). La respuesta de Sancho ha desabaratado a su amo: el escudero se refiere específicamente al amor divino. La confusión es tal que bien vale la pena copiar el resto de esta parte del diálogo:

—¡Válate el diablo por villano —dijo don Quijote—, y qué de discreciones dices a las veces! No parece sino que has estudiado.
—Pues a fe mía que no sé leer —respondió Sancho.

La verdad, como suele, ha hablado otra vez por boca de los simples: *ex ore stultorum veritas.* Porque lo que Sancho acaba de expresar, en un caso extraordinario de ciencia infusa y con entrañable candidez, es el único verdadero y deseable acto gratuito. En la historia de la espiritualidad española, esa clase de amor divino que Sancho ha tratado de describir se conoce con el nombre de «doctrina mística del amor puro». El más apasionado expositor de dicha doctrina fue San Juan

---

El mundo creado por la lesionada imaginativa de don Quijote tiene, está visto, *todos* los elementos del mundo literario de la caballeresca, ejemplo muy importante que añadir a los otros que estudié en el capítulo anterior, con referencia a su locura y los encantadores.

de Avila, cuyos escritos, como es bien sabido, sirvieron de modelos en muchas ocasiones a Santa Teresa de Jesús.[17] Pero la expresión literaria más directa y perfecta de esa doctrina se encuentra en el famoso soneto anónimo «A Cristo crucificado», contemporáneo aproximado de nuestra novela.[18] Lo copiaré para que no queden dudas acerca de las analogías y hasta de algún eco verbal que se puede hallar en las palabras puestas en boca de Sancho. Y esta analogía no implica para nada un conocimiento mutuo, sino el simple hecho de que ambos textos trabajan desde dentro de una misma tradición de nuestra historia espiritual.

A CRISTO CRUCIFICADO

No me mueve, mi Dios, para quererte,
el cielo que me tienes prometido,
ni me mueve el infierno tan temido
para dejar por eso de ofenderte.
  Tú me mueves, Señor; muéveme el verte
clavado en esa cruz y escarnecido;
muéveme el ver tu cuerpo tan herido;
muévenme tus afrentas y tu muerte.

[17] Son muchísimos los textos de San Juan de Avila que se vienen a los puntos de la pluma para ilustrar lo antecedente. Escojo sólo el siguiente, con el que comienza el sermón *Amarás al Señor Dios tuyo. Domingo XVII después de Pentecostés. En un velo de monja:*

Dice el glorioso doctor San Agustín no muy fuera de este propósito: «Danos, Señor, lo que tú mandares, y manda lo que quisieres.» Mándanos, Señor, que te amemos, danos tú tu amor, y manda lo que tú quisieres, que, si mucho mandas, con tu amor mucho podremos. Y si es ansí que para las cosas muy fáciles hemos menester gracia e ayuda especial de Dios, cuánto más será menester para alcanzar cosa tan alta como es amar a Dios, y no como quiera, sino como las palabras del tema lo significan.

[18] Como no encuentro forma ni tiempo para meterme en estas tan interesantes materias, nuevamente doy por cumplida mi obligación si apunto al lector en la dirección más provechosa, en este caso el admirable libro, ya citado, de Marcel Bataillon *Erasmo y España,* segunda ed. (México, 1966), págs. 754-56, y la bibliografía allí contenida, que omite, sin embargo, el artículo de Leo Spitzer «*No me mueve, mi Dios...»,* Nueva Revista de Filología Hispánica, VI (1953), 608-17.

Muévesme al tu amor en tal manera,
que aunque no hubiera cielo, yo te amara;
y aunque no hubiera infierno, te temiera.
No me tienes que dar porque te quiera;
que aunque cuanto espero no esperara,
lo mismo que te quiero te quisiera.

En estos versos se expresa la única forma propia y verdadera del acto gratuito, no tal como lo había llevado a cabo don Quijote de la Mancha, y algunos desvanecimientos de última hora que ya hemos visto. El soneto describe la verdadera liberación de la relación eterna entre causa y efecto, y Sancho se hace eco de esa doctrina. Al contrario de don Quijote y su más criminal descendencia, como Raskolnikov y parentela, Meursault y compañía, casos en que la voluntad del hombre se convierte en su propia conciencia, en las palabras de Sancho, y en el soneto, nos hallamos ante la cabal explicación de cómo la conciencia del hombre llega a convertirse en la voluntad de sí misma. Y si ésta es la repulsa final del acto gratuito de don Quijote (como lo es sin duda), también debe servir para la más profunda edificación del lector. A pesar de lo que pensaba el gran poeta inglés William Blake, no toda la literatura tiene que ser demoníaca, aunque mejor será citar a este complejísimo poeta, místico y simbólico: «The reason Milton wrote in fetters when he wrote of Angels and God, and at liberty when of Devils and Hell, is because he was a true Poet, and of the Devil's party without knowing it» (*Marriage of Heaven and Hell* [1790], «The Voice of the Devil»).[19]

Esta parte del análisis del concepto de la vida como obra de arte nos ha llevado más bien lejos de la materia inicial. Volvamos al principio del episodio de Sierra Morena, donde dicho concepto se halla mejor expuesto —con seguridad, dada la idoneidad de las circunstancias—, y démosle nuevo rodeo

---

[19] No puedo aguantarme, y citaré un texto más de tan sinuoso poeta, que resume el encuentro verbal entre don Quijote y su escudero que he analizado en las páginas precedentes.: «Both read the Bible day and night, / But thou read'st black where I read white», *The Everlasting Gospel* (1794). No es del todo ocioso recordar que en su época William Blake fue considerado demente.

para examinarlo desde otro punto de vista. Por eso es que a
Wilhelm Dilthey, el embajador de las *Geisteswissenschaften,*
le gustaba decir que *das Leben ist eben mehrseitig:* la vida
es, precisamente, multilateral. Tres siglos antes que el gran
filósofo e historiador alemán de nuesta época, Cervantes había
cimentado todo su universo poético sobre el mismísimo concepto. En consecuencia, multiplicidad de perspectivas es lo
que exige cualquier aproximación a Cervantes, y esta lección
debe ser conminatoria para el crítico.

Queda dicho, y el hecho estará en la memoria de todos,
que don Quijote no es el único loco suelto por la Sierra Morena. También vaga por allí Cardenio, víctima de una locura
de amor y celos análoga a la que atacó a Orlando en la epopeya de Ariosto.[20] Don Quijote y Sancho Panza ven a Cardenio por primera vez a la distancia, corriendo y saltando,
semidesnudo, de roca en roca. Más tarde, un pastor cabrerizo
les contará algo de la historia de Cardenio, y al explicar su
andrajosa apariencia recuerda que «así le convenía [a Carde-
nio] para cumplir cierta penitencia que por sus muchos pecados le había sido impuesta» (I, XXIII).

Poco después, el propio Cardenio aparece de improviso,
«por entre una quebrada de una sierra» (I, XXIII), y momentos

---

[20] La locura de Cardenio es, en consecuencia, de tradición literaria.
En el propio centro de su epopeya Ariosto coloca estas declaraciones
capitales acerca de la demencia de Orlando.: «Chi mette il piè su
l'amorosa pania, / cerchi ritrarlo, e non v'inveschi l'ale; / che non è
in somma amor, se non insania, / a giudizio de' Savi universale. /
E se ben come Orlando ognun non smania, / suo furor mostra a
qualch'altro segnale. / E quale è di pazzi segni più espresso / che,
per altri voler, perder se stesso? // Varii gli effetti son; ma la pazzia
è tutt'una però, che li fa uscire. / Gli è come una gran selva, ove la
via / conviene a forza, a chi vi va, fallire. / Chi su, chi giù, chi qua,
chi là, travia. / Per concludere in somma, io vi vo' dire: / a chi in
amor s'invecchia, oltr'ogni pena / si convengono i ceppi e la catena. //
Ben mi si potria dir.: —Frate, tu vai / l'altrui mostrando, e non vedi
il tuo fallo. — / Io vi risponde che comprendo assai, / or che di
mente ho lucido intervallo: / et ho gran cura (e spero farlo ormai) /
di riposarmi, e d'uscir fuor di ballo; / ma tosto far, come vorrei, nol
posso, / che 'l male è penetrato infin' a l'osso»; *Orlando Furioso,* canto XXIV, estrofas 1-3. La locura de amor de Cardenio también le ha
penetrado hasta los huesos, mientras que la de don Quijote, como es
fingida —«imaginados celos»—, no le pasa de la epidermis.

más tarde empezará a contar su lastimosa historia. Pero sólo previa condición de que no se le interrumpirá por ningún motivo: «Si gustais, señores, que os diga en breves razones la inmensidad de mis desventuras, habeisme de prometer de que con ninguna pregunta, ni otra cosa, no interrompereis el hilo de mi triste historia; porque en el punto que lo hagais, en ése se quedará lo que fuere contando» (I, xxiv). Conviene puntualizar un par de cosas antes de seguir adelante. En la Sierra Morena Cardenio funciona como una especie de *alter ego* de don Quijote, tema al que volveré de inmediato y que Cervantes subraya al presentarle como *el Roto de la Mala Figura*. Además, así como don Quijote aspira a alzar su vida al nivel del arte en la penitencia inaudita que emprenderá de inmediato, el propio Cardenio considera a su vida personal como materia artística. Esto se hace evidente cuando Cardenio empieza a contar su vida, ya que lo hace con viejísimo artificio de la narrativa popular y folklórica. El mismo artificio había usado Sancho en la regocijada y maloliente aventura de los batanes, cuando para detener los bríos de su amo empieza a contarle el cuento de Lope Ruiz, la Torralba y las cabras. Sancho recomienda allí a su amo: «Tenga vuestra merced cuenta en las cabras que el pescador va pasando, porque si se pierde una de la memoria, se acabará el cuento, y no será posible contar más palabra dél» (I, xx). Don Quijote se impacienta vivamente ante la cachaza con que su escudero cuenta su conseja y se sigue este gracioso diálogo:

—Haz cuenta que las pasó todas [las cabras] —dijo don Quijote—; no andes yendo y viniendo desa manera, que no acabarás de pasarlas en un año.

—¿Cuántas cabras han pasado hasta agora? —dijo Sancho.

—Yo ¿qué diablos sé? —respondió don Quijote.

—He aquí lo que yo dije: que tuviese buena cuenta. Pues por Dios que se ha acabado el cuento, que no hay pasar adelante.

—¿Cómo puede ser eso? —respondió don Quijote—. ¿Tan de esencia de la historia es saber las cabras que han pasado, por estenso, que si se yerra una del número no puedes seguir adelante con la historia?

—No, señor, en ninguna manera —respondió Sancho—; porque así como yo pregunté a vuestra merced que me dijese cuántas cabras habían pasado, y me respondió que no sabía, en aquel mesmo instante se me fue a mí de la memoria cuanto me quedaba por decir, y a fe que era de mucha virtud y contento.

—¿De modo —dijo don Quijote— que ya la historia es acabada?
—Tan acabada como mi madre —dijo Sancho (I, xx).[21]

Cuando Cardenio tiende la vista hacia el pasado para empezar a contar su tragedia amorosa, es evidente que ve a su
vida como un producto artístico. De ahí el especial tono que
tiene su comienzo. No menos patente es el hecho de que Cervantes no quiere que pasemos por alto el artificio literario
de que ha hecho uso Cardenio, porque a las palabras del Roto de
la Mala Figura le siguen éstas: «Estas razones del Roto
trujeron a la memoria de don Quijote el cuento que le había
contado su escudero, cuando no acertó el número de las cabras que habían pasado el río» (I, xxiv).

Y empieza Cardenio a contar su historia. Lo malo es que,
en el calor de su relato, menciona de pasada el nombre de
Amadís, y con esto se dispara la imaginativa de don Quijote
—bien sabemos ya que la imaginativa del héroe está activada
por la manía caballeresca—; don Quijote no puede con su
genio e interrumpe a Cardenio:

> ... Acaeció, pues, que habiéndome pedido Luscinda un libro de
> caballerías en que leer, de quien era ella muy aficionada, que era el
> de *Amadís de Gaula*... No hubo bien oído don Quijote nombrar
> libro de caballería, cuando dijo... (I, xxiv).

Para abreviar lo bien conocido, todo termina en una
desaforada zurribanda, en que Cardenio les mide las espaldas
a gusto a amo, escudero y cabrerizo.

He dejado en este breve resumen —no parece tan breve,
sin embargo, por haberme metido en curvas y transversales,

---

[21] Los comentaristas del *Quijote* no han desperdiciado campo tan
feraz para buscar modelos y analogías, y se han remontado a lejanas
ascendencias escritas, y por el otro extremo temporal han llegado a
la tradición oral contemporánea. Que el artificio era de rancia tradición
folklórica lo declara el propio Cervantes, sin embargo. Sancho ha acabado abruptamente su cuento, y apostilla el autor por boca del protagonista: «Dígote de verdad —respondió don Quijote— que tú has
contado una de las más nuevas consejas, cuento o historia, que nadie
pudo pensar en el mundo, y que tal modo de contarla ni dejarla jamás
se podrá ver ni habrá visto en toda la vida, aunque no esperaba yo
otra cosa de tu buen discurso.» No cabe dudar después de estas palabras que don Quijote era tan buen catador de ironías como su creador.

contra el consejo del Maese Pedro— y con toda intención, como debo reconocer, los dos elementos que definirán la inaudita decisión de don Quijote de hacer penitencia en la Sierra Morena a imitación de Amadís de Gaula.[22] La idea de penitencia, desde un principio, va asociada con el nombre de Cardenio, y es este mismo quien introduce el nombre de Amadís. Los dos términos se asocian en el subconsciente de don Quijote —o en su inconsciente, para decirlo con Jung— y así toma cuerpo la idea de imitar la penitencia de Amadís. Lo que la conciencia del caballero andante apreciaba y valorizaba como un acto gratuito queda vulgarizado por el psicoanálisis moderno y reducido a la categoría de una simple asociación de ideas libre y subconsciente.

Dije con anterioridad que hay otro tipo de relación mucho más obvia entre don Quijote y Cardenio, y es la que nos propone el mismo autor al llamar a este último, cuando pisa la escena, el *Roto de la Mala Figura,* así como a don Quijote le llamaba el *Caballero de la Triste Figura.* Es a todas luces evidente, e insisto en ello, que Cervantes quiere que sus lectores acepten a Cardenio como una especie de *alter ego* del hidalgo manchego. Esto está bien claro; lo que es un poco más sutil es el hecho de que por tal procedimiento el autor hace que el episodio de Sierra Morena empiece con un amplio movimiento pendular entre la locura —don Quijote, Cardenio— y la cordura —Sancho, el cabrero—. En consecuencia, tenemos de un lado el polo anormal de los dos locos, que por definición se puede considerar como irracional y absurdo, y por el otro lado el polo normal de Sancho y el cabrero, razonable y sensato.

Pero esta impresión inicial no tarda en desvanecerse. Queda mencionada la paliza que Cardenio propinó a los otros tres personajes. Pues bien, mientras él se aleja, pavoneándose —«se fue, con gentil sosiego»— y victorioso, sus víctimas quedan despatarradas, doloridas y quejosas, hasta que de pron-

---

[22] Recordará don Quijote, ya a punto de comenzar su penitencia: «Una de las cosas en que más este caballero [Amadís] mostró su prudencia, valor valentía, sufrimiento, firmeza y amor fue cuando se retiró, desdeñado de la señora Oriana, a hacer penitencia en la Peña Pobre ... Ansí, que me es a mí más fácil imitarle en esto que no en hender gigantes, descabezar serpientes...» (I, xxv).

to: «Levantóse Sancho, y, con la rabia que tenía de verse aporreado tan sin merecerlo, acudió a tomar la venganza del cabrero» (I, XXIV). Y el desenlace inevitable es que se arma otro zipizape de lamentables proporciones. El lector, alarmado, bien se puede preguntar: ¿qué ha ocurrido con la lógica en esta ocasión? Es evidente que el mundo aparentemente normal de Sancho y el cabrero también está gobernado por lo irracional y lo absurdo.

Esta nota sienta la tónica de todo el episodio de la penitencia de don Quijote en la Sierra Morena, que tendrá lugar de inmediato. Después, por medio de las artimañas del cura, el barbero y Dorotea, don Quijote sale, ufano y engañado, de las serranías, y con esto se cierra el episodio. Pero antes de abandonar la Sierra Morena y salir otra vez al llano manchego se encuentra la comitiva con Andresillo, aquel niño que allá por el capítulo IV don Quijote había encontrado atado a un árbol y a quien zurraba de lo lindo su amo, Juan Haldudo el Rico, hasta que el recién armado caballero andante le socorrió y rescató. Pero todo el mundo recordará que no bien el caballero se marchó, Juan Haldudo volvió a atar a Andresillo al árbol y le atizó más palos que nunca:

—Venid acá, hijo mío; que os quiero pagar lo que os debo, como aquel deshacedor de agravios me dejó mandado.
—Eso juro yo —dijo Andrés—; y ¡cómo que andará vuestra merced acertado en cumplir el mandamiento de aquel buen caballero, que mil años viva; que, según es de valeroso y de buen juez, vive Roque, que si no me paga, que vuelva y ejecute lo que dijo!
—También lo juro yo —dijo el labrador— pero, por lo mucho que os quiero, quiero acrecentar la deuda por acrecentar la paga.
Y asiéndole del brazo le tornó a atar a la encina, donde le dio tantos azotes que le dejó por muerto (I, IV).

Ahora, en las faldas de Sierra Morena, don Quijote quiere que Andrés cuente a los demás viandantes del gran entuerto que él deshizo en aquella ocasión: «No te turbes ni dudes en nada; di lo que pasó a estos señores, porque se vea y considere ser del provecho que dije haber caballeros andantes por los caminos» (I, XXXI). Así lo hace el niño, dando buena cuenta de los nuevos palos entonces recibidos por él, y comenta: «De todo lo cual tiene vuestra merced la culpa» (ibídem). Y termina Andresillo diciendo:

Mas como vuestra merced le deshonró [un villano no tiene honor, aunque sí tiene limpieza de sangre] tan sin propósito [don Quijote actúa en defensa de la justicia y de la propia ley de la caballería, como «desfacedor de agravios y sinrazones» (I, IV)], y le dijo tantas villanías [¿qué otra cosa se dice a un villano?], encendiósele la cólera, y como no la pudo vengar en vuestra merced, cuando se vio solo descargó sobre mí el nublado...» [al igual que Sancho con el cabrero, al comienzo de todo este episodio, cuando Sancho, aporreado por Cardenio, «acudió a tomar la venganza del cabrero» (I, XXIV)].

Cabe preguntarse otra vez: ¿es lógico que Andresillo acuse a su libertador por la paliza recibida? ¿No parece, más bien, que el mundo de Andresillo está gobernado asimismo por lo irracional y el absurdo? Pero lo más significativo de todo esto es que la penitencia de don Quijote queda nítidamente encarnada entre los puñetazos irracionales que Sancho propinó al cabrero (I, XXIV) y la ilógica acusación de Andrés a don Quijote (I, XXXI). Resulta evidente ahora que el acto gratuito de nuestro caballero, que es absurdo por ser inmotivado, se corresponde estrechamente con las reacciones absurdas de Sancho y de Andresillo. Como corolario de todo esto podemos decir que si el mundo de don Quijote está gobernado por la lógica del absurdo, los mundos de Sancho y de Andrés están gobernados por el absurdo de la lógica. Lo que, en sustancia, quiere decir que la distancia que separa el mundo de la demencia del mundo de la cordura es más aparente que real.

Al llegar a esta vuelta del camino conviene tender la vista hacia atrás y ver qué ha pasado con el concepto de la vida como obra de arte, ya que el episodio de la penitencia en Sierra Morena es la culminación del deseo de vivirla como tal. Mucho me temo que el episodio de Sierra Morena no nos da una respuesta cabal y cumplida a nuestra pregunta —¿qué pasa cuando se quiere vivir la vida como una obra de arte?—, aunque sí constituye la mejor ilustración del concepto. Así y todo, creo que no erraré mucho si propongo al lector, a título provisional, la siguiente conclusión: Cervantes, artista al fin y al cabo, no encontraba nada de malo con el concepto de la vida como obra de arte *en sí,* pero no es menos evidente que tenía muy serias reservas mentales acerca del concepto *de por sí.*

Pero el resto de la indagación «capítulo por sí merece».

VI

VIDA Y ARTE; SUEÑO Y ENSUEÑO

Si queremos proseguir nuestra cacería hasta el momento de cobrar la pieza (en nuestro caso la idea, praxis e implicaciones de la vida como obra de arte), debemos seguirle la pista en la segunda parte de la novela. No puede sorprender a nadie que yo afirme que el contexto total de dicha idea es muchísimo más amplio que el episodio de la penitencia en Sierra Morena, que acabamos de estudiar, porque, *sensu stricto,* su desempeño abarca toda la vida de don Quijote de la Mancha. Aunque me apresuro a agregar que no toda la vida del machucho hidalgo de gotera que encontramos en el primer capítulo de la novela. Por todo ello, es en el episodio central de la segunda parte (la cueva de Montesinos, capítulo XXIII), donde se hallarán los principales correlatos a la penitencia en Sierra Morena, todos cargados de la más profunda polisemia. Allí creo yo que acorralaremos y, con buena suerte, hasta cobraremos la pieza objeto de nuestra cacería.

La imaginativa del lector debe quedar alertada desde que se aboca al estudio comparado de ambos episodios por la muy significativa correspondencia que existe entre la cueva de Montesinos y la penitencia en Sierra Morena. Téngase muy en cuenta que éstas son las dos únicas ocasiones en toda la obra en que don Quijote se queda totalmente a solas. No cuenta, desde luego, la primera salida porque antedata a la creación de Sancho.[1] Tampoco cuentan esas pocas ocasiones en que nuestro caballero se queda a solas en medio de nutrida

---

[1] Don Quijote, nuevo Adán, como ya he dicho inducido por otros motivos, se saca a Sancho de una de sus costillas. Cuando el cura y el barbero le encuentran en las faldas de la Sierra Morena presencian este

compañía, como en la venta de Juan Palomeque el Zurdo o en el palacio de los Duques.

En ambas ocasiones de soledad cerrada, el caballero sueña con el mundo perfecto del arte, en la Sierra Morena con sus ojos bien abiertos y en imitación activa del mismo, en la cueva de Montesinos con los ojos cerrados y en imitación pasiva. Y el ensueño despierto ocurre en lo alto de Sierra Morena, expuesto al aire, a la luz y al viento, mientras que el sueño dormido transcurre en lo más hondo, oscuro y recogido de una sima llamada la cueva de Montesinos. Desde de un punto de vista simbólico, la penitencia de Sierra Morena nos muestra un don Quijote que piensa haber elevado su vida a las alturas del ideal artístico. Desde el mismo ángulo de visión, la cueva de Montesinos es donde, efectivamente, don Quijote desciende a la sima del desengaño. La correspondencia de los episodios ha alcanzado el punto de la simetría. No cabe duda: la altura de Sierra Morena se corresponde con simetría de arte y de pensamiento con lo profundo de la cueva de Montesinos —dentro de la segunda parte, el punto simétrico de la profundidad del descenso a la cueva de Montesinos serían las pretendidas alturas alcanzadas en raudo vuelo por Clavileño (II, XLI), pero el paralelo no es del todo exacto, ya que Clavileño nunca abandona el jardín del palacio de los Duques. En este caso, el vuelo es de las imaginativas combinadas de don Quijote y Sancho Panza.[2]

La aventura de la cueva de Montesinos está preparada con máximo celo y cuidado y articulada a la perfección con el resto de la segunda parte. El Caballero del Bosque o de los

---

espectáculo: «Decía esto Sancho con tanto reposo, limpiándose de cuando en cuando las narices, y con tan poco juicio, que los dos se admiraron de nuevo, considerando cuán vehemente había sido la locura de don Quijote, pues había llevado tras sí el juicio de aquel pobre hombre» (I, XXVI). Y todo esto recibe tácita confirmación en la aventura de los cueros de vino, cuando Sancho y don Quijote creen que éste ha cortado la cabeza del gigante Pandafilando de la Fosca Vista, el enemigo de la princesa Micomicona, «como si fuera un nabo». Pero la cabeza no se encuentra por ningún sitio: «Andaba Sancho buscando la cabeza del gigante por todo el suelo ... Y estaba peor Sancho despierto que su amo durmiendo» (I, XXXV).

[2] Nuevo caso de la quijotización de Sancho que agregar a los ejemplos de la nota anterior.

Espejos, en realidad el socarrón del bachiller Carrasco, inventa, para beneficio de don Quijote, unas estupendas pruebas a que pone su amor la dama de sus pensamientos, llamada Casildea de Vandalia:

> Una vez me mandó que fuese a desafiar a aquella famosa giganta de Sevilla llamada la Giralda, que es tan valiente y fuerte como hecha de bronce, y sin mudarse de un lugar, es la más movible y voltaria mujer del mundo. Llegué, vila y vencila, y hícela estar queda y a raya, porque en más de una semana no soplaron sino vientos nortes. Vez también hubo que me mandó fuese a tomar en peso las antiguas piedras de los valientes Toros de Guisando, empresa más para encomendarse a ganapanes que a caballeros. Otra vez me mandó que me precipitase y sumiese en la sima de Cabra, peligro inaudito y temeroso, y que le trujese particular relación de lo que en aquella escura profundidad se encierra. Detuve el movimiento a la Giralda, pesé los Toros de Guisando, despeñéme en la sima y saqué a luz lo escondido de su abismo (II, xiv).

Hay aquí varios aspectos anticipatorios de la aventura de don Quijote en la cueva de Montesinos. Primero: ambos héroes descienden a respectivas simas, la de Cabra en el caso del Caballero de los Espejos, la de Montesinos en el de don Quijote. Segundo: ambos descienden en busca de conocimiento; en el caso de don Quijote se trata de buscar las fuentes de las lagunas de Ruidera y del río Guadiana (I, xviii, xxiii, xxiv). El paralelo se estrecha porque ambos caballeros vuelven con la información deseada. Tercero: el que planta en la imaginativa de don Quijote un descenso a una sima es un bachiller; el que guía al héroe a la cueva de Montesinos, le ayuda en su descenso y en su ascenso es un estudiante y humanista. Cuarto: los disparates que ensarta Sansón Carrasco para ilustrar sus tremendas pruebas de amor no son menores que los que acumula el estudiante-guía en su libro en fárfara *Metamorfóseos o Ovidio español*. Y algunos de estos disparates son comunes a ambos alegres personajes: la Giralda de Sevilla y los Toros de Guisando. No deja de tener interés en este momento recordar que en el *Metamorfóseos* el primo estudiante había averiguado quién había sido la Sierra Morena, y esto en vísperas del descenso de don Quijote a la cueva de Montesinos, como si el propio Cervantes quisiese llamar nuestra atención una vez más a la simetría entre sierra y

cueva que ya he mencionado y que equivale a ver con los ojos
de la imaginación una simetría de desarrollo entre ambas
partes. Pero ya habrá tiempo de volver al estudiante-guía y
su despampanante libro.

La artística forma en que encaja el episodio de la cueva
en la segunda parte la podemos terminar de observar al ras-
trear sus huellas en aventuras posteriores. Dos vienen a la
memoria de inmediato. La primera ocurre cuando don Quijote
se rebaja a la humillante posición de preguntar al mono adi-
vino de Maese Pedro «si ciertas cosas que había pasado en
la cueva de Montesinos habían sido soñadas o verdaderas»
(II, xxv). El segundo ejemplo viene inmediatamente después
de la aventura de Clavileño, cuando Sancho inventa unas es-
candalosas paparruchas acerca de lo que pretendía haber visto
en el cielo durante el supuesto vuelo. Don Quijote, inquieto
por el tamaño descomunal que adquieren las graciosas mentiras de Sancho, le dice al oído: «Sancho, pues vos quereis
que se os crea lo que habeis visto en el cielo, yo quiero que
vos me creais a mí lo que vi en la cueva de Montesinos».
Y no os digo más» (II, xli). Como estos dos ejemplos apuntan al trágico y grandioso tema del anonadamiento de la voluntad de don Quijote, tendré que volver a ellos más tarde.

Hay otro ejemplo mucho más sutil y que sirve para ligar
el episodio del barco encantado al de la cueva de Montesinos.
Al llegar amo y escudero a orillas del Ebro, don Quijote «con-
templó y miró en él la amenidad de sus riberas, la claridad
de sus aguas, el sosiego de su curso y la abundancia de sus
líquidos cristales, cuya alegre vista renovó en su memoria mil
amorosos pensamientos. Especialmente fue y vino en lo que
había visto en la cueva de Montesinos» (II, xxix). La conca-
tenación de ideas en el magín de don Quijote es de trabada
lógica para cualquier hombre de su época. El paisaje bucólico
despierta de inmediato la idea de amor, concepto que sustenta con toda firmeza a la novelística pastoril. La idea de
amor en don Quijote le apunta en la dirección única de Dulcinea del Toboso, y la última vez que la había visto el caballero andante había sido en la cueva de Montesinos.[3]

[3] Es curioso observar que la aventura del barco encantado había
tenido, a su vez, anticipaciones en la imaginativa de don Quijote.

Para su aventura subterránea don Quijote necesita un guía, lo que asocia su experiencia, si pensamos en influencias y en paralelos literarios, al descenso al Averno de Eneas con la Sibila o al viaje infernal de Dante con Virgilio. Pero en forma mucho más característica y concreta, esa misma circunstancia de que hay un guía singulariza a este episodio de todos los demás de la novela, ya que la existencia de un conductor y director coarta el azar, y el azar constituye la razón de ser de todo caballero andante. Por todos estos motivos, el guía de don Quijote merece toda nuestra atención.

Tres días han sido festejados por amo y escudero «como cuerpos de rey» en casa de Basilio y Quiteria. Pone fin a tanta holganza nuestro caballero andante cuando pide se «le diese una guía que le encaminase a la cueva de Montesinos, porque tenía un gran deseo de entrar en ella y ver a ojos vistas si eran verdaderas las maravillas que de ella se decían por todos aquellos contornos» (II, xxii). El guía resulta ser primo del licenciado que había encontrado don Quijote de camino con anterioridad (II, xix) y se trataba de un «famoso estudiante, muy aficionado a leer libros de caballerías» (II, xxii). *Hélas, de la littérature!*, exclamará alguno, y hasta podrá llegar a pensar que nos hallamos ante un burdo artificio cervantino para aparear al guía y a don Quijote, así como en la primera

---

Cuando se abre la segunda parte dialogan nuestro héroe, el cura y el barbero. Don Quijote lamenta la ausencia de caballeros andantes en el mundo moderno, y dice: «Ya no hay ninguno que saliendo deste bosque entre en aquella montaña, y de allí pise una estéril y desierta playa del mar, las más veces proceloso y alterado: y, hallando en ella y en su orilla un pequeño batel sin remos, vela, mástil ni jarcia alguna, con intrépido corazón se arroje en él, entregándose a las implacables olas del mar profundo...» (II, i). Es evidente que al llegar al Ebro y encontrar el barco don Quijote siente el imperativo de declararlo *encantado* por la simple razón de que el barco análogo vivía desde hacía tiempo en su imaginativa. Es caso idéntico al del *encantador* que escribe la primera parte de sus aventuras; el autor de ellas no puede ser otra cosa, ya que el *sabio historiador* vivía en su imaginativa desde el segundo capítulo de la primera parte. Aclaro ahora que algunas de las ideas que he desarrollado en el texto aparecen más en cifra en el capítulo sobre *Don Quijote* que redactamos mi querido amigo E. C. Riley y yo para nuestro libro *Suma cervantina* (Londres, 1973). Más sobre el barco encantado podrá encontrar el lector en las páginas 121 y 193-194 del libro que tiene entre manos.

parte había equiparado a don Quijote (Caballero de la Triste Figura) y a Cardenio (el Roto de la Mala Figura). Que hay algo de esto es innegable, pero creo que conviene sutilizar un poco y ahondar más en la lectura.[4] Bien pronto se hace evidente que el estudiante-guía está tan ahíto de literatura como el caballero andante, y por todos estos motivos constituirá el elemento *culto* en el pequeño auditorio que escuchará el relato de las maravillas que don Quijote vio en el fondo de la cueva. Así y todo, la indigestión libresca ha producido diferentes resultados en estos dos personajes. Todo ello se pone bien en claro en la conversación que entablan los dos camino de la cueva. En el curso de esta charla —contenida en el capítulo XXII— se entreteje un buen número de disparates, cuyos lejanos antecedentes ya hemos visto brotar de labios del Caballero del Bosque *(supra,* pág. 167). Sin embargo, hay un radical contraste entre el disparate erudito del estudiante y el disparate fantástico en que incurrirá poco más tarde don Quijote al narrar su experiencia subterránea. Sólo en una ocasión anterior la imaginativa de nuestro héroe se ha derrochado en más disparatadas invenciones, y es la aventura de los rebaños, al imaginar, con todos sus pelos y señales, dos ejércitos enemigos *(supra,* pág. 126).

Conviene ahora citar al estudiante para enterarnos de las disparatadas metas que ha puesto a su vida. Los libros que él denomina «de gran provecho y no menos entretenimiento para la república» resultan ser uno *De las libreas,* «donde pinta setecientas y tres libreas, con sus colores, motes y cifras»; el *Metamorfóseos o Ovidio español,* del que ya queda dicho bastante, y el más ridículo de todos:

> Otro libro tengo, que le llamo *Suplemento a Virgilio Polidoro,* que trata de la invención de las cosas, que es de grande erudición y estudio, a causa que las cosas, que se dejó de decir Polidoro de gran sustancia, las averiguo yo y las declaro por gentil estilo. Olvidósele a Virgilio de declararnos quién fue el primero que tuvo catarro en

---

[4] El episodio de la cueva de Montesinos ha sido estudiado desde muchos puntos de vista, y lo escrito sobre el tema es más que abundante; una buena bibliografía que le sirva de guía en esta tupida espesura encontrará el lector en el artículo de Helena Percas Ponseti «La cueva de Montesinos», *Revista Hispánica Moderna,* XXXIV (1968), páginas 376-99.

el mundo, y el primero que tomó las unciones para curarse del morbo gálico, y yo lo declaro al pie de la letra, y lo autorizo con más de veinte y cinco autores; porque vea vuesa merced si he trabajado bien, y si ha de ser útil el tal libro a todo el mundo (II, XXII).

Estos disparates constituyen la verdad certificada, y certificada nada menos que por veinticinco autoridades distintas, pero yo creo que se puede decir, sin exageración ni malicia, que el mundo ha reaccionado con bastante indiferencia ante tales problemas. Don Quijote da en el clavo —¿sin querer?— cuando comenta muy poco después, con motivo de ciertos disparates y necedades que ha expresado Sancho: «Hay algunos que se cansan en saber y averiguar cosas, que después de sabidas y averiguadas, no importan un ardite al entendimiento ni a la memoria» (ibídem).[5]

Muy distinto es el caso que nos presentará el disparate imaginativo de don Quijote cuando más tarde, al salir de la cueva, cuenta a la compañía lo que allí había visto. Al narrar lo visto en su visión o sueño, don Quijote ensarta un verdadero disparatario, que se nos presenta como una supuesta mentira, evaluación que subraya Sancho Panza con su actitud escéptica al calificar las afirmaciones de su amo como «los mayores disparates que pueden imaginarse» (II, XXII), y remacha el clavo al decir «que todo fue embeleco y mentira, o, por lo menos, cosas soñadas» (II, XXV).

Ahora bien, los hallazgos librescos del estudiante son una supuesta verdad, lo que se hace claro, a su vez, no sólo por

---

[5] Hasta la sabiduría popular de Sancho Panza está por encima de la seudoerudición del estudiante. Pregunta Sancho al guía y humanista.: «Dígame ahora, ¿quién fue el primer volteador del mundo? —En verdad, hermano —respondió el primo—, que no me sabré determinar por ahora, hasta que lo estudie. Yo lo estudiaré en volviendo adonde tengo mis libros, y yo os satisfaré cuando otra vez nos veamos; que no ha de ser ésta la postrera. —Pues mire, señor —replicó Sancho—; no tome trabajo en esto, que ahora he caído en la cuenta de lo que le he preguntado. Sepa que el primer volteador del mundo fue Lucifer, cuando le echaron o arrojaron del cielo, que vino volteando hasta los abismos» (II, XXII). El tapabocas cervantino al estudiante y humanista está en perfecta consonancia con lo que nos declara el propio Cervantes acerca de sí mismo.: «Naturalmente soy poltrón y perezoso de andarme buscando autores que digan lo que yo me sé decir sin ellos» (I, Prólogo).

el cúmulo de autoridades que cita, sino también por la respetuosa acogida que tienen sus afirmaciones entre los viandantes. Sin embargo, estos disparates eruditos se reciben hoy
con desinterés, porque «no importan un ardite al entendimiento ni a la memoria». Frente a esto tenemos las supuestas
mentiras de don Quijote, que cree haber hablado con héroes
del Romancero y haber visto a Dulcinea encantada. Lo que
dice don Quijote constituye un disparate imaginativo, fantástico y hasta mendaz.[6] Sin embargo, es precisamente este
tipo de disparates el que nos debe plantear unas inquietantes
preguntas. Lo que el hombre imagina, sueña o piensa, ¿es
verdad? Y al no poder ser verdad empírica, entonces ¿qué
tipo de verdad será? [7]

La extraña atracción que la cueva ejerce sobre don Quijote se explica por el nombre de Montesinos, nimbado como
estaba por el prestigio tradicional del Romancero. A su alrededor, como una aureola, brillaban los nombres de Durandarte, Belerma y Roncesvalles. Todos estos nombres se con-
jugaban en la ofrenda póstuma de Durandarte, quien hizo que
su primo Montesinos llevase su corazón a Belerma como última prueba de amor eterno.

Esta era la triste y ejemplar historia que cantaban los
romances épicos. Y conviene subrayar ahora, antes de seguir
adelante, que esa versión altamente idealizada y hasta román-
tica de estas vidas épicas constituía la única forma posible de

---

[6] En su relato de lo visto de las profundidades de la cueva, don
Quijote menciona a Dulcinea encantada:. «Cuando Sancho Panza oyó
decir esto a su amo, pensó perder el juicio, o morirse de risa; que
como él sabía la verdad del fingido encanto de Dulcinea, de quien
él había sido el encantador y el levantador de tal testimonio, acabó
de conocer indubitablemente que su señor estaba fuera de juicio y
loco de todo punto» (II, XXIII).
[7] Hay un interesantísimo texto platónico que puede servir de
apoyo a las preguntas del texto, ya que no de respuesta: «A menudo
habréis oído preguntar a las personas: '¿Cómo se puede comprobar
que en este mismo momento estamos dormidos, y que todos nuestros
pensamientos son sueños; o bien, que estamos despiertos, y hablando
uno con otro en estado de vigilia? Porque todos los fenómenos se
corresponden, y no hay dificultad alguna en suponer que nos hemos
estado hablando ahora en nuestro sueño; y cuando en un sueño ex-
presamos pensamientos que son sólo sueños, el parecido entre los dos
estados es muy sorprendente'», *Teeteto*, 158.

que don Quijote conociese la leyenda de Montesinos, su primo Durandarte y los amores de éste por Belerma. Sólo los romances épicos cantaban esta historia; en el Siglo de Oro no existía otra fuente o versión de ella —con una excepción—, un hecho que bien vale la pena recordar dada la deformación que la leyenda sufrirá en el magín de don Quijote. Y precisamente las razones para esa deformación y el sentido de la misma constituyen el meollo del problema a resolver.

Para cabal claridad de la forma en que la imaginativa de don Quijote efectúa una verdadera *esperpentización* —desde luego, *avant la lettre*— de la tradicional situación épico-romancística, conviene copiar el texto del romance que más se aproxima a lo que don Quijote cree ver en lo hondo de la cueva: [8]

¡Oh Belerma! ¡oh Belerma!   por mi mal fuiste engendrada,
que siete años te serví   sin de ti alcanzar nada;
agora que me querías   muero yo en esta batalla.
No me pesa de mi muerte   aunque temprano me llama;
mas pésame que de verte   y de servirte dejaba.
¡Oh mi primo Montesinos!   lo que yo agora os rogaba,
que cuando yo fuere muerto   y mi ánima arrancada,
vos lleveis mi corazón   adonde Belerma estaba,

---

[8] En el episodio de la cueva, Cervantes pone en boca de Durandarte unos versos de romance.: «¡Oh, mi primo Montesinos! Lo postrero que os rogaba» (II, XXIII). Esto nos apunta hacia las fuentes del episodio en el Romancero, y los cervantistas han puesto esto en claro con afán. Citaré a Diego Clemencín, uno de los primeros y más ilustres, quien anota los versos recién copiados así: «Cervantes, copiando de memoria este pasaje, mezcló en él versos de dos romances antiguos que tratan de la muerte de Durandarte.» Y explica que uno de ellos se halla en el *Cancionero de Romances,* Amberes, sin año, y el otro en el *Romancero historiado* (1579), de Lucas Rodríguez, con cierta originalidad en los dos últimos. La diligencia de Francisco Rodríguez Marín, en nota al mismo pasaje, adujo el romance burlesco de don Luis de Góngora «Diez años vivió Belerma» —su composición la fechó el manuscrito Chacón en 1582; su primera publicación ocurrió en *Flores del Parnaso. Octava Parte. Recopilado por Luis de Medina* (1596)—, pero el romance de Góngora, conocido, casi con seguridad, por Cervantes, se dilata en un amplio discurso en que doña Alda aconseja a Belerma, discurso cargado de misoginia, nota ausente en todo el *Quijote.*

y servilda de mi parte, como de vos yo esperaba,
y traelde a la memoria dos veces cada semana;
y direisle que se acuerde cuán cara que me costaba;
y dalde todas mis tierras las que yo señoreaba;
pues que yo a ella pierdo, todo el bien con ella vaya.
¡Montesinos, Montesinos! ¡mal me aqueja esta lanzada!
el brazo traigo cansado, y la mano del espada:
traigo grandes las heridas, mucha sangre derramada,
los extremos tengo fríos, y el corazón me desmaya,
los ojos que nos vieron ir nunca nos verán en Francia.
Abraceisme, Montesinos, que ya se me sale el alma.
De mis ojos ya no veo, la lengua tengo turbada;
yo vos doy todos mis cargos, en vos yo los traspasaba.
—El Señor en quien creeis El oiga vuestra palabra.—
Muerto yace Durandarte al pie de una alta montaña,
llorábalo Montesinos, que a su muerte se hallara:
quitándole está el almete, desciñéndole el espada;
hácele la sepultura con una pequeña daga;
sacábale el corazón, como él se lo jurara,
para llevar a Belerma, como él se lo mandara.
Las palabras que le dice de allá le salen del alma:
—¡Oh mi primo Durandarte! ¡primo mío de mi alma!
¡espada nunca vencida! ¡esfuerzo do esfuerzo estaba!
¡quien a vos mató, mi primo, no sé por qué me dejara! [9]

Ya insinué con anterioridad que el episodio de la cueva de Montesinos se puede clasificar, de una manera superficial, como una parodia del descenso de Eneas a los infiernos. También se puede decir que es una parodia del paraíso subterráneo que juega papel tan destacado en las leyendas artúricas de la búsqueda del Santo Grial, y que se había afincado en España, a más tardar, con *Las sergas de Esplandián* (1510), de Garci Rodríguez de Montalvo, que Cervantes sí conocía

---

[9] El texto que acabo de copiar es el que incluyó Ferdinand Josef Wolf en su *Primavera y flor de romances* (1856), donde hay varios más; otros, que ya no me importan mayormente, se pueden hallar en el famoso *Romancero* de Agustín Durán (1828-1832), incluido en la *Biblioteca de Autores Españoles*, VIII y XVI, de Manuel Rivadeneyra, unos decenios más tarde, con lo que se ha garantizado su popularidad hasta nuestros días.

(I, vi). Pero la cuestión de los posibles modelos literarios ni me atañe ni me inquieta en la presente ocasión, porque Cervantes, como siempre, renueva de una manera radical el tema al dar un cariz problemático a las experiencias tradicionales. Así, por ejemplo, el episodio, en nuestra novela, se desdobla en dos planos: uno se mantiene anclado firmemente en el lugar común, al igual que lo están Sancho y el estudiante. El otro plano nos llevará, de la mano de don Quijote y su fantasía, mucho más allá de las verdades empíricas. Porque la aventura en sí tiene lugar al otro lado del tiempo, y del espacio, y de la materialidad de las cosas.

Todo esto es de una novedad absoluta en la literatura occidental. En la época de Cervantes se conocía y se practicaba un tipo de novela fantástica que, en su expresión más sencilla, estaba representado por los cuentos de Luciano y sus imitadores —como nuestro español, más viejo que Cervantes, Cristóbal de Villalón— y por las utopías, empezando por la epónima del santo canciller inglés Tomás Moro (1516). Pero estas novelas eran fantásticas precisamente porque se colocaban con cuidado de espaldas a la realidad, como la literatura fantástica lo ha seguido practicando hasta épocas recientes. Para la mente del Renacimiento, al contrario de lo que pasa hoy día, lo fantástico implicaba un divorcio previo de la realidad, y lo mismo ocurría en el siglo XVII, cuando Cyrano de Bergerac fantasea su *Histoire comique des états et empires de la Lune* (1649). Pero aquí, en el *Quijote,* en el episodio de la cueva de Montesinos, realidad y fantasía se dan apoyo mutuo, se complementan y redondean. Así ocurre, por ejemplo, en la discusión acerca de la daga que, según la leyenda, Montesinos utilizó para enterrar a su primo y sacarle el corazón —«Hácele la sepultura con una pequeña daga; / sacábale el corazón   como él se lo jurara»—. Al respecto dice don Quijote: «Respondióme [Montesinos] que en todo decían verdad [los romances], sino en la daga, porque no fue daga, sino un puñal buido, más agudo que una lezna» (II, XXIII).

Sancho Panza, normalmente, tiene dificultad para concebir lo fantástico, aunque para la época de la aventura de Clavileño ya se habrá avezado a su trato, lo que implica un alto grado de quijotización. Pero para la época de la aventura de

la cueva de Montesinos la imaginación de Sancho todavía no
ha remontado vuelo, está muy a ras del suelo, muy «sanchi-
ficada» aún, y con mayor motivo en esta ocasión. Y así contesta, con los pies bien plantados en la firme realidad coti-
diana: «Debía ser el tal puñal de Ramón de Hoces, el
Sevillano», haciendo referencia a un espadero famoso de la
época. Mas don Quijote es quien en esta ocasión aduce
la irrebatible realidad histórica.

> —No sé —prosiguió don Quijote—; pero no sería dese puñalero,
> porque Ramón de Hoces fue ayer, y lo de Roncesvalles, donde acon-
> teció esta desgracia, ha muchos años; y esta averiguación no es de
> importancia, ni turba ni altera la verdad y contesto de la historia.
> —Así es —respondió el primo—; prosiga vuestra merced, señor
> don Quijote; que le escucho con el mayor gusto del mundo.

Es éste un caso en que la realidad de un espadero sevillano actualiza y problematiza la fantasía de la daga o puñal
épico, por lo menos para las criaturas de la ficción. Y como
nuestra lente suele ajustarse a tal perspectiva, todo se problematiza para el lector también.

El hecho de que vamos a ingresar en un mundo totalmente nuevo se subraya con celo por el autor al introducir
un concepto de tiempo casi desconocido por la literatura tradicional, aunque no por el folklore. Todo el mundo recuerda
que hay una discrepancia entre el tiempo que piensa don Quijote haber pasado en la cueva, lo que afirma Sancho y sos-
tiene el estudiante:

> —Yo no sé, señor don Quijote, cómo vuestra merced en tan poco
> espacio de tiempo como ha que está allá bajo, haya visto tantas
> cosas y hablado y respondido tanto.
> —¿Cuánto ha que bajé? —preguntó don Quijote.
> —Poco más de una hora —respondió Sancho.
> —Eso no puede ser —replicó don Quijote—, porque allá me
> anocheció y amaneció, y tornó a anochecer y a amanecer tres veces;
> de modo que, a mi cuenta, tres días he estado en aquellas partes
> remotas y escondidas a la vista nuestra (II, XXIII).

La autoridad de Henri Bergson aclara para nosotros hoy
en día el problema y resuelve la discrepancia, porque el hecho
es que nos hallamos ante un ejemplo clásico de lo que el ilustre filósofo francés llamó *temps* —tiempo exterior, cronoló-

gico, de reloj— y *durée* —tiempo interior, psíquico, no medible por ningún reloj—, sobre los cuales comenzó a montar su sistema filosófico desde su tesis *Essai sur les données immédiates de la conscience* (1889) y que culminó en *L'évolution créatrice* (1907). En la discusión precedente entre amo y escudero Cervantes nos presenta y describe, en forma intuitiva, el encontronazo que don Quijote y Sancho Panza se han pegado en la encrucijada del tiempo cronológico —Sancho Panza— y del tiempo psicológico —don Quijote—. Esto se entiende bien en la actualidad, mas sólo después de la intervención de Henri Bergson, quien, por cierto, ejemplificó a menudo con el *Quijote* en su gran libro sobre *Le rire* (1900).[10]

Para volver a la terminología de Henri Bergson: Sancho Panza piensa y habla de *temps-tiempo,* que es una convención arbitraria que, en sentido radical, cae por fuera de nuestra experiencia, mientras que don Quijote de la Mancha está hablando de *durée-duración,* que es lo que nuestro subconsciente almacena para medir y categorizar nuestras experiencias. Y con el choque polémico de ambos conceptos, sutentados respectivamente y con tesón por amo y escudero, Cervantes ha abierto de par en par la puerta que conduce a la plena vida del subconsciente. La novedad de tal tipo de buceo en la literatura occidental es absoluta. A guisa de ejemplo, y para volver al siglo XVII, creo conveniente y apropiado meditar acerca del hecho de que Blaise Pascal, otro gran filósofo francés, nos precave acerca del hecho de que la costumbre es la

---

[10] El problema del tiempo exterior no interesa en absoluto al hombre medieval, quien ajusta su vida diaria a las campanas de la iglesia al tañer a oraciones —con lo que se interioriza el tiempo nuevamente—, o bien, cerca del amanecer, por el canto de los gallos —«A priessa cantan los gallos e quieren quebrar albores», *Poema de Mío Cid,* verso 235—; el tema del tiempo queda efectivamente relegado por la mente medieval. Así, por ejemplo, Santo Tomás escribió que *Numerus motus secundum prius et posterius,* con lo que la noción de tiempo se arraiga en la de numeración, de movimiento numerado y las cosas movidas; abundan los ejemplos: consultar, verbigracia, *Summa Theologica, I,* quaest. LXXXVI, art. III, obj. 2. En la filosofía árabe, pienso en Avicena, el tiempo queda totalmente interiorizado, ya que el *antes* y el *después* sólo existen en la inteligencia. Es Cervantes, en el arte, quien nos da la maravilla de un tiempo exteriorizado e interiorizado simultáneamente, aunque en dos personajes distintos.

naturaleza humana, y creemos en números, espacios, movimientos, porque estamos acostumbrados a ellos. Lo mismo con el tiempo; es parte de nuestra naturaleza, se ha hecho parte de nosotros. Y como es una de las palabras y principios más primitivos, conocemos el *tiempo* no por la razón, sino por el corazón *(Pensées*, que sus amigos publicaron en forma póstuma en 1669).

La maravilla cervantina consiste, en parte, en el hecho de que nos da el tiempo de la razón, y vuelvo a la terminología de Pascal, encarnado por el estudiante-guía y Sancho Panza, como hace bien claro este ejemplo, cuando don Quijote es descolgado a la cueva:

> Iba don Quijote dando voces que le diesen soga, y más soga, y ellos se la daban poco a poco; y cuando las voces, que acanaladas por la cueva salían, dejaron de oírse, ya ellos tenían descolgadas las cien brazas de soga, y fueron de parecer de volver a subir a don Quijote, pues no le podían dar más cuerda. Con todo eso, se detuvieron como *media hora*, al cabo del cual espacio volvieron a recoger la soga con mucha facilidad (II, XXII).

Con una soga de cien brazas (unos ciento setenta metros) es descolgado don Quijote a la cueva, y con suma lentitud; y ya en el fondo de la cueva le esperan estudiante y Sancho por espacio de algo así como media hora, y luego le izan, con rapidez primero y con más lentitud al llegar a las ochenta brazas (unos ciento treinta metros) y sentir peso. El tiempo de la razón invertido en esta operación fue, evidentemente, «poco más de una hora», como contestó Sancho a su amo en el ejemplo copiado con anterioridad. Que éste es el «tiempo de la razón» lo hace bien patente el autor al darnos él, y no los personajes, las suficientes alusiones temporales como para que todos compartamos la conclusión de Sancho: don Quijote estuvo en la sima «poco más de una hora».

Mas nuestro héroe, al llegar a la superficie, está dormido como un leño:

> No respondía palabra don Quijote; y sacándole del todo, vieron que traía cerrados los ojos, con muestras de estar dormido. Tendiéronle en el suelo y desliáronle, y, con todo esto no despertaba; pero tanto le volvieron y revolvieron, sacudieron y menearon, que al cabo de un buen espacio volvió en sí, desperezándose, bien como si de algún grave y profundo sueño despertara (II, XXII).

No cabe duda que los sueños son intransferibles, lo que con distintas palabras ya aseveró Aristóteles al decir que «los sueños no se perciben con los sentidos» (De Somniis, I). De allí la pesadilla moderna de que dos personas dormidas en camas contiguas compartan el mismo sueño. Lo individuo se ha dividido y el hombre pierde así todo rasgo de su personalidad. Estas reflexiones me las provoca el hecho, evidente por lo demás, de que el sueño de don Quijote es su creación libre, absoluta e intransferible, al punto que la razón de los otros no le puede hacer mella alguna. Consecuencia insoslayable: el tiempo que vive don Quijote en su sueño es lo que un medio siglo más tarde Pascal llamaría «el tiempo del corazón». De allí la oposición radical y categórica entre el soñador y sus espectadores. Para mayor claridad recurriré ahora a la terminología de Miguel de Unamuno, quien a lo largo de unos cuarenta años luchó con los conceptos de sueño de soñar y sueño de dormir, aunque ya en Poesías (1907) trató de las diversas clases de sueños. El sueño de soñar es bueno; el sueño de dormir es malo. O bien todo puede ser al revés, según prime el Unamuno contemplativo o el Unamuno agonista.

El quijotismo indudable de Unamuno excusará, espero, este breve rodeo que acabo de dar. El caso es que en su sueño de soñar don Quijote ha estado en la cueva de Montesinos por tres días. Para recoger de una vez la redada terminológica que ha quedado desparramada por estas páginas, podemos decir que los tres días con que ha soñado don Quijote equivalen al temps du coeur-tiempo del corazón de Pascal, o a la durée-duración de Bergson. Mas los circunstantes, el estudiante y Sancho, sólo pueden tener la atención fija al sueño de dormir de don Quijote, su temps de la raison-tiempo de la razón, según Pascal, o bien su temps-tiempo en la terminología de Bergson. Nadie puede penetrar el sueño de soñar de otra persona, es imposible de toda imposibilidad, a menos que el soñador dé su venia, como ocurre al final de la misma aventura que comentamos. Por consiguiente, los espectadores del sueño de dormir de don Quijote sólo pueden dar la medida temporal de éste, ya que es la única forma del sueño de nuestro héroe que pueden conocer. El veredicto de los circunstantes se presenta como inapelable —«poco más de una hora»—, lo que reafirma Sancho Panza al decirle a su amo:

«Perdóneme vuestra merced, señor mío, si le digo que de todo cuanto aquí ha dicho, lléveme Dios, que iba a decir el diablo, si le creo cosa alguna» (II, XXIII).

Con toda intención he alternado mi enfoque crítico al estudiar la discusión de los personajes acerca de las dimensiones temporales del sueño de don Quijote, entre autoridades antiguas y modernas. La autoridad de Blaise Pascal nos demuestra que el arte de Cervantes, con la intuición del genio, superó lo más granado del pensamiento especulativo de aquella época. Con aducir a Henri Bergson y a Miguel de Unamuno se demuestra que la vitalidad del pensamiento creativo de Cervantes le hace llegar intacto a nuestros días. Y por aquí nos podemos remontar a temas como el de la actualidad de Cervantes y a la necesidad perentoria que siente cada nueva generación de buscar nuevos don Quijotes y quijotismos. Cervantes siempre estuvo, y lo estará, *a la altura de las circunstancias*. Pero más vale dejar esto intacto por el momento.

Antes de abandonar este aspecto de la disputa de amo y escudero, quiero citar a una última autoridad, la más moderna y polémica, la de Jean-Paul Sartre, el filósofo del existencialismo francés. El texto no fue escrito a propósito del *Quijote,* pero le viene como anillo al dedo, con lo que queda remachado el tema de la actualidad de Cervantes, por si alguien lo dudase al leer mis afirmaciones:

> El sueño no es la ficción tomada por la realidad; es la odisea de una conciencia dedicada por sí misma, y a pesar de sí misma, a crear sólo un mundo irreal. El sueño es una experiencia privilegiada que nos puede ayudar a concebir lo que una conciencia podría haber sido de haber perdido su «ser en el mundo» (*Psychologie de l'imagination,* 1950).

La cita de Sartre no tiene desperdicio en relación a nuestro análisis del episodio de la cueva de Montesinos. Insisto en que no fue escrita con motivo de Cervantes ni de su *Don Quijote,* lo que no quita que deba yo volver a ella más adelante.

Hora es de recordar que durante toda la aventura de la cueva don Quijote está solo. Y creo necesario insistir en lo extraordinario de tal circunstancia. Si el *Quijote* es la más grande novela-diálogo que se ha escrito, según creo yo, es, precisamente, porque el autor concibe el diálogo como *situación* vital del hombre, y no como forma artística; Hamlet, a pesar de ser personaje dramático, se define en el monólogo, donde se expresa a sí mismo, y a solas, sus dudas sobre el ser y el existir. Don Quijote, hasta casi el declinar de su carrera de caballero andante, no tiene dudas de ningún orden, por consiguiente se define en el diálogo, y muy en particular en el diálogo con su escudero. (No olvidemos que el ruso Turguenev en su ya citado ensayo sobre *Hamlet y Don Quijote* definió al primero como la Duda, y al segundo como la Fe.) Pero claro está que la soledad del protagonista da al traste con cualquier posibilidad de diálogo. Por eso, don Quijote no queda solo nunca en escena, salvo las tres excepciones ya dichas: primera salida del héroe, penitencia de Sierra Morena y cueva de Montesinos. En la primera salida la soledad es forzosa por la inexistencia de Sancho Panza, y no es casualidad que nuestro héroe, entonces y no después, monologue: «Yendo, pues, caminando nuestro flamante aventurero, iba hablando consigo mesmo y diciendo ...» (I, ii). En cuanto al episodio de la penitencia en Sierra Morena, ya quedan expuestos los muy concretos principios artístico-ideológicos a que obedece. Tenemos en lo que acabo de exponer otro rasgo que añadir a la creciente singularidad del episodio de la cueva de Montesinos: su aparente falta de principios rectores en el campo ideológico. Desde el punto de vista artístico ya hemos visto algo de la excelente labor de soldadura con otros episodios de la segunda parte que Cervantes llevó a cabo. Y como no quiero dejar pasar la ocasión, debo ahora puntualizar que la más ahincada soledad de don Quijote es siempre, y en el más literal y poético de los sentidos, una *soledad sonora*.

Allá en lo más profundo de la cueva de Montesinos, don Quijote se queda a solas con su mundo, ese mundo que él ha creado tan voluntariosamente, *ex nihilo* —como debe ser—, y cuya integridad él defiende con el celo del taumaturgo. Allí tiene, por fin, la oportunidad y el vagar suficientes como para mirar detenidamente a su mundo por dentro. Tal ocupación le ha sido negada hasta el momento, ante el asedio continuo que sufre su mundo a manos de huéspedes indeseables y de realidades indeseadas. Pero en esta ocasión, la cueva

—símbolo freudiano de la seguridad del seno materno, dirán algunos—, sirve de aislante y de refugio, y entonces don Quijote puede descuidarse, descansar y escudriñarse. Su odisea se ha detenido por una hora —¿o por tres días, como quiere él?—, y se pinta éste como el momento más apropiado para tomarle el pulso a su imaginativa.

No deja de llamar la atención el hecho de que en su protegida soledad, don Quijote se dedica a soñar. Hasta cierto punto, esto no es nada nuevo, pues don Quijote ha soñado despierto siempre, como en la penitencia de Sierra Morena, cuando con los ojos bien abiertos se sueña un nuevo Amadís en una nueva Peña Pobre. Pero entonces se trataba de sueño de soñar, para usar la terminología tan grata a Unamuno, mientras que aquí, en el fondo de la cueva, se trata de sueño de dormir, mas un sueño de dormir con ensueños. Ahora nuestro héroe se sueña a sí mismo despierto: no sueña despierto, sino que sueña con la vigilia. Y aquí bien vale recordar, por lo que vendrá, parte del texto de Platón en su *Tel teto,* que cité con anterioridad: «El parecido entre los dos estados [sueño y vigilia] es muy sorprendente» *(vide supra,* pág. 172).

Estas últimas circunstancias me permiten hacer ciertas observaciones previas. La creencia común y tradicional era que el sueño implicaba una abdicación temporaria de la voluntad al punto que se llegaba a suponer que durante el sueño el alma se separaba del cuerpo, que para mí es el tipo de abdicación más completo que cabe imaginar. Así es como nos presenta los sueños, antes de 1426, año de su muerte, el Arcediano de Valderas, Clemente Sánchez de Vercial, en su *Libro de los Enxemplos,* donde tiene el número 71. Y los eruditos saben muy bien que la obra de Sánchez de Vercial no es más que una recopilación de textos bastante bien difundidos en el Occidente latino. Desde otro ángulo de visión muy ajeno al Occidente latino, pero que tuvo gran fermento en la España de la época de Cervantes, tenemos testimonio de análoga creencia. Me refiero al Inca Garcilaso de la Vega, ilustre historiador y humanista peruano, mestizo, que murió el mismo año que Cervantes, y que nos dejó una gran historia de los Incas peruanos, sus antepasados y parientes. Allí nos dice que una de las creencias de estos indios era que «el alma salía del cuerpo mientras él [el indio] dormía, y que lo que veía por el mundo eran las cosas que decimos haber soñado» *(Comentarios reales, que tratan del origen de los Incas* [1609], II, vii).

Lo capital de todo esto, de la tradición latino-española y de la incaica, es que en el sueño la actividad consciente de la voluntad se suponía paralizada. En consecuencia, lo que veremos en el sueño de don Quijote será su mundo por dentro, en un momento en que los resortes de la voluntad están en descanso. Y algo sobre lo que no cabe discusión alguna es que lo único que soporta y apoya la estructura de ese mundo es la tensión de su voluntad hercúlea, como he dicho con anterioridad.

Una rápida ojeada más a lo que traía de acarreo la tradición occidental anterior a Cervantes, nos pondrá en condiciones de apreciar mejor los intríngulis del sueño de nuestro héroe en el fondo de la famosa cueva. Por lo pronto, Cicerón en su recurridísimo *Somnium Scipionis* advirtió al hombre medieval y renacentista que los sueños eran productos de nuestros pensamientos recientes, texto que sin nombrar al autor Cervantes recuerda con precisión en el *Persiles*, I, xviii. ¿Y no eran los pensamientos de nuestro héroe, todos sus pensamientos y de siempre, de caballeros y caballerías? Se justifica así el tipo de personajes que pueblan su sueño: todos —con la excepción de Dulcinea— actores en el ciclo de romances carolingios. Y también formaba parte del acervo común la creencia de que los sueños eran expresión de un deseo sumergido o reprimido. El origen de esta creencias remonta a más de un par de miles de años antes de Sigmund Freud, a Platón, nada menos, y a su *República,* 571c. Claro está que no fue un conocimiento directo del texto platónico el que popularizó tales ideas, sino de un comentarista del gran filósofo ateniense, popularísimo en la Edad Media, y que sirvió de puente para que este aspecto al menos, de la filosofía platónica penetrase con garbo en el Renacimiento. Me refiero a Calcidio, que vivió, quizás, en el siglo iv de Cristo, y a su obra *Interpretatio latina partis prioris Timaei Platonici.* Y para que no crea el lector que mi cita de Calcidio es debida a una desesperada búsqueda de pan de trastrigo, le recuerdo que Banquo, el personaje de Shakespeare, que se aparece como fantasma ante los aterrados ojos de su asesino, conocía bien este aspecto de la doctrina platónica acerca de los sueños (*Macbeth*, II, 1, 7). Ahora bien, el deseo reprimido que activa el sueño de don Quijote se explica por la naturaleza de *todos* los personajes que lo pueblan: los héroes épicos apuntan a cierto tipo de deseo reprimido, mientras que la sorprendente visión de Dulcinea, la Emperatriz de la Mancha, se explica si tenemos en cuenta que la última vez que la vio don Quijote, los encantadores —o Sancho Panza— la habían transformado en una maloliente y grosera aldeana que hedía a ajos.

Y no creo que haya necesidad de más coordenadas. No puede caber duda que lo que nos brinda la aventura de la cueva de Montesinos es una verdadera visión del subconsciente —o del inconsciente, si se prefiere la terminología de Jung— de nuestro héroe, tal cual dicho subconsciente se expresa en sueños. Mas no olvidemos la perspectiva histórica: los sueños implicaban en aquella época, entre otras muchas cosas más, una deposición de la voluntad, reproducían nuestros recientes pensamientos y expresaban nuestros deseos reprimidos. No nos olvidemos de estas viejas interpretacions, so pena de hacernos culpables de gravísimo anacronismo. Tras este *caveat* quizá quede más expedito el camino, y puedo seguir con mi explicación. Desfilarán ante nosotros en la lectura una serie de imágenes inconexas, al parecer sin mayor orden ni sentido. Las imágenes, además, recorrerán la gama que va desde las cumbres épicas —o sea, la materia original de los romances de Montesinos y Durandarte—, hasta lo más ordinario y fisiológico de la naturaleza, como en las palabras que siguen, puestas, y ya es indicativo, en boca del épico Montesinos: «No toma ocasión su amarillez [de Belerma, asimismo heroína del Romancero] y sus ojeras de estar con el mal mensil, ordinario en las mujeres, porque ha muchos meses, y aun años, que no le tiene ni asoma por sus puertas» (II, XXIII). Por boca del hablador Montesinos se revela un extraordinario secreto: Belerma es la primera heroína menopáusica del Romancero. Pero una Belerma menopáusica concuerda con un Montesinos viejísimo, según se verá.

No quiero hacer demasiado hincapié en una interpretación freudiana de la literatura, porque estimo que su valor es muy limitado para penetrar en las obras de un pasado más o menos remoto. Pero no quiero dejar de autorizarme con el lenguaje a la moda, y por lo tanto diré que el sueño de don Quijote está constituido por una libre y subconsciente asociación de ideas, que se ven sublimadas en el momento de aflorar a la superficie.

Soy el primero en reconocer que esto nos dice poco y nada, pero trataré de reintegrarlo al marco de todo el episodio de la cueva de Montesinos, para allí buscarle su sentido. Al comienzo del episodio nos hallamos confrontados por dos hechos de realidad empírica, por así decirlo: uno, la existencia del guía, que es además estudiante, y que, por lo tanto, según la costumbre de la época, estaría vestido con su ropaje académico y universitario. Dos, la existencia real en La Mancha de un lugar llamado la cueva de Montesinos, en las lagunas de Ruidera, cerca de la llamada de San Pedro, y cerca del deslinde de las actuales provincias de Ciudad Real y Albacete. En el sueño de don Quijote se lleva a cabo un proceso de libre asociación y de sublimación de estos dos hechos empíricos, y el resultado es que Montesinos aparece con todo el solemne atuendo de un doctor. Así lo describe don Quijote:

> Hacia mí se venía un venerable anciano, vestido con un capuz de bayeta morada, que por el suelo le arrastraba; ceñíale los hombros y los pechos una beca de colegial de raso verde; cubríale la cabeza una gorra milanesa negra, y la barba, canísima, le pasaba de la cintura (II, XXIII).

Debo aclarar, subrayar y reiterar que en la tradición épica de Montesinos no había absolutamente nada que justificase su aparición en el sueño de nuestro héroe vestido de tal guisa, *more academico*. Su vida en el Romancero comienza antes del sastre de Roncesvalles: Montesinos era hijo del conde Grimaltos y de la hija del Rey de Francia. Calumniado Grimaltos por Tomillas, el matrimonio tiene que abandonar París, y en el yermo le sobreviene el parto a la condesa, y un ermitaño bautiza al niño: «Pues nació en ásperos montes Montesinos, le dirán.» Cuando llega Montesinos a los quince años: «Mucho trabajó el buen Conde en haberle de enseñar a su hijo Montesinos todo el arte militar» (romance que empieza «Muchas veces oí decir», en *Silva de varios romances,* 1550). Así adiestrado Montesinos vuelve a París a vengarse del traidor Tomillas, a quien mata de un tremendo golpe en la cabeza con un tablero de ajedrez (romance «Cata Francia, Montesinos», *Cancionero de romances,* Amberes, sin año). Luego siguen los amores de Montesinos con Rosaflorida, narrados en otras dos composiciones del mismo *Cancionero de romances.*[11] Y llegamos al cielo de romances, no todos tradicionales, acerca de la batalla de Roncesvalles, la muerte de Durandarte y la tristísima misión que toca cumplir a su primo Montesinos, que en gran parte ya es materia del sueño de don Quijote.

En esta ocasión Montesinos no aparece, sin embargo, como el brioso paladín que luchó en Roncesvalles, según narraba la tradición, sino como «un venerable anciano ... [de] barba canísima, [que] le pasaba de la cintura». Esta insólita apariencia de Montesinos, convertido casi en carne momia, la explica el sueño de don Quijote por boca del mismo interesado, quien declara a nuestro héroe que llevaban todos más de quinientos años encantados por el sabio Merlín; y termina con estas palabras: «El cómo o para qué nos encantó nadie lo sabe» (II, XXIII). Mas lo que no tiene explicación de ningún tipo en el sueño de don Quijote es la inconcebible vestimenta del paladín Montesinos, *more academico.* La explicación la tenemos que proveer nosotros, y a ello voy. Lo que ha habido es un proceso de contaminación, o de libre asociación, entre los términos *estudiante*-guía y cueva de *Montesinos.* Las características externas de uno se han trasvasado al otro, y si el resultado es un Montesinos anti-tradicional, hay que reconocer que es un Montesinos de perfecto acuerdo con el mecanismo de los sueños.

Una vez que Montesinos pisa la escena, entonces ocurre una nueva y más simple asociación de ideas. En todos los romances de Roncesvalles, Montesinos está íntimamente relacionado con su primo Durandarte, al punto que se les consideraba inseparables. Por lo tanto, el sueño enfoca ahora a Durandarte. Pero éste, a su vez, estaba tradicionalmente asociado con su amor eterno por Belerma. Aparece Belerma, en consecuencia. Y al llegar a este punto en el sueño, con Belerma en

---

[11] Rosaflorida habita en Castilla, en el castillo de Rocafrida, según explica uno de estos dos romances que comienza «En Castilla está un castillo que se llama Rocafrida». El castillo de Rocafrida (llamado de Rochafrida hoy en día) está muy cerca de la cueva de Montesinos, lo que refuerza los disparos imaginativos de don Quijote.

la escena, y con la evidencia física, por lo tanto, del puro e inquebrantable amor que se guardaba con Durandarte, en este momento se le añade el último eslabón a la cadena. La idea de un amor puro, eterno, inquebrantable, penetra hasta el hondón del subconsciente de don Quijote, ya que tales sentimientos están siempre asociados por él con su amor por Dulcinea. Y así aparece en escena Dulcinea. Y con esto el sueño y la aventura llegan a su fin, pero no sin haber descrito antes un circuito completo y perfecto, de la mente de don Quijote al pasado legendario de los romances carolingios, y de ese pasado de vuelta a las más íntimas entretelas del pensamiento de don Quijote, donde su amor ha creado un altar para Dulcinea.

A todo lo largo de esta serie de asociaciones ha ocurrido una interpenetración de lo más original y fértil entre realidad y sueño, entre memoria y subconsciente. Por ejemplo; otra de las sesudas tareas a que se dedicaba el estudiante-guía era a averiguar quién había sido la Giralda, o bien los prehistóricos toros de Guisando, preciosa e inestimable información que enriquecería, en la ocasión, sus varias veces citado mamotreto sobre las *Metamorfóseos o Ovidio español*.[12] Si transportamos al mundo de los sueños este tipo de información pseudoempírica que desasosiega al estudiante, veremos cómo esa misma información es la que preludia, explica y justifica la historia que Montesinos cuenta a don Quijote acerca de Guadiana, escudero de Durandarte, y de Ruidera, dueña de Belerma. Al pasar revista Montesinos a los personajes que están encantados en la cueva, dice así:

La cual [Belerma], con vos [Durandarte], y conmigo, y con Guadiana, vuestro escudero, y con la dueña Ruidera y sus siete hijas y dos sobrinas, y con otros muchos de vuestros conocidos y amigos, nos tiene aquí encantados el sabio Merlín ha muchos años; y aunque pasan de quinientos, no se ha muerto ninguno de nosotros: solamente faltan Ruidera y sus hijas y sobrinas, las cuales, llorando, por compasión que debió tener Merlín dellas, las convirtió en otras tantas lagunas, que ahora, en el mundo de los vivos y en la provincia de la Mancha, las llaman las lagunas de Ruidera; las siete son de los

---

[21] Por lo demás, ya hemos visto (*supra,* pág. 167) cómo la mente creadora de Cervantes había anticipado este mismo tipo de oropeles seudoeruditos en las increíbles pruebas del Caballero del Bosque.

reyes de España, y las dos sobrinas, de los caballeros de una orden
santísima, que llaman de San Juan. Guadiana, vuestro escudero,
plañendo asimesmo vuestra desgracia, fue convertido en un río llamado de su mesmo nombre; el cual cuando llegó a la superficie
de la tierra y vio el sol del otro cielo, fue tanto el pesar que sintió de
ver que os dejaba, que se sumergió en las entrañas de la tierra; pero
como no es posible dejar de acudir a su natural corriente, de cuando
en cuando sale y se muestra donde el sol y las gentes le vean. Vanle
administrando de sus aguas las referidas lagunas, con las cuales, y
con otras muchas que se llegan, entra pomposo y grande en Portugal (II, XXIII).

Un río de la realidad geográfica de España, con características fluviales tales como las describe Montesinos, como el Guadiana, y unas lagunas asimismo reales, como las de Ruidera,
todo se ve explicado en términos cabalmente ovidianos, como
si se tratase de personajes metamorfoseados de la leyenda
carolingia. Y el sueño de don Quijote declara hasta las particu-
laridades más propias y notables del río Guadiana, aunque en
términos de una novedosísima transformación que no llegó a
conocer Ovidio. Estimulada por la memoria, que recuerda te-
nazmente la conversación sobre libros con el estudiante (supra,
páginas 169-1714), y desembarazada de los acosos de la vigilia,
la imaginación de don Quijote acaba de añadir todo un nuevo
capítulo a las Metamorfóseos o Ovidio español que tenía medio
empollado el estudiante-guía, y así lo reconoce éste más tarde.
La cita tendrá que ser, otra vez, larga, pero tendrá la ventaja de explicar por sí misma cómo funcionaban en la mente
cervantina autoridades tales como Platón, Cicerón o Calcidio,
de quienes he dejado testimonio (supra, págs. 182-184). Habla
el estudiante guía, al despedirse de la inmortal pareja:

Yo, señor don Quijote de la Mancha, doy por bien empleadísima la
jornada que con vuestra merced he hecho, porque en ella he gran-
jeado cuatro cosas. La primera, haber conocido a vuestra merced,
que lo tengo a gran felicidad. La segunda, haber sabido lo que se
encierra en esta cueva de Montesinos, con las mutaciones de Guadiana y de las lagunas de Ruidera, que me servirán para el Ovidio
español que traigo entre manos. La tercera, entender la antigüedad
de los naipes, que, por lo menos, ya se usaban en tiempo del emperador Carlo Magno, según puede colegirse de las palabras que vuesa
merced dice que dijo Durandarte, cuando al cabo de aquel grande
espacio que estuvo hablando con él Montesinos, él despertó diciendo:
«Paciencia y barajar.» Y esta razón y modo de hablar no la pudo
aprender encantado, sino cuando no lo estaba, en Francia y en tiem-

po del referido emperador Carlo Magno. Y esta averiguación me viene pintiparada para el otro libro que voy componiendo, que es *Suplemento de Virgilio Polidoro, en la invención de las antigüedades,* y creo que en el suyo no se acordó de poner la de los naipes, como la pondré yo ahora, que será de mucha importancia, y más alegando autor tan grave y tan verdadero como es el señor Durandarte. La cuarta es haber sabido con certidumbre el nacimiento del río Guadiana, hasta ahora ignorado de las gentes (II, xxiv).

Si volvemos ahora a enfocar todo el episodio, veremos que en este caso, así como en tantos otros, la memoria ha acicateado al subconsciente, y el sueño explica y redondea la realidad empírica. Platón había explicado todo esto en un texto precioso, pero que, indudablemente, Cervantes no pudo conocer. Según el filósofo griego al hombre que está soñando o demente le pueden llegar insinuaciones de la razón, pero sólo las puede interpretar cuando en su juicio está despierto *(Timeo,* 72).

Hoy en día, saturados de psicoanálisis como estamos, este tipo de entrecruce ubérrimo entre sueño y realidad, nos puede llegar a parecer casi pueril. Cualquier ama de casa puede recitar casi de corrido la clave de la interpretación de los sueños. Y esta trivialidad indujo al inteligentísimo Ramiro de Maeztu a lamentable error, cuando estampó: «Decidme con lo que sueña una persona y os diré quién es, porque nadie sueña sino con elementos de la realidad y sus combinaciones» *(Don Quijote, don Juan y la Celestina. Ensayos de simpatía* [1926], prólogo). Debo confesar que, llevado por mis idiosincrasias personales, le tengo mucho mayor simpatía a Maeztu que al francés Jean-Paul Sartre, sin embargo, la integridad crítica me obliga a reconocer que éste es un caso en el que, en mi opinión, la razón la lleva el filósofo francés. Pienso en el texto ya transcrito *(supra, pág.* 180), donde Sartre explica que el sueño es la odisea de una conciencia que ansía crear un mundo irreal. Más vale la pena, sin embargo, no anacronizar, y decir, de una vez por todas, que en época de Cervantes, lo que él llevó a cabo en el episodio de la cueva de Montesinos representó extraordinaria audacia, ya que lo que él hizo fue añadir toda una nueva dimensión a la literatura —y, en consecuencia, a la realidad—, al internarse por zonas no abordadas por el arte. De allí que, en este aspecto, Cervantes el artista me resulta superior a Pascal el filósofo, como no pude por menos que barbotar con anterioridad *(supra,* págs. 177-178, 179).

Casi todo lo que llevo dicho hasta ahora ha sido a efectos de poner en cierta perspectiva histórica la interpretación del mecanismo de los sueños. Ahora, si analizamos con un poco más de cercanía y tacto a algunos de los personajes que pueblan el sueño de nuestro héroe, es posible que aprendamos algo más acerca de la verdadera personalidad del soñador. Me apoyo, para esta anticipada conclusión, en textos clásicos ya recordados, asimismo como en uno de Cervantes *(supra,* página 183), que ahora sí vale la pena citar: «los sueños, ... cuando no son revelaciones divinas o ilusiones del demonio, proceden, o de los muchos manjares que suben vapores al cerebro, con que turban el sentido común, o ya de *aquello que el hombre* trata más de día» *(Perfiles,* I, XIII). Y no olvidemos que en el río de la misma tradición clásica boyaba la creencia de que los sueños cumplían deseos taponados por la conciencia del mismo soñador cuando despierto *(supra, ibidem).*

Por consiguiente, todos los lectores quedan sobreaviso acerca de las implicaciones de lo que queda por examinar. En el sueño de don Quijote, Dulcinea aparece encantada, en figura de una tosca y fea aldeana, y no como la hermosísima princesa del Toboso y emperatriz de la Mancha, a que nos tiene acostumbrados la estimativa —¿imaginativa?— del caballero manchego. Será apropiado considerar este simple hecho desde varios puntos de mira —recordemos a Dilthey, «Das Leben ist eben mehrseitig»—, para poder apreciar en conjunto todo su litoral, lo que nos permitirá, además, comprobar el complementario aserto orteguiano de que «la verdad es un punto de vista».

En primer lugar, en la atmósfera de tupido encantamiento que se respira en la cueva de Montesinos puede parecer propio y hasta natural que Dulcinea aparezca encantada. Pero este artificio impide que nadie, ni el propio don Quijote, se pueda acercar a la realidad esencial de Dulcinea, ya que el encantamiento funciona siempre de manera que cambia las apariencias de un objeto o persona de suerte que resulta imposible reconocer su verdadera esencia, como expliqué con más espacio en el capítulo IV. Así como un gigante encantado se transforma en un molino de viento, la encantada Dulcinea es una Dulcinea desrealizada, metamorfoseada, más lejana e intocable que nunca.

En segundo lugar, el hecho de que Dulcinea aparezca encantada es un nuevo ejemplo de cómo la memoria suele espolear al subconsciente. Porque la última vez que don Quijote de la Mancha había visto a Dulcinea del Toboso (II, x), ella estaba encantada —si de eso se trataba— por obra y gracia del socarrón de Sancho Panza. Pero en el mundo del *Quijote* no se permite jugar con las apariencias ni mucho menos con las esencias de las cosas, y así, Sancho, hacia el final de la novela, tendrá que pagar su engaño con tres mil azotes «en ambas valientes posaderas» (II, xxxv). Y esto nos permite una nueva atalaya para contemplar esa admirable taracea artístico-ideológica que es el *Quijote:* la dolorosa, para Sancho, forma de desencantar a Dulcinea le es ordenada —profetizada— por Merlín, el mismo que mantenía encantados en la cueva de Montesinos a toda la caterva de paladines traspirenaicos. Recapacitemos: Dulcinea fue encantada (?) por el arte de birlibirloque de Sancho Panza; reaparece en el mismo estado de encantamiento en la cueva de Montesinos, cuyo tupido y encantado ambiente había sido dictaminado quinientos años antes por el sabio Merlín. En el palacio de los Duques aparece el mismo Merlín para profetizar que el desencantamiento de Dulcinea sólo será función de más de tres mil zurriagazos que Sancho debe propinarse un poco más abajo de las espaldas. Y si nos ponemos serios una vez más, como corresponde, será para comprobar de nueva manera que en el mundo del *Quijote* «nada se pierde, todo se transforma», como nos enseñaron, hace años, que decía la ley del físico Lavoisier.

Y, por último, cabe observar el hecho de que en su sueño, es decir, en su subconsciente, don Quijote acepta sin vacilar el encantamiento de Dulcinea. Recordemos que en aquel trance tan peregrino, a las puertas del Toboso, cuando don Quijote está bien despierto, Sancho le muestra tres labradoras en sendos borricos y le dice que se tratan de Dulcinea y dos damas de su cortejo. Mas don Quijote tarda en ceder al engaño, y comienza por afirmar que la realidad sólo le representa labradoras y borricos. Sólo la labia de Sancho el Empecinado, y la intervención de los empecatados encantadores, hacen que don Quijote eche el pie atrás, mas no sin exclamar, con

la amargura del invidente: «¡Y que no viese yo todo eso,
Sancho! —dijo don Quijote—. Ahora torno a decir, y diré
mil veces, que soy el más desdichado de los hombres» (II, x).

Hay que reconocer una progresiva decadencia, quebrantamiento y abdicación de la voluntad por parte de don Quijote.
Y la cabal medida, la evidencia casi visual de tal bajón, la
dan unas arrogantes palabras que pronunció nuestro héroe,
allá muy a comienzos de la primera parte (I, IV), al retar a los
mercaderes toledanos, texto que se debe recordar ahora:

> Todo el mundo se tenga, si todo el mundo no confiesa que no hay
> en el mundo todo doncella más hermosa que la emperatriz de la
> Mancha, la sin par Dulcinea del Toboso.

La dimensión imperativa de la voluntad de don Quijote
llena ese «el mundo todo», que no se le cae de la boca. Bien
es cierto que esto ocurrió allá en aquella época cuando don
Quijote todavía tallaba el mundo a imagen suya, labrándolo
con el cincel de su voluntad.

Mucho más tarde, cuando la sin par Dulcinea del Toboso
se le aparece —por añagaza de Sancho Panza, claro está—
como una zafia labriega oliente a ajos, esto es lo que dirá
nuestro caballero:

> Sancho, ¿qué te parece cuán mal quisto soy de encantadores? Y mira
> hasta dónde se extiende su malicia y la ojeriza que me tienen, pues
> me han querido privar del contento que pudiera darme ver en su
> ser a mi señora. En efecto, yo nací para ejemplo de desdichados, y
> para ser blanco y terrero donde tomen la mira y asiesten las flechas
> de la mala fortuna. Y has también de advertir, Sancho, que no se
> contentaron estos traidores de haber vuelto y transformado a mi Dul-
> cinea, sino que la transformaron y volvieron en una figura tan baja
> y tan fea como la de aquella aldeana (II, x).

En verdad, el mundo se ha rebelado contra su artífice,
y rehúsa aceptar un orden impuesto por la voluntad. Y más
grave aún, el proceso de desintegración de esa misma voluntad
ha comenzado ya, como indica la resignada pasividad de las
palabras citadas. Esto sólo puede acarrear consigo el derrumbe
de ese mundo que ella había creado, porque, para decirlo con
términos de Schopenhauer, el mundo de don Quijote es la
representación de su voluntad.

Pero don Quijote, caballero ejemplar hasta el final, no se rendirá sin lucha. En su conciencia, cuando su voluntad está tensa y lista para defender la integridad de sus creaciones, en tales oportunidades él rechaza con firmeza la acción de los encantadores, o de cualquier otro tipo de intrusos en su mundo. Por eso es que prorrumpe, momentos antes de hundirse en las profundidades de la cueva de Montesinos, y exclama:

> ¡Oh, señora de mis acciones y movimientos, clarísima y sin par Dulcinea del Toboso! Si es posible que lleguen a tus oídos las plegarias y rogaciones deste tu venturoso amante, *por tu inaudita belleza* te ruego las escuches; que no son otras que rogarte no me niegues tu favor y amparo, ahora que tanto le he menester (II, xxii).

La evidencia visual de aquella tosca y maloliente Dulcinea encantada —cuyo olor de ajos crudos encalabrinó y atosigó el alma del héroe—, que él había visto con sus propios ojos sólo unos capítulos antes, todo eso ha sido voluntariosamente borrado de su pensamiento.

Sin embargo, y a pesar de tan valiente y noble profesión de fe, cuando don Quijote de la Mancha ve a Dulcinea en su sueño se trata de la misma labriega fea y hedionda a ajos, sin rastro de la ponderada e «inaudita belleza». La situación no puede ser más grave, porque esta visión de Dulcinea encantada es el reconocimiento tácito, por parte de don Quijote, de su impotencia para reordenar el mundo. En sueños, su subconsciente ha traicionado la voluntariosa actitud que adopta en la vigilia. Los resortes de la voluntad ya no aciertan a integrar la evidencia visual con la representación ideal.

Es evidente que el encantamiento juega papel principalísimo en este proceso de pulverización de la voluntad de don Quijote, ya que no hay forma de luchar contra el encantamiento propio (parte I), o el de Dulcinea (parte II). Pero conviene no simplificar demasiado las cosas. Don Quijote no depone de inmediato ni su voluntad ni su imaginación (ni el autor su reflexivo humor), al contrario, con las dos muy tensas emprende el héroe la aventura del barco encantado (II, xxix). Esta aventura tiene extrañas concomitancias con la primera parte, en particular con la aventura de los molinos de viento (I, xiii), que interesan destacar ahora.[13] Como en la primera parte, es aquí la voluntariosa imaginativa de don Quijote la que transforma la realidad (molinos = gigantes, aceñas = castillo), pero es ésta la que despatarra al caballero, quien se excusa y reconforta en su fracaso recurriendo como antes a la intervención de encantadores. Hasta aquí, y en lo sustancial, se trata de una ingeniosa variante de la aventura de los molinos de viento: todo empieza con una voluntariosa transformación de la realidad por parte del héroe; esa realidad está constituida por molinos de viento (parte I) o molinos de agua (= aceñas, parte II); el descalabro se justifica con la intervención de encantadores. Al convertir a la terrestre aventura de los molinos de viento en la fluvial escena de las aceñas parece como si Cervantes anticipase esa caballeresca marítima que será, en gran medida, el *Persiles*. Pero, de todas maneras, la aventura del barco encantado está perfectamente articulada dentro del desarrollo en declive de la personalidad de don Quijote en la segunda parte. Compárese el final de ambas aventuras. La de los molinos de viento la cierra el héroe con esta indómita afirmación: «Mas al cabo, al cabo, han de poder poco sus malas artes [de los encantadores] contra la bondad de mi espada» (I, viii). La aventura del barco encantado se cierra con la rendición verbal del caballero: «Dios lo remedie; que todo este mundo es máquinas y tramas, contrarias unas de otras. Yo no puedo más» (II, xxix).

Un paso más en la desintegración de la voluntad de don Quijote se da cuando, a la salida del palacio de los Duques, en campaña rasa, encuentran a una docena de labradores que llevaban «unas imágines de relieve y entabladura» de santos para el retablo de su aldea. Muestran a nuestro héroe las de San Jorge, San Martín, San Diego Matamoros y San Pablo, caballeros andantes de la Iglesia todos ellos. A la vista de las imágenes don Quijote no puede por menos que exclamar:

> Por buen agüero he tenido, hermanos, haber visto lo que he visto, porque estos santos y caballeros profesaron lo que yo profeso, que es el ejercicio de las armas; sino que la diferencia que hay entre mí y entre ellos es que ellos fueron santos y pelearon a lo divino, y yo

---

[13] Desde otros puntos de vista he tratado con anterioridad la aventura del barco encantado, *vide supra,* págs. 121 y 123.

soy pecador y peleo a lo humano. Ellos conquistaron el cielo a fuerza de brazos, porque el cielo padece fuerza, y yo hasta agora no sé lo que conquisto a fuerza de mis trabajos; pero si mi Dulcinea del Toboso saliese de los que padece, mejorándose mi ventura y adobándoseme el juicio, podría ser que encaminase mis pasos por mejor camino del que llevo (II, LVIII).

Lamentables palabras, que denuncian a la voluntad de don Quijote en trance de pulverización, tan doblegada ya que ha producido la desorientación vital. Como dijo Miguel de Unamuno de este episodio: «No hay acaso en toda la tristísima epopeya de su vida pasaje que nos labre más honda pesadumbre en el corazón» *(Vida de don Quijote y Sancho)* [14].

Este progresivo sentimiento de impotencia llevará, indefectiblemente, a esa trágica desilusión que matará al caballero.[15] Pero sólo después de haber hecho renuncia formal a su voluntad con estas emocionantes palabras:

Ya yo no soy don Quijote de la Mancha, sino Alonso Quijano, a quien mis costumbres me dieron renombre de *Bueno.*

Al deponer su nombre, don Quijote ha renunciado a su voluntad.

Esta trágica y feroz desilusión final se anunciaba ya en la cueva de Montesinos, cuando al encontrarse con Dulcinea encantada, ésta le pidió en préstamo seis reales. El tema del desengaño, audible casi en toda la segunda parte, sube aquí su diapasón. Para nuestro caballero esta demanda tiene que

---

[14] Con todo respeto a la memoria del gran bilbaíno, debo expresar mi desacuerdo. La más honda pesadumbre me la causa a mí el pasaje final de la aventura de Clavileño, cuando don Quijote susurra al oído de su escudero.: «Sancho, pues vos queréis que se os crea lo que habéis visto en el cielo, yo quiero que vos me creáis a mí lo que vi en la cueva de Montesinos. Y no os digo más (II, XLI). El caballero quiere ajustar la verdad a un innoble cambalache. Y él había hecho profesión de imponerla con la punta de su lanza, de ser necesario. Don Quijote en una época conoció la verdad más alta de todas, fuera de las de la religión, y así lo proclamó al mundo.: «Yo sé quién soy» (I, v). Pero en la cuesta abajo vital que presenciamos en la segunda parte, don Quijote cree aceptable reducir la verdad al vergonzoso nivel de objeto de trueque. ¡Tristísima situación!

[15] La fisiología de la época explicaba que un exceso de melancolía era mortal, como traté de exponer en el capítulo IV.

haber sido peor que un mazazo, porque indica con claridad
meridiana que la sin par Dulcinea es venal. El ideal del hombre tiene un precio. Y horripila pensar en su baratura. Pero
aún queda más cicuta que tragar: don Quijote no dispone de
los seis reales para prestarle, sólo tiene cuatro. Ocioso será
tratar de hacer resaltar la extrema gravedad de todo esto: por
primera y única vez el ideal hace una demanda explícita a
nuestro caballero andante, y éste no se halla en condiciones de
cumplirla. Ni siquiera en esta escala, la más modesta de todas. Con su voluntad paralizada por el sueño, nuestro héroe
se ha hundido al nivel del hombre, al verse confrontado por
el ideal, riguroso e implacable, como todos y como siempre.
Esta parte del sueño ya no es ni siquiera anti-heroica: es sencilla y horriblemente humana.

En la *República* de Platón, Sócrates llegó a preguntarse
si el ideal se podía realizar en el lenguaje. Y su respuesta
fue negativa (V, 473). Lo abrumador es que el sueño de don
Quijote demuestra que el ideal tampoco es realizable en la
vida. La conclusión es tan inevitable como deprimente.

Conviene ahora enfocar a los otros personajes que pueblan
el sueño del caballero andante, la traída poética de Montesinos, Durandarte y Belerma. En la visión de don Quijote, ellos
están dedicados de lleno a vivir su propia tradición épico-
lírica, a comportarse de acuerdo con la poesía de su leyenda.
El reloj de sus vidas se ha parado, por artes del encantador Merlín, y allí está Belerma en pose de doncella dolorida por casi
toda la eternidad, cuyo amante Durandarte se ha mantenido por
quinientos años en su actitud de muerte, coronada por un supremo sacrificio de amor, mientras que la fidelidad y amistad de
Montesinos se mantiene imperturbable a través de los siglos.
En teoría ellos cumplen el ideal que don Quijote se había
creado para sí mismo, de hacer de la vida una obra de arte.
Cada uno de los protagonistas del sueño se ve a sí mismo como
una criatura de arte, cada uno se ve y se interpreta como un
personaje de leyenda.

Por su parte, don Quijote está más que predispuesto a la
aceptación de todo esto, ya que se trata al fin y al cabo, de
su propia razón de ser. Don Quijote se ha lanzado a vivir la
dimensión épica de la vida, y por una vez, al menos, se encuentra sumergido en un mundo perfectamente acabado, que

al parecer posee todas esas características, de acuerdo con lo
que los romances —el pueblo todo, por consiguiente— venían
cantando por generaciones. En consecuencia, y para realzar
todo esto, el escenario se dispone de la manera más deliberadamente artística e hiperbólica. Como dice don Quijote:

> Me salteó un sueño profundísimo; y cuando menos lo pensaba, sin
> saber cómo ni cómo no, desperté dél y me hallé en la mitad del más
> bello, ameno y deleitoso prado que puede criar la naturaleza ni ima-
> ginar la más discreta imaginación humana... Ofrecióseme luego a la
> vista un real y suntuoso palacio o alcázar, cuyos muros y paredes
> parecían de transparente y claro cristal fabricados; del cual, abrién-
> dose dos grandes puertas, vi que por ellas salía y hacia mí se venía
> un venerable anciano (II, XXIII).

La escena se halla dispuesta así, con boato, arte y cuidado, para representar en ella la dimensión heroica de la vida,
a su nivel propio y verdadero. Parece como si Cervantes hubiese transportado a la literatura, en esta ocasión, la vieja
receta de la homeopatía clásica: *similia similibus*. El escenario se halla, de momento, libre de la sordidez de la vida y
lejos del contacto con los materialismos de este mundo. Situación óptima para hacer de la vida una obra de arte. Pero
hasta ahora se trata de escenario y decoración; cuando el hombre, don Quijote de la Mancha, pisa la escena, él llega con la
voluntad vencida y en bancarrota. Hay dos circunstancias que
coadyuvan a esta trágica condición: en primer lugar, esa tu-
pidad red de irrealidades que sus engañadores tejen y ciñen
a su alrededor, irrealidades con las que resulta imposible
luchar— en el pasado, su propio encantamiento, en el presente,
el de Dulcinea. Es posible, lícito y hasta honroso enristrar la
lanza contra el Caballero de los Espejos, pero es absurdo e
imposible hacer lo propio contra el bachiller Sansón Carrasco. En segundo lugar, hay que recordar que nuestro héroe
está soñando, desposeído, por lo tanto, de la piedra angular
de su voluntad.

Estas dos causas se combinan para quitar al héroe toda la
fuerza necesaria para sostener en alto el ideal. Despierto, don
Quijote de la Mancha no admitiría nunca esa falta de vigor moral, pero su subconsciente sí reconoce esta debilidad trágica,
como se hace evidente por la respuesta que da Durandarte a

Montesinos. Habla éste a la estatua yacente de su primo, y dice:

> Unas nuevas os quiero dar ahora, las cuales ya que no sirvan de alivio a vuestro dolor, no os le aumentarán en ninguna manera. Sabed que tenéis aquí en vuestra presencia, abrid los ojos y vereislo, aquel gran caballero de quien tantas cosas tiene profetizadas el sabio Merlín; aquel don Quijote de la Mancha, digo, que de nuevo y con mayores ventajas que en los pasados siglos ha resucitado la ya olvidada andante caballería, por cuyo medio y favor podría ser que nosotros fuésemos desencantados; que las grandes hazañas para los grandes hombres están guardadas. —Y cuando así no sea —respondió el lastimado Durandarte con voz desmayada y baja—, cuando así no sea, ¡oh primo!, digo, paciencia y barajar (II, XXIII).

Montesinos presenta a don Quijote a la altura del ideal. Mas Durandarte, el caballero legendario, duda seriamente de la eficacia de la acción de don Quijote, el caballero de carne y hueso. Esto no sólo es humillante, es mucho peor que eso, ya que todo ello sólo tiene lugar en el subconsciente de don Quijote. Por lo tanto, éstas no son las dudas de Durandarte, sino las dudas de nuestro héroe acerca de la eficacia de su propia acción. Y la duda *sí* es la más insidiosa parálisis de la voluntad. No en balde Sören Kierkegaard llamá a la duda «astuta trampa»: en ella ha quedado cogido nuestro héroe, como nos lo revela él mismo por medio de su sueño. En este momento de íntima pesadumbre no podemos llamar más al héroe manchego el Caballero de la Fe, como con razón y justicia lo hicieron Turguenev y Unamuno, aunque pensaban en otros momentos de esa noble vida.

Estas son las trágicas y muy particulares circunstancias en que se halla don Quijote al quedarse a solas con sus ideales de vida allá en el fondo de la cueva. Y son estas mismas circunstancias las que se aúnan para desnudar a su ideal de todo sentido, porque ¿qué sentido puede tener un ideal de vida cuando la voluntad está quebrantada? Si Aristóteles dijo que la voluntad es algo libre (*Magna Moralia,* 1.13), la de don Quijote está cogida en la trampa de la duda.

Como en un juego de espejos —un muy profundo y extraordinario juego de espejos—, la vaciedad del ideal se refleja a su vez sobre la vida, y ahora es ésta la que queda desnuda de todo sentido. Y cuando la vida misma está vacía el hombre sólo puede adoptar actitudes huecas, en las que el hombre se convierte en la parodia de sí mismo. En esta aventura Cervantes ha anticipado la ideología y la técnica del *esperpento* de Valle-Inclán. Como los héroes clásicos de que nos hablaba el ciego poeta Max Estrella *(Luces de Bohemia),* don Quijote, en esta ocasión, también se ha paseado ante los espejos cóncavos del Callejón del Gato. Pero la rabiosa conciencia de Valle-Inclán le llevó a crear indignos peleles, como el protagonista de *Los cuernos de don Friolera,* mientras que la imaginación de Cervantes siempre fue más compasiva.

Así y todo, los personajes que pueblan la cueva de Montesinos están totalmente desustanciados, y sólo aciertan a parodiarse a sí mismos, deformados, como también ellos lo están en el subconsciente de don Quijote, por los espejos cóncavos de Max Estrella. Todo esto, ya lo sabemos, es falla de la mente que los sueña —la mente del héroe es el órgano deformador de la escena—, falla que se agrava hasta desvirtuar por entero la auspiciosa disposición inicial de la escena. Piénsese, por ejemplo, en la presentación de Durandarte, el paladín de las gestas carolingias, «tendido de largo a largo», según observa don Quijote, sobre su sepulcro, y repitiendo como un muñeco mecánico los versos que la tradición poética había puesto en sus labios, y que en cierta oportunidad expresaron la tragedia de su vida:

> *¡Oh, mi primo Montesinos!*
> *Lo postrero que os rogaba,*
> *que cuando yo fuere muerto*
> *y mi ánima arrancada,*
> *que llevéis mi corazón*
> *adonde Belerma estaba,*
> *sacándomele del pecho,*
> *ya con puñal, ya con daga.*

Pero no basta con que Durandarte recite estos versos tumbado a la bartola, sino que terminará su discurso con la muy chabacana expresión: «Paciencia y barajar.» La parodia de los heroicos versos de la tradición no podría ser más devastadora, ya que todo se efectúa por boca del propio ex paladín.

O bien, considere el lector a Montesinos, quien describe la ofrenda póstuma de su primo a Belerma, en que la tradición cifró el sentido de toda una vida heroica, como si fuese una operación de curar perniles de cerdo para jamones:

> Yo os saqué el corazón lo mejor que pude, sin que os dejase una mínima parte en el pecho; yo le limpié con un pañizuelo de puntas; yo partí con él de carrera para Francia, habiéndoos primero puesto en el seno de la tierra, con tantas lágrimas, que fueron bastantes a lavarme las manos y limpiarme con ellas la sangre que tenían, de haberos andado en las entrañas; y, por más señas, primo de mi alma, en el primero lugar que topé saliendo de Roncesvalles eché un poco de sal en vuestro corazón, porque no oliese mal, y fuese, si no fresco, a lo menos, amojamado, a la presencia de la señora Belerma (II, xxiii).

Considere también el lector a la propia Belerma, cuya decantada belleza se desdibuja en caricatura: «Era cejijunta y la nariz algo chata; la boca grande, pero colorados los labios; los dientes, que tal vez los descubría, mostraban ser ralos y no bien puestos». Y esta Belerma esperpentizada desfila con sus doncellas por las galerías del palacio cuatro veces, puntualmente, por semana, como si ella y su comitiva fuesen autómatas sincronizados. Y muy en particular, observe el lector la presentación de Dulcinea del Toboso, la sin par, el ideal más excelso de un hombre. La disección caricaturesca de Dulcinea en esta ocasión sólo sirve para acentuar el hecho de que está tan vacía por dentro que nada más le queda que la codicia: todo lo que esta dama pide a su paladín es dinero, y para obtenerlo está dispuesta a empeñar su faldellín.

Estas son sólo algunas de las ridículas características de los personajes del sueño de don Quijote. Pero, en realidad de verdad, la cuestión es mucho más seria que ridícula, ya que todas esas características puestas en haz apuntan a la aterradora ausencia de plenitud en el ideal. Y la conciencia del hombre está dispuesta de tal manera que no puede aceptar ser guiada por fracciones de ideal. De hecho no existe, ni puede existir, un ideal relativo. *Aut Caesar, aut nihil.*

Todos estos diversos aspectos tienen valor sintomático, ya que todos apuntan al hecho de que es don Quijote mismo quien ahora carece de toda sustancia interior. Es el caballero andante quien está totalmente vacío por dentro. Esta es, fuera de duda, la implicación más seria de todo el episodio. Si analizamos el sueño en términos de la mente que lo soñó, llegamos a la triste pero irrefutable conclusión de que esa armadura que con tanto orgullo reviste don Quijote de la Mancha escuda al espectro de sí mismo. Esos cuatro reales, que son todo lo que tiene para dar a Dulcinea, medida escasa de la primera y única demanda del ideal, esa pobreza material es el reflejo directo de su pobreza espiritual. La bancarrota es completa.

No hay que olvidar, sin embargo, que en todo momento estamos hablando de don Quijote en sueños. Vale decir, que hablamos de don Quijote visto por dentro. Don Quijote visto por don Quijote, y por nadie más. Por un momento se nos ha permitido la extraordinaria experiencia de ver la intimidad esencial del hidalgo manchego, en forma imposible de apreciar por sus compañeros o contrincantes. Tenemos ante nuestros ojos, y bien al descubierto, las verdaderas raíces vitales de ese hombre que se hace llamar don Quijote de la Mancha.

El desdoblamiento artístico que tiene lugar en el fondo de la cueva de Montesinos es una pequeña maravilla literaria, que nos presenta el antagonismo entre la materia y el espíritu, entre el don Quijote soñador y el don Quijote soñado. En sus momentos de vigilia, don Quijote coloca el mundo de Montesinos y Durandarte en el pináculo de una perfección total. Y a ese nivel se esfuerza a diario en elevar su vida, al concebirla como una obra de arte. Pero en su sueño ese mismo mundo aparece carcomido y apolillado, sumido al nivel de nuestra propia imperfección e impotencia.

O sea, que el don Quijote soñado demuestra cabalmente la invalidez y la futilidad de las acciones del don Quijote soñador. Porque el sueño imparte un bien claro mensaje: el mundo ideal de la caballería, en el que nuestro hidalgo cree a pies juntillas, y al que ha dedicado su vida, carece de todo sentido. El sueño demuestra que el ideal es un esperpento. Si la epopeya del *Quijote* es, en tantos sentidos, la lucha por la conquista de la verdad, esto ya puede contar como una victoriosa batalla campal.

Como un bisturí, la pluma del artista ha penetrado la concha del hombre exterior, para proporcionarnos uno de esos rarísimos atisbos del hombre interior, que el Occidente contaba en su haber hasta el momento. Nos hallamos ante ese núcleo humano al que sólo San Agustín y Petrarca habían sabido llegar antes de Cervantes. Pero ni el santo ni el poeta transfirieron sus experiencias de autognosis a una criatura de arte como lo hizo el novelista.

Mucho de lo anterior implica una grandiosa paradoja, porque la conclusión insoslayable de lo antecedente es que el don Quijote soñado es más real y más realista que el don Quijote soñador. Este problema crea todo tipo de dudas, que en gran medida, y con mucha anticipación, vio venir Platón cuando escribió en su diálogo *Teeteto* estas palabras que atribuyó a Sócrates: «No hay problema alguno en crear una duda, porque, al fin y al cabo, puede caber duda de si estamos despiertos o en sueño» (158). A lo largo de esta hilada, y muchos siglos después, un inglés contemporáneo de Cervantes, William Shakespeare, dijo lo siguiente:

> *We are such stuff*
> *as dreams are made of, and our little life*
> *is surrounded with a sleep* (The Tempest, IV, 1).

Si así se piensa de Platón a Shakespeare, de inmediato surgen las harto inquietantes preguntas: ¿Qué es la realidad? ¿Qué es la vida? Quizá no quepa claro deslinde entre el sueño y la vigilia, y Sócrates mismo dudó acerca de la posibilidad, con lo cual quedamos abocados a un horrendo problema metafísico. Bien pueden ser las cosas como las presentó Shakespeare, y hasta el mismo Unamuno llegó a aceptar su definición, cuando diferenció entre *sueño de soñar* y *sueño de dormir*.[16] Pero el credo activista y heroico de don Quijote, aun de haber conocido estas definiciones, o proposiciones, las hubiese rechazado de plano.

Porque su sueño se acaba, y los dobles antagónicos, el soñador y el soñado, se reintegran y resumen en uno otra

---

[16] Las palabras citadas del bardo inglés van mucho más allá que la definición calderoniana de que *la vida es sueño,* puesto que para Shakespeare el ser mismo del hombre es un sueño. Claro está que Unamuno eleva esto a potencias insospechadas por Shakespeare. En *Del sentimiento trágico de la vida* (1912) el tema absorbente es que el hombre es sólo un sueño de Dios, y Dios, quizás, es sólo un sueño del hombre. Y angustiosos desarrollos del tema que abundan en la obra del gran vasco.

vez. El don Quijote soñado reingresa al fuero interno del don Quijote que le soñó. Y nuevamente nuestro héroe confronta al mundo con su entereza.

Y es hora de volver a un texto de Jean-Paul Sartre que cité mucho antes en este capítulo, y que para mayor comodidad del lector volveré a citar ahora:

> El sueño no es la ficción tomada por la realidad; es la odisea de una conciencia dedicada por sí misma, y a pesar de sí misma, a crear sólo un mundo irreal. El sueño es una experiencia privilegiada que nos puede ayudar a concebir lo que una conciencia podría haber sido de haber perdido su «ser en el mundo».

Este *ser en el mundo* de un don Quijote que podría haber sido, el que nos revela su sueño en la cueva de Montesinos, no se cumplió, no fue. ¡Demos gracias a Dios por todo el mundo en general, y por nosotros en particular! Demuestra el sueño una total incapacidad, no ya para realizar el ideal, sino hasta para concebirlo con plenitud efectiva y actuante. Pero en su vigilia don Quijote lucha a diario y a brazo partido por alcanzar el ideal.

En esto, precisamente, radica la esencia heroica del quijotismo, y su significado profundamente humano, que lo impone como tema de profunda meditación individual. Tiene que ser evidente para todos el hecho de que este hombre ha reconocido, desde mucho antes de la aventura de la cueva de Montesinos, que su ideal de vida era total y trágicamente inadecuado para vivir en este mundo. Sólo semejante conocimiento previo por parte de don Quijote puede explicar las extrañísimas características de su sueño. Son los lectores los que caen bruscamente en la cuenta de lo que don Quijote guardaba con celo para su coleto. Pero es evidente que tenía que existir conocimiento previo por parte del soñador. La verdadera y secreta medida del conocimiento que don Quijote tenía de su total inadecuación en este mundo nos la proporcionan los detalles ridículos, vulgares y groseros con que su subconsciente ha llenado la heroica leyenda de Montesinos y Durandarte.

Lo que es verdaderamente heroico acerca de esto, y trágicamente humano a la vez, es que don Quijote de la Mancha impide con toda la fuerza de su voluntad que este tipo de datos se cuele hasta llegar a flor de la conciencia. Si esto llegase a ocurrir, su ideal de vida se derrumbaría en el acto, y las ruinas sólo formarían un montón de bufonadas.

Este es el mensaje más íntimo y último del episodio, y su lección aprovechable. Lo que don Quijote ha soñado en el fondo de la cueva es, ni más ni menos, que el sentido de la vida. Como él dice a Sancho y al estudiante, cuando le han izado a la superficie y despertado:

> Dios os lo perdone, amigos, que me habéis quitado de la más sabrosa y agradable vida y vista que ningún humano ha visto ni pasado. En efecto: ahora acabo de conocer que todos los contentos desta vida pasan como sombra y sueño, o se marchitan como la flor del campo (II, xxii).

Verdadera lección de heroísmo profundamente humano, dε quijotismo esencial: saber que la vida es sombra y sueños, pero vivirla como si no lo fuese. El hidalgo manchego, para dejar de serlo, se empeñó en vivir la vida como una obra de arte. Un fuego fatuo que queda trascendido aquí, en alas de un impulso profundamente espiritual y cristalino. El caballero andante ha conquistado una parcela de la verdad; la conquista total sólo ocurrirá en su lecho de muerte.

Hay peligros ínsitos, es evidente, en tratar de vivir la vida como una obra de arte, lo que quedó insinuado en el capítulo anterior y que el análisis del episodio de Sierra Morena espero que haya puesto en perspectiva. Uno de los riesgos consiste en incurrir en el paralogismo de que si una cosa es buena *en sí,* será mucho más buena *de por sí,* lo que es equiparable a convertir un valor relativo en uno absoluto. Pero el riesgo más destacado radica en relegar al olvido el hecho de que si bien el arte es hechura del hombre, el hombre es hechura de Dios. Por lo tanto, tratar de vivir la vida como una obra de arte implica una irremediable confusión de objetivos.

En el grado y hasta el punto en que el protagonista incurre en este serio error apreciativo, es reprendido y castigado como corresponde. Pero si tornamos la vista por última vez en este capítulo al episodio de la cueva de Montesinos, veremos que una vez que el caballero ha sido sacado de la cueva, y ha despertado, y ha pronunciado las ponderadas palabras que acabo de citar, inmediatamente después de todo esto el protagonista volverá a revestir su abollada armadura, y otra vez intentará vivir la vida como una obra de arte, a pesar de que se está anegando en un mar de dudas. Y así seguirá, impertérrito para el mundo, hasta su último día, cuando en su lecho de muerte abdicará a su personalidad artística, por un último y supremo acto de voluntad: don Quijote de la Mancha se convierte a sí mismo en Alonso Quijano el Bueno. Con su último gesto el protagonista ha consumado el sacrificio supremo, el de su identidad: don Quijote de la Mancha; la criatura de arte, debe morir, para que Alonso Quijano, la criatura de Dios, pueda vivir.

Pero hasta el momento antes de ingresar en la eternidad, el protagonista habrá tratado, con todas las fuerzas a su alcance, de vivir la vida como una obra de arte, a pesar de las befas, de las reprimendas y de los castigos. Y a pesar del autoconocimiento de la total inadecuación de su ideal de vida, que evidentemente aflora en forma gradual a partir de la aventura de la cueva de Montesinos.

El episodio de la Sierra Morena, allá en el capítulo pasado, nos demostró los riesgos de ese ideal añorado; el episodio de la cueva de Montesinos patentizó su vanidad. Pero son las graves palabras de don Quijote al salir de la cueva las que contienen el mensaje más válido y más humano, en particular para un mundo con tan graves achaques en la fibra espiritual como el nuestro. Porque esas palabras nos descifran el verdadero sentido del heroísmo, y nunca es tarde para recordar que el quijotismo es eso, de manera radical. El sentido más entrañable de todo esto es uno de humanismo esencial y de humanidad verdadera. Don Quijote ha descubierto que intentar vivir la vida como una obra de arte es todo vanidad, porque la vida es una sombra y un sueño. Sin embargo, él no abandonará el ideal, a pesar de estar corroído hasta las entrañas por las dudas. Una auto-decepción consciente y más que heroica le lleva a decirse que la vida es algo más que sueños y sombras. Y así se prepara para una muerte ejemplar y cristiana.

VII

UN LIBRO DE BUEN AMOR

UN HIDALGO sin mayores medios, entrado ya en la cincuentena de la edad, que vivía en una aldea innominada de la Mancha, tuvo una día la ráfaga de meterse a caballero andante. Queda explicado ya (capítulo IV) que esto no fue una verdadera chifladura, sino que fue algo perfectamente solidario y consistente, para nuestra Edad de Oro y su ideología mayoritaria, con el tipo de *ingenio* —hoy diríamos *personalidad,* creo— que respaldaba la *manía* exacerbada del machucho postulante a la caballería andante.

Lanzado ya por esta pendiente, que, con mayor seriedad, hay que denominar *su* plan de vida, «lo primero que hizo fue limpiar unas armas que habían sido de sus bisabuelos» (I, 1). El caballero, en cuanto persona, queda listo para la aventura, pero le falta lo esencial para aspirar a la caballería andante: algo en qué ir caballero. Por consiguiente, «fue luego a ver a su rocín». Pero su futuro corcel —que nunca pasó de jamelgo, la verdad sea dicha— debe corresponder en todo a las cualidades del futuro héroe que le montará: héroe *in potentia* para el mundo, héroe *in re* para sí mismo. Sigue el acto sacramental del bautismo equino: la cabalgadura se llamará Rocinante. Sigue el peliagudo momento del autobautismo, cuyas vacilaciones se prolongarán por ocho días, y por fin se da en el clavo: don Quijote de la Mancha.

«Limpias, pues, sus armas, hecho del morrión celada, puesto nombre a su rocín y confirmándose a sí mismo, se dio a entender que no le faltaba otra cosa sino buscar una dama de quien enamorarse; porque el caballero andante sin amores era árbol sin hojas y sin fruto y cuerpo sin alma». El enamoramiento de don Quijote obedece, de forma evidente, a la misma convención que le llevó a bautizar a su rocín y darse a sí mismo el nombre que con su sonoridad y fama ha llenado los siglos. Me refiero a la convención literaria de la caballeresca, y es allí donde debemos empezar nuestras investigaciones con el fin de comprender las características del amor de don Quijote.

Pero antes será conveniente echar una rápida mirada al objeto de los amores de don Quijote.

En un lugar cerca del suyo había una moza labradora de muy buen parecer, de quien él un tiempo anduvo enamorado, aunque, según se entiende, ella jamás lo supo ni se dio cata dello. Llamábase Aldonza Lorenzo, y a ésta le pareció ser bien darle título de señora de sus pensamientos, y, buscándole nombre que no desdijese mucho del suyo y que tirase y se encaminase al de princesa y gran señora, vino a llamarla *Dulcinea del Toboso*, porque era natural del Toboso: nombre, a su parecer, músico y peregrino y significativo, como todos los demás que a él y a sus cosas había puesto (I, 1).

No hay que acudir para nada a los esoterismos del siglo pasado, que llegaron a desbarrar al punto a entender a Dulcinea a través de su anagrama de *Dina Luce,* para explicarnos el nombre de la dama de los pensamientos de don Quijote. Ha sido Rafael Lapesa quien, con su claridad y erudición acostumbradas, ha estudiado el nexo que, en la mente de don Quijote, unía el nombre de Aldonza al de Dulcinea. El étimo de Aldonza es el visigótico *Aldegundia*. En la alta Edad Media comenzó a divulgarse el nombre culto latino de *Dulce.* Hacia el siglo xii, «el nombre de *Dolza,* exótico, pero claramente significativo, consumó la atracción semántica sobre *Aldonza, Eldonza,* que fueron sentidos como variantes vulgares de los cultos *Dulcia, Dulce*». Don Quijote de la Mancha, caballero medieval redivivo, identificaba *Aldonza* con *Dulce,* y en consecuencia, él forma el nombre, que asimismo ha pasado a la fama, de Dulcinea, no directamente sobre *Aldonza,* sino sobre su equivalente *Dulce.* Y Lapesa termina su erudita y contundente demostración con estas palabras, que hago mías: «*Dulcinea* cumplía todos los requisitos exigibles: poseía suave musicalidad; mantenía con *dulce* un contacto significativo, pero desmaterializado, referible sólo al delectamiento espiritual; y se situaba en el mismo plano de vaguedad y lejanía que *Florisea, Arbolea, Cariclea, Febea* y otros nombres de heroínas celebradas por la novela y el teatro del siglo XVI».[1]

La convención literaria de la caballeresca había tenido reflejos históricos mucho antes de fundamentar el plan de vida de don Quijote. Daré de inmediato un par de ejemplos para ilustrar el grado de penetración de la caballeresca literaria en la vida histórica española. Lo que fue *manía* para don Quijote, producto de su locura, no lo fue para la nobleza española en cien años tan cercanos a él como los del reinado de los Reyes Católicos. Don Quijote, como su creador, y como todos los genios, vivió a descompás de su siglo. ¡Pobre don Quijote el Incomprendido, cuántos palos que llevaste son atribuibles a la incomprensión de los circunstantes!

La historia de Castilla nos dice que allá por el año de 1330, el rey Alfonso XI, el triunfador del Salado y el que ganó a Tarifa, fundó la Orden de la Banda. Se conservan casi todos los artículos de la constitución de la Orden, que empiezan así: «Aquí se comienza el Libre de la Vanda que fizo el Rey don Alfonso de Castilla.» Y prosigue más abajo, en el mismo artículo: «La cosa del mundo que pertenece más al Cavallero es verdat e lealtad, et aun de que se más paga Dios, por ende mandó facer este Libro de la Orden de la Vanda, que es fundado sobre estas dos razones: sobre la Cavallería, et sobre la lealtat. Et pues que vos havemos fablado algo de la Cavallería, agora queremos vos decir alguna cosa de la lealtat. Como quier que la lealtat se entiende guardar en muchas maneras, pero las principales son dos. La primera es guardar lealtat a su Señor.[2] La segunda, amar verdaderamente a quien oviere de amar, especialmente aquella en quien pusiere su corazón.» La parte que más me interesa destacar,

---

[1] Rafael Lapesa, «*Aldonza-Dulce-Dulcinea*», en su libro *De la Edad Media a nuestros días. Estudios de historia literaria* (Madrid, 1967), págs. 212-18.

[2] La axiología de don Quijote responde punto por punto a los estatutos de la Orden de la Banda. Cuando la princesa Micomicona le pide un don, la respuesta es: «Yo vos le otorgo y concedo —respondió don Quijote—, como no se haya de cumplir en daño o mengua de mi rey, de mi patria y de aquella que de mi corazón y libertad tiene la llave» (I, XXIX). La paridad de valores se debe a que tanto el rey Alfonso XI como don Quijote de la Mancha tienen puestos los ojos en el código del amor cortés, según se verá.

con fines ulteriores, es esta parte de los estatutos: «Mandaba la regla que ningún caballero de la Vanda estuviese en Corte sin servir alguna dama, no para la deshonrar, sino para la festejar, o con ella se casar, y cuando ella saliese fuera la acompañase, como ella quisiese, a pie o a caballo, llevando quitada la caperuza y faciendo su mesura con la rodilla».[3]

La palabra *mesura* nos debe poner de inmediato sobre la pista de los lejanos modelos que tenía en mente Alfonso XI de Castilla para crear la Orden de la Banda. Porque las voces *servir* y *mesura* nos colocan de lleno en el vocabulario del amor cortés. Pero ya habrá tiempo de volver a esto, y explayarme, como espero hacer hacia fines de este capítulo.

Volvamos a la historia. De 1525 a 1528 fue embajador de Venecia en la España de Carlos V el ilustre patricio Andrea Navagero. Nada importante en los anales diplomáticos registró esta embajada, mas en la historia literaria de España causó una revolución permanente. En Granada, y en 1526, conoció a Juan Boscán, a quien convenció a introducir en España la métrica italiana, o sea, el endecasílabo. Y el joven amigo de Boscán, Garcilaso de la Vega, se encargó de aclimatar definitivamente en la poesía española ese tipo de metro.

Claro está que no es esto a lo que iba, pero no lo pude evitar dadas las inmensas consecuencias de unas charlas granadinas. Navagero, muerto en 1529, nos dejó una suerte de diario de viaje, *Il viaggio fatto in Spagna* (edición póstuma de 1563), y, además, cinco cartas escritas a su íntimo amigo, compatriota y aficionado a las mismas cosas, Juan Pablo

[3] La historia de los estatutos de la Orden de la Banda es bastante complicada. En el siglo XVI los parafraseó fray Antonio de Guevara en sus interesantísimas *Epístolas familiares* (Valladolid, 1542), epístola 40, «Letra para el conde de Benavente, don Alonso Pimentel, en la cual se trata de la orden y regla que tenían los antiguos caballeros de la Banda. Es letra notable». De Guevara tomo la última cita. Mas las dos anteriores, y mucho más, menos el texto de Guevara, todo eso lo hallará el lector en la vieja monografía histórica, redactada en 1812, de Lorenzo Tadeo Villanueva, «Memoria sobre la Orden de Caballería de la Banda de Castilla», *Boletín de la Real Academia de la Historia*, LXXII (1918). Por último, texto distinto de los estatutos fue el que publicó en forma póstuma Georges Daumet, «L'Ordre castillan de l'Echarpe (Banda)», *Bulletin Hispanique*, XXV (1923), donde tampoco figura la regla copiada por Guevara, aunque el manuscrito que publicó Daumet está enriquecido con buen aparato de notas.

Ramusio. En la última de estas cartas, fechadas en Granada el 31 de mayo de 1527, escribe Navagero a Ramusio acerca de la gloriosa guerra que acabó con el poderío moro en España, muchos de cuyos actores todavía vivían cuando viajó por la Península el embajador veneciano. Al final de dicha carta escribe Navagero lo contenido en la larga cita que sigue, cuya longitud espero que el lector disculpará por su directa relación con nuestro tema:

La guerra de Granada fue notable; no había entonces tanta artillería como después se ha inventado, y se conocían mejor los hombres valerosos que ahora pueden conocerse; [4] todos los días se andaba a las manos y se hacía alguna hazaña; toda la nobleza de España acudió a la guerra, y todos deseaban señalarse y ganar fama, de suerte que en esta guerra se formaron los hombres animosos y los buenos capitanes de España; en ella, un hermano mayor del Gran Capitán adquirió grandísima fama y honra, [5] y él mismo empezó aquí a darse a conocer, preparándose para sus futuras hazañas. A más de estos estímulos, la reina con su corte lo fue grandísimo; no había caballero que no estuviese enamorado de alguna dama de la corte, y como estaban presentes y eran testigos de cuanto se hacía, dando con su propia mano las armas a los que iban a combatir, y con ellas algún favor, o diciéndoles palabras que ponían esfuerzo en sus corazones y rogándoles que demostrasen con sus hazañas cuánto las amaba, ¿qué hombre, por vil que fuese y por cobarde y débil, no había de vencer tras esto al más poderoso y valiente enemigo, y no había de desear perder mil veces la vida antes que volver con vergüenza ante su señora? Por esto se puede decir que en esta guerra venció principalmente el amor. [6]

¡Qué de hazañas hubiese cosechado don Quijote en la Guerra de Granada, si sólo hubiese vivido esos días y Dulcinea del Toboso hubiese sido dama cortesana de la Reina Católica! Más debemos destacar también el incipiente qui-

---

[4] Esto se relaciona directamente con la hostilidad que demuestra don Quijote por las armas de fuego, y de la que ya queda relación, *vide supra*, pág. 42.

[5] Se refiere Navagero a don Alonso de Aguilar, cuya heroica muerte durante el primer alzamiento de las Alpujarras quedó unida para siempre al bellísimo romance «Río Verde, Río Verde, tinto vas en sangre viva».

[6] La edición más asequible del *Viaggio* y las cartas de Navagero, en español, se puede hallar en *Viajes de extranjeros por España y Portugal,* recopilación, traducción, prólogo y notas de J. García Mercadal, I (Madrid, 1952).

jotismo, *avant la lettre,* del diplomático y humanista Andrea Navagero, que se expresa en su larga interrogación retórica del final. El quijotismo de la España que vivió a caballo de los siglos XV y XVI era ambiental, no cabe duda, y en alas de esa forma de vida se conquistó Granada, se descubrió y conquistó América y se comenzó la expansión en el Norte de Africa. Lo único lamentable es que don Quijote de la Mancha vino a la vida —del arte, al menos— unos cien años más tarde.

Deben bastar estos testimonios para remachar la cuestión de que mucho antes de don Quijote amor y caballería eran términos sinónimos, o poco menos. Pero los dos textos a que me he atenido hacen muy claro, asimismo, que se trataba de un tipo especial de amor. Y queda dicho que ese concepto del amor obedecía a la convención literaria que don Quijote mejor conocía y que para nosotros es la más fácil de explorar. Me refiero, claro está, a los libros de caballerías. Para proceder con orden y método creo conveniente estudiar el material de acarreo en la tradición literaria en dos etapas. Primero, ver lo que nos dicen las novelas de caballerías al respecto, y luego proceder a lo que formuló el concepto del amor que en ellas rige, que es otra forma de decir que nos remontaremos hasta la literatura trovadoresca, la Provenza del siglo XII y el concepto del amor que allí surgió.

En realidad, y aquí viene la primera restricción que me impongo, no hay para qué estudiar el concepto del amor en muchos o pocos libros de caballerías, que uno nos bastará. Y me refiero, desde luego al amor que centra la vida del protagonista del *Amadís de Gaula.* No hay para qué abundar en lo obvio y ya dicho: Amadís es el modelo de la vida de don Quijote, como él expresa en varias ocasiones, y su ejemplo remontará su vida a los niveles del arte.

Es imposible resumir el argumento del *Amadís,* obra de estructura tan complejo como típicamente medieval y del

---

[7] Esta labor de estudio comparativo ya la efectuó, por suerte para todos, Justina Ruiz de Conde, *El amor y el matrimonio secreto en los libros de caballerías* (Madrid, 1948). Pero aun en esta obra especializada el enfoque es selectivo, y se estudian nada más que el *Caballero Cifar, Tirant lo Blanc, Amadís de Gaula* y *Palmerín de Inglaterra.* Así y todo, bien vale la pena tenerla a mano para añadir más referencias a las pocas que podré estudiar.

género. La acumulación de episodios es fenomenal, y cada uno de ellos ve la aparición de nuevos personajes. Pero —creo y espero que el dato no esté muy trasconejado en la memoria de cada uno de nosotros— lo esencial, para Amadís y para mis propósitos del momento, es que Amadís se enamora y dedica su vida al objeto de sus amores, la princesa Oriana, hija de Lisuarte, rey de la Gran Bretaña. Algo de estos amores debo repasar ahora, con fines que se verán en su momento.

Amadís tenía doce años de edad y se educaba en la corte del rey Gandales de Escocia. A esta corte llegan el rey Lisuarte y su hija, la incomparable Oriana, que contaba entonces diez años. La reina de Escocia, de quien el joven Amadís «era mucho amado», le pone al servicio de Oriana con estas palabras, de las que destacaré las más pertinentes a mi tema:

—Amiga, éste es un donzel que os *seruirá*.
    Ella [Oriana] dixo que le plazía. El donzel [Amadís] touo esta palabra [=*servicio*] en su coraçon de tal guisa que después nunca de la memoria la apartó, que sin falta, assí como esta historia lo dize, en días de su vida no fue enojado de la *seruir* y en ella su coraçon fue siempre otorgado, y este *amor* turó quanto ellos turaron, que assí como él la amaua assí amaua ella a él (I, IV).[8]

La idea de un *servicio de amor,* de que *amar* implica *servir* a la mujer amada, esto nos vuelve a poner sobre la pista indubitada: el amor cortés. Todavía no he llegado al tema del amor cortés, mas todo se andará. Lo que me importa dejar en claro desde ya es que don Quijote, al escoger como norte vital a Amadís de Gaula, lo que hace, en este aspecto del amor, es seguir los conceptos rectores del amor cortés, aunque en segunda instancia. Algunos ejemplos más acerca del amor de Amadís por Oriana, y las características de dicho amor, harán, en la ocasión, de cabeza del viejo y

[8] La edición más popular del *Amadís* sigue siendo la que hizo Pascual de Gayangos para la *Biblioteca de Autores Españoles,* volumen XL, pero fuera de la introducción, muy buena para su época, el texto sufre de serias endebleces. En la actualidad el texto de consulta indispensable es el que preparó el hispanista norteamericano Edwin B. Place, y que en cuatro volúmenes publicó el *Consejo Superior de Investigaciones Científicas* (Madrid, 1959-1969), aunque debo confesar que la introducción y notas vuelan bastante bajo.

bifronte dios Jano de los romanos. Con lo que quiero advertir al lector que, al repasar yo esos ejemplos, él debe tener la atención enfocada hacia dos extremos temporales. Hacia el futuro, debe mirar hacia la emulación de Amadís por don Quijote, y hacia el pasado debe tratar de avizorar los tesoros poéticos y conceptuales que los trovadores encerraron en la idea de amor cortés. Conste, sin embargo, que en ninguno de los tres casos —trovadores, *Amadís, Quijote*— el parecido es a rajatabla; se trata, más bien, de que tanto el *Amadís* como el *Quijote* reflejan, en desigual medida en diversas ocasiones, caracteres reglamentarios de lo que la Provenza medieval sistematizó en *amor cortés*.

El destino amatorio de Amadís, el hecho de que toda su vida fue puesta al servicio de Oriana, fue profetizado por Urganda la Desconocida, benévola encantadora que vuelve a aparecer en nuestra novela máxima:

> Será flor de los caualleros de su tiempo; éste fará estremecer los fuertes; éste començará todas las cosas y acabará a su honrra en que los otros fallescieron; éste fará tales cosas que ninguno cuydaría que pudiessen ser començadas ni acabadas por cuerpo de hombre. Este hará los soberuios ser de buen talante; éste aurá crueza de coraçón contra aquellos que se lo merecieran, y ahun más te digo, que *éste será el cauallero del mundo que más lealmente manterná amor y amará en tal lugar qual conuiene à la su alta proeza* (I, II).

El plan de vida, el personaje que adoptará el vejestorio de la Mancha, está ínsito en esta profecía. El no duda nunca en verse, y hasta identificarse, como la «flor de los caballeros de su tiempo», a pesar de cardenales ganados y de muelas perdidas. Y así como Amadís sale a la vida bajo la estrella de que será el más leal amador, de la misma manera don Quijote, con plena conciencia y voluntad, se entrega de una vez por todas a su amor por Dulcinea del Toboso, a pesar de las tentaciones que puede proveer una Maritornes (parte I) o una Altisidora (parte II). Pero vale la pena insistir en el hecho de que cuando don Quijote nace a la vida, cuando el hidalgo de aldea formula su plan de vida, es en ese mismo momento en que nace Dulcinea del Toboso y el servicio de amor que le prestará don Quijote de la Mancha a machamartillo.

Una de las primeras entrevistas entre Amadís y Oriana es precedida por el regalo de un anillo de la amada al caballero. Amadís «lo tomó viniéndole las lágrimas a los ojos, y besándolo le puso en derecho del coraçon y estuvo vna pieça que hablar no pudo» (I, xiv). Y unas horas más tarde se sigue la entrevista nocturna: «Quando Amadís assí la vio [a Oriana], estremescióse todo con el gran plazer que en verla vuo; y el coraçón le saltaua mucho que holgar no podía» (*ibidem*). Como buen amante a la manera cortesana, Amadís tiembla de emoción al ver el objeto de su culto amoroso.

Don Quijote fue mucho menos feliz que Amadís en este sentido, ya que nunca llegó a ver a Dulcinea del Toboso. Precisamente, en la tercera salida, cuando van camino del Toboso con el fin expreso de verla, don Quijote le recuerda a su escudero: «¿No te he dicho mil veces que en todos los días de mi vida no he visto a la sin par Dulcinea, ni jamás atravesé los umbrales de su palacio, y que sólo estoy enamorado de oídas y de la gran fama que tiene de hermosa y discreta?» (I, ix). Por un lado, éste es el asidero que necesita Sancho para llegar a la inaudita invención de encantar a Dulcinea. Pero voy a otros fines ahora. Como don Quijote nunca ha visto a Dulcinea, ni la verá, no hay en su vida paso semejante al de Amadís cuando se entrevista con Oriana. Pero don Quijote envía a Sancho al Toboso a buscar a la dueña de sus pensamientos, y él imagina los resultados de la posible entrevista como consecuencia de los cánones corteses:

—Anda, hijo —replicó don Quijote—, y no te turbes cuando te vieres ante la luz del sol de hermosura que vas a buscar. ¡Dichoso tú sobre todos los escuderos del mundo! Ten memoria, y no se te pase della cómo te recibe: si muda las colores el tiempo que la estuvieres dando mi embajada; si se desasosiega y turba oyendo mi nombre; si no cabe en la almohada; si acaso la hallas sentada en el estrado rico de su autoridad; y si está en pie, mírala si se pone ahora sobre el uno, ahora sobre el otro pie; si te repite la respuesta que te diere dos o tres veces; si la muda de blanda en áspera, de aceda en amorosa; si levanta la mano al cabello para componerle, aunque no esté desordenado; finalmente, hijo, mira todas sus acciones y movimientos; porque si tú me los relatares como ellos fueron sacaré yo lo que ella tiene escondido en lo secreto de su corazón acerca de lo que al fecho de mis amores toca; que has de saber, Sancho, si no lo sabes, que entre los amantes las acciones y movimientos exteriores que muestran, cuando de sus amores se trata,

son certísimos correos que traen las nuevas de lo que allá en lo interior del alma pasa (II, x).

Las instrucciones de don Quijote a su escudero se res-
paldan en acciones y reacciones como las siguientes: «Quando
Amadís se vio ante su señora, el coraçón le saltaua de vna y
otra parte, guiando los ojos a que mirassen la cosa del mundo
que él más amaua … Quando Amadís se oyó loar de su señora, baxó los ojos a tierra, que sólo catar no la osaua; y
parescióle tan hermosa que el sentido alterado la palabra en
la boca le hizo morir» (I, xxx).

En cierta ocasión es Gandalín, escudero de Amadís, quien
lleva una embajada de éste a Oriana, y describe cómo dejó
a su amo en estos términos: «Señora, él [Amadís] no pas-
sará vuestro [de Oriana] mandado por mal ni por bien que
le auenga, y por Dios, señora, aued dél merced, que la cuyta
que hasta aquí suffrió en el mundo no hay otro que la sufrir
pudiesse; tanto, que muchas vezes esperé caérseme muerto
hauiendo ya el coraçón desfecho en lágrimas» (I, xiv).

Don Quijote no llega a tales extremos amorosos como
los de Amadís, y bien se sabe que nuestro hidalgo en más de
una ocasión acusó al paladín de Gaula de «llorón» (II, ii).
Pero en la carta que escribió a Dulcinea desde Sierra Morena
el hidalgo manchego trata de definir su pasión amorosa en
términos de la caballería cortesana a lo Amadís:

> Soberana y alta señora: El ferido de punta de ausencia y el llagado
> de las telas del corazón, dulcísima Dulcinea del Toboso, te envía la
> salud que él no tiene. Si tu fermosura me desprecia, si tu valor no
> es en mi pro, si tus desdenes son en mi afincamiento, maguer que
> yo sea asaz de sufrido, mal podré sostenerme en esta cuita, que,
> además de ser fuerte, es muy duradera (I, xxv).

Es evidente que tanto don Quijote como Amadís se hu-
millan voluntariamente ante la señora de sus pensamientos,
como demuestran los dos ejemplos que vengo de copiar. Además, la ausencia de la persona amada causa un dolor mortal
o, por lo menos, una cuita muy duradera.

Amadís se enamora instantáneamente de Oriana, y decía
entre sí: «Ay, Dios! ¿Por qué vos plugo de poner tanta beldad en esta señora y en mí tan gran cuyta y dolor por causa

della? En fuerte punto mis ojos la miraron, pues que per-
dieron la su lumbre» (I, iv). Amadís cae asaetado por la
amorosa visione de Oriana, como en vida nos narra Dante
que le ocurrió a él al ver a Beatrice a la distancia en una calle
florentina *(Vita nuova, ii-iii)*. En este sentido don Quijote
es el compendio y suma del amante cortés, porque él crea a
la señora de sus pensamientos y el acto de creación es simul-
táneo con el acto del enamoramiento. Amadís se enamoró
de Oriana a los doce años; Dante se enamoró de Beatrice a
los nueve; don Quijote se enamoró de Dulcinea *a nativitate,*
con lo que quiero decir que desde el momento que Dulcinea
nació como tal en su imaginativa —y no Aldonza Lorenzo,
la hija de Lorenzo Corchuelo y de Aldonza Nogales—, desde
ese momento el recién bautizado caballero se enamoró de ella.

El amor provoca el insomnio del enamorado, que no puede hacer otra cosa que pensar en la señora de sus pensamientos. Amadís ha sido armado caballero y sale al encuentro de
aventuras; es la primera separación de Oriana. En compañía
de la doncella de Dinamarca llega a un castillo: «Pues allí
llegados, aquella noche fueron muy bien seruidos. Mas el
Donzel del Mar [=Amadís] no dormía mucho, que lo más
de la noche estuuo contemplando en su señora donde se par-
tiera, y a la mañana armóse y fue su vía con su donzella y el
escudero» (I, v).

Después de la desastrosa aventura con los molinos de
viento «toda aquella noche no durmió don Quijote, pensando
en su señora Dulcinea, por acomodarse a lo que había leído en
sus libros» (I, vii). Mucho más tarde, en plena campaña, en una
noche oscura, don Quijote y Sancho se ven embestidos
por una numerosa piara de cerdos. Al renacer la calma
aconseja Sancho a su amo: «Ahora bien, tornémonos a aco-
modar y durmamos lo poco que queda de la noche, y ama-
necerá Dios y medraremos. —Duerme tú, Sancho —respondió
don Quijote—, que naciste para dormir; que yo que nací
para velar, en el tiempo que falta de aquí al día, daré rienda
a mis pensamientos, y los desfogaré en un madrigalete, que,
sin que tú lo sepas, anoche compuse en la memoria» (II,
lxviii). No olvide el lector que el enamorado Amadís también compone versos; en la Peña Pobre, «acordándosele la
lealtad que siempre con su señora Oriana tuuiera y las gran-

des cosas que por la seruir auía fecho, sin causa ni merescimiento suyo auerle dado tan mal galardón, fizo esta canción con gran saña que tenía, la qual dezía assí...» (II, LI).

En ocasiones la tristeza de la separación se sobrepone al caballero, y entonces éste busca la soledad para pensar libremente en su amor y triste sino. Amadís de Gaula, camino de la Peña Pobre, «metióse por vn valle y vna montaña, y yua pensando tan fieramente que el cauallo se yua por donde quería, y a la hora del mediodía llegó el cauallo a vnos árboles que eran en una ribera de vna agua que de la montaña descendía, y con el gran calor y trabajo de la noche paró allí, y Amadís recordó de su cuydado, y miró a todas partes y no vio poblado ninguno, de que ouo plazer» (II, XLVIII).

En la primera parte don Quijote se halla en análogas circunstancias, ya que las ha buscado él adrede para poder llevar a cabo *su* penitencia en la Sierra Morena, con deliberada imitación de Amadís en la Peña Pobre. En su soledad nuestro hidalgo «se entretenía paseándose por el pradecillo, escribiendo y grabando por las cortezas de los árboles y por la menuda arena muchos versos, todos acomodados a su tristeza, y algunos en alabanza de Dulcinea» (I, XXVI).

Las citas anteriores del *Amadís* bastan para demostrar que el protagonista ve en Oriana el cúmulo de las perfecciones posibles. Don Quijote no puede por menos que hacer lo mismo con Dulcinea, en un interesantísimo pasaje que comienza con dudas que expresa la duquesa acerca de la existencia real de la amada del hidalgo manchego: «[Dulcinea] es dama fantástica, que vuesa merced la engendró y parió en su entendimiento, y la pintó con todas aquellas gracias y perfeciones que quiso.»

—En eso hay mucho que decir —respondió don Quijote—. Dios sabe si hay Dulcinea o no en el mundo, o si es fantástica, o no es fantástica; y éstas no son de las cosas cuya averiguación se ha de llevar hasta el cabo. Ni yo engendré ni parí a mi señora, puesto que la contemplo como conviene que sea una dama que contenga en sí las partes que puedan hacerla famosa en todas las del mundo, como son: hermos sin tacha, grave sin soberbia, amorosa con honestidad, agradecida por cortés, cortés por bien criada, y, finalmente, alta por linaje, a causa que sobre la buena sangre resplandece y campea la hermosura con más grados de perfección que en las hermosas humildemente nacidas (II, XXXII).

Este texto no hace más que corroborar algo que con mucha anterioridad había dicho don Quijote:

> Dos cosas solas incitan a amar más que otras; que son la mucha hermosura y la buena fama, y estas dos cosas se hallan consumadamente en Dulcinea, porque en ser hermosa ninguna le iguala, y en la buena fama, pocas le llegan. Y para concluir con todo, yo imagino que todo lo que digo es así, sin que sobre ni falte nada, y píntola en mi imaginación como la deseo, así en la belleza como en la principalidad, y ni la llega Elena, ni la alcanza Lucrecia, ni otra alguna de las famosas mujeres de las edades pretéritas, griega, bárbara o latina (I, xxv).

Amadís de Gaula está a punto de trabar un descomunal combate con el rey Abies, y se conforta con el pensamiento de que «si lo venciesse sería la guerra partida, y podría yr a ver a su señora Oriana, que en ella era todo su coraçón y sus deseos» (I, viii). Don Quijote no vacila en reprochar a su escudero:

> ¿No sabéis vos, gañán, faquín, belitre, que si no fuese por el valor que ella infunde en mi brazo, que no le tendría yo para matar una pulga? Decid, socarrón de lengua viperina, y ¿quién pensáis que ha ganado este reino y cortado la cabeza a este gigante, y héchoos a vos marqués, que todo esto doy ya por hecho y por cosa pasada en cosa juzgada, si no es el valor de Dulcinea, tomando a mi brazo por instrumento de sus hazañas? Ella pelea en mí, y vence en mí, y yo vivo y respiro en ella, y tengo vida y ser (I, xxx).

En el libro II del *Amadís,* a partir del capítulo LXIII, comienza la larga aventura del arco de los leales amadores en la Insula Firme, que era una prueba a que sometía la infanta Briolanja a los amantes para averiguar si eran fieles y leales o no. Claro está que Amadís triunfa de la prueba, y queda definido así por el más fiel y leal amador del mundo. De la misma manera ve don Quijote de la Mancha sus relaciones amorosas con Dulcinea del Toboso:

> El [don Quijote] se imaginó haber llegado a un famoso castillo —que, como se ha dicho, castillos eran a su parecer todas las ventas donde alojaba—, y que la hija del ventero lo era del señor del castillo, la cual, vencida de su gentileza, se había enamorado dél y prometido que aquella noche, a furto de sus padres, vendría a yacer con él una buena pieza; y, teniendo toda esta quimera, que él se

había fabricado, por firme y valedera, se comenzó a acuitar y a pensar en el peligroso trance en que su honestidad se había de ver, y propuso en su corazón de no acometer alevosía a su señora Dulcinea del Toboso, aunque la mesma reina Ginebra con su dama Quintañona se le pusiesen delante (I, XVI).

Mucho más tarde, «las dos semidoncellas», Maritornes y la hija de la ventera, quieren jugarle una mala pasada a don Quijote. Es de noche y don Quijote está armado de punta en blanco, en vela y en guarda de la venta-castillo; una de ellas le llama, y el caballero andante se siente asediado por una tentación de San Antonio, y con sosiego explica:

Lástima os tengo, fermosa señora, de que hayades puesto vuestras amorosas mientes en parte donde no es posible corresponderos conforme merece vuestro gran valor y gentileza; de lo que no debeis dar culpa a este miserable andante caballero, a quien tiene amor imposibilitado de poder entregar su voluntad a otra que aquella que, en el punto que sus ojos la vieron, la hizo señora absoluta de su alma (I, XLIII).

No hay duda: don Quijote de la Mancha, como Dante Alighieri unos siglos antes, ha tenido su *amorosa visione,* que también le dice, como la visión del inmortal italiano, que *ego dominus tuus.* Sólo que don Quijote nunca en su vida descansó los ojos en Dulcinea del Toboso, como pudo hacer a menudo Dante respecto a Beatrice, ya que Dulcinea estaba toda en su imaginación, mientras que Aldonza Lorenzo se había traspapelado a algo que «los otros» llaman realidad.

En suma: creo yo que no hay distinción alguna entre el plan de vida que le ha sido impuesto a Amadís de Gaula por su herencia de sangre *(vide supra,* capítulo III), y el que escoge de su libre albedrío el machucho hidalgo manchego que se autobautizará don Quijote de la Mancha. Y en esta ocasión quiero reducir el enfoque a la consideración del amor como ingrediente máximo en la vida. Para Amadís de Gaula, como para don Quijote de la Mancha, ... como para Dante Alighieri, es «l'Amor che move il sole e l'altre stelle» *(paradiso,* XXXIII, 145). Por todo ello don Quijote concibe que lo más fecundo de su vivir como caballero andante consistirá en seguir los pasos de Amadís de Gaula o, como él dirá: «Sólo me guío por el ejemplo que me da el grande Amadís de Gaula» (I, I.).

La caballería andante es oficio vital sin cesantías; se es caballero andante de por vida, y con dedicación plena. Y ya hemos visto, en el caso de Amadís de Gaula, que el ser caballero andante implicaba como paso previo el estar enamorado, en su caso de Oriana, a quien ama desde los doce años (ver ejemplo *supra,* pág. 216). Todo esto permite generalizar, y decir que caballería andante y amor eran sinónimos, siempre que quede bien entendido que se habla del amor cortés, y ningún otro. Con todo esto por delante, adquiere una nueva dimensión lo que dice don Quijote, cuando declara: «De mí sé decir que después que soy caballero andante soy valiente, comedido, liberal, biencriado, generoso, cortés, atrevido, blando, paciente, sufridor de trabajos, de prisiones, de encantos» (I, L). Cerremos el círculo: como caballero andante, profesión a la que ha optado de libérrima voluntad, don Quijote tiene que estar enamorado; es un imperativo categórico. Lo declara él mismo en la Sierra Morena, cuando habla de «todos aquellos que debajo de la bandera de amor y de la caballería militamos» (I, xxv). Su amor, por consiguiente, se derrama a raudales hacia Dulcinea del Toboso. Y Dulcinea, en la imaginativa del enamorado, es el *summum bonum,* la fuente que destila todas las perfecciones. Por eso es que don Quijote es el primero en reconocer que desde que llegó a ser caballero andante, forma alterna de decir *caballero enamorado,* aprendió el sentido íntimo de valentía, liberalidad, cortesía y tantas otras virtudes.

Hemos desembocado en el amor cortés. Y con esto no quiero insinuar en absoluto que don Quijote se haya dedicado a la arqueología ideológica o sentimental, en la misma medida en que trató de renovar la caballería andante. Para la época de don Quijote —de Cervantes—, el amor cortés era uno de los posibles y aceptables sistemas de coordenadas sentimentales del hombre, aunque, hay que confesarlo, ya un poco de capa caída. De inmediato disertaré, en la medida de mis fuerzas, acerca de amor cortés, pero no puedo resistir la tentación de dar un bellísimo ejemplo poético de algo de la ideología contenida en ese concepto, sobre todo cuando el ejemplo es de un contemporáneo más joven que el autor del *Quijote.* Me refiero a un soneto de don Francisco de Quevedo y Villegas (1580-1645) y no un soneto cualquiera, sino uno

de los más empinados de su extraordinario *Poema a Lisi,*
donde su pasión se remansa y «canta sola a Lisi y la amorosa
pasión de su amante».[9] El soneto dice así:

> *Que vos me permitais sólo pretendo,*
> *y saber ser cortés y ser amante;*
> *esquivo los deseos, y constante,*
> *sin pretensión, a sólo amar atiendo.*
>
> *Ni con intento de gozar ofendo*
> *las deidades del garbo y del semblante;*
> *no fuera lo que vi causa bastante,*
> *si no se le añadiera lo que entiendo.*
>
> *Llamáronme los ojos las faciones;*
> *prendiéronlos eternas jerarquías*
> *de virtudes y heroicas perfeciones.*
>
> *No verán de mi amor el fin los días:*
> *la eternidad ofrece sus blasones*
> *a la pureza de las ansias mías.*

Desde luego que para la época de Quevedo el amor cortés no existía ya en estado químicamente puro. Muchos años,
siglos, generaciones, habían pasado desde su lejano nacimiento allá en la Provenza del siglo XII. El amor cortés de los trovadores provenzales —el *fin amor*— había sido tamizado
por los poetas de la escuela siciliana, por *il dolce stil nuovo,*
Dante, Petrarca, y todo este complejo refinado por la alquitara del neoplatonismo florentino del siglo XV: Marsilio Fici-
no y sus divulgadores, Bembo, Castiglione y León Hebreo.

---

[9] No invento ni descubro el hecho de que la poesía amorosa de
Quevedo está firmemente respaldada por la ideología del amor cortés; esto lo demostró hace años el meritorio hispanista norteamericano
Otis H. Green, *El amor cortés en Quevedo* (Zaragoza, 1955), cuya
publicación original fue en inglés y en los Estados Unidos. De todas
maneras, y en forma profética, en la última página de su monografía
estampó Green las siguientes palabras:. «Este estudio, como el dedicado al amor cortés en el *cancionero* [otra monografía suya, en in-
glés], son expresión de llevar a cabo una interpretación y valoración
mejores de la poesía española del Siglo de Oro. Quedan estudiados
los dos términos extremos. Falta investigar los poetas intermedios. El
resultado, creo yo, contribuirá a una mejor inteligencia de todos los
géneros literarios que en algún modo tratan del amor: el bucólico, la
novela cortesana, la *comedia,* el *Quijote* mismo.»

Pero no fueron estas lecturas las que soliviantaron el ánimo y trastornaron el caletre a don Quijote, aunque en una imprenta barcelonesa demostró su familiaridad con libros de esta prosapia (II, LXII). Los libros que le afectaron, y desde el primer capítulo de su vida queda esto bien claro, fueron los de caballerías. Y el concepto del amor en la literatura caballeresca adquiere forma al insuflo del amor cortés. Con esto quiero dejar bien claro que no pretendo en absoluto que don Quijote, o su creador, tuviese clara memoria de la poesía amorosa provenzal —caso de improbabilidad absoluta—, sino que se rigen por los mismos principios desde el momento en que se inspiran en la literatura caballeresca, hijuela laica de la poesía amorosa de los trovadores provenzales. Esto último no hay para qué demostrarlo, ya que ha constituido el tema de numerosos trabajos y monografías, y es a lo que dedica su libro, ya citado, Justina Ruiz de Conde. Lo que sí conviene repasar con cierta puntualidad son los principios fundamentales del amor cortés, por aquello de que son la piedra angular de los libros de caballerías, y éstos, a su vez, del empecinado vivir de un hombre que escogió llamarse don Quijote de la Mancha.

El amor cortés, y ya queda dicho, nació en la Provenza del siglo XII, y se formuló en los cantares de amor de sus trovadores. Bien es cierto que ellos no le conocieron por tal nombre, denominación, sin embargo, que ha prevalecido desde la época de los capitales estudios de Gastón Paris acerca de la literatura medieval francesa. Los trovadores provenzales conocían a tal concepto como *fin amor,* y el adjetivo *fin, fis,* deriva del latín *fides,* o sea que al decir *fin amor* se entendía amor fiel, leal, sincero, honesto, verdadero.

Ahora bien, no perdamos la brújula y supongamos que todos los trovadores sintieron de igual manera. Eso es un imposible en cuanto es aplicable al género humano. Los anales literarios cuentan varios centenares de nombres de ellos, unos cuatrocientos, según los entendidos.[10] Un rey de Aragón, un

___

[10] Desde la época que se escribieron las *vidas* y *razos* de los trovadores provenzales es muchísimo lo que se ha escrito sobre ellos y sobre el concepto de amor cortés. Como suele ocurrir con un tema tan popular como el que abordo ahora, los estudiosos se hallan muy lejos de estar de acuerdo. Para el lector español todavía son muy útiles las

duque de Aquitania, un gran noble catalán como Guillén de
Berguedá, el juglar Pistoleta o bien el sastre Guillem Figuei-
ra. Este mundo de personas tan variadas, de diversos países
y clases sociales, escribió una poesía tan semejante en ocasiones como repleta de discrepancias en otras.

No puedo ni quiero meterme en el problema de los orí-
genes del concepto de amor cortés. A menudo este tipo de
enfoque histórico aclara las cuestiones al proyectarlas contra
un marco determinado y preexistente al problema a resolver.
Pero éste es un caso en que las más sesudas monografías se
han escrito a la defensa de puntos de vista diametralmente
opuestos, que por un lado nos pueden remontar hasta la poesía arábigo-andaluza, o por el otro a la lírica latina medieval.
Es cuestión espinosísima en la que los eruditos, día por día,
discuten *suaviter in modo, fortiter in re,* aunque no siempre.
No es pequeña suerte el hecho de que la cuestión no nos debe
inquietar mayormente. Algunas características principales del
amor cortés, en su formación poética medieval, bastarán para
dar la debida densidad ideológica al amor de don Quijote
por Dulcinea.

Lo que se podría llamar la teoría oficial de los trovadores
acerca del amor se formuló, por lo general, en un vehículo
lírico particular: la *canso maestrada.* Y fuera ya del campo
de la poesía, el amor cortés produjo obras didácticas medievales, de las que hay que mencionar, dada su excepcional importancia, el *Tractatus amoris et de amoris remedio,* de
Andreas Capellanus, André le Chapelain, o sea el capellán Andrés. Tal fue la fama e influencia de la obra del capellán que
su primera edición constituye una de las primicias de la imprenta en Europa: se imprimió en Estrasburgo en 1473 ó 1474.

---

páginas que dedicó Pedro Salinas a «la tradición de la poesía amorosa» en su gran libro sobre *Jorge Manrique o tradición y originalidad*
(Buenos Aires, 1947), con varias reediciones. A mí me han resultado
de gran utilidad otras dos obras: Maurice Valency, *In praise of Love.
An introduction to the Love Poetry of the Renaissance* (Nueva York,
1961), y una gran antología, con abundantes excursos críticos, preparada por el equipo de T. G. Bergin, Susan Olson, W. D. Paden y
N. Smith, *Anthology of the Provençal Troubadours,* dos vols. (New
Haven, 1973). El lector español debe consultar, con indudable provecho,
a Martín de Riquer, *Los trovadores. Historia literaria y textos.* Tres
volúmenes (Barcelona, 1975).

La obra del capellán Andrés refleja la vida en la corte de la reina Leonor de Aquitania en Poitiers, hacia 1170. En España el *Tractatus amoris* sirvió de libro de texto en las cortes de amor que se establecieron en Barcelona durante el reinado de Juan I de Aragón, *l'aymador de la gentileza,* como le conoce la Historia, y que murió en 1359. En esta época fue cuando el *Tractatus amoris* adquirió carta de ciudadanía peninsular, al ser traducido al catalán: *Regles de amor i parlament de un hom i una fembra.*

El arte de cortejar a la dama —y bien sabía ya Ovidio que el amor era un arte— se llamaba *domnei* (de *dompna,* dama), que conjugado con *drudaria* (de *drutz,* amante) daba la práctica del buen amor, o sea del verdadero amor. Pero el buen amor no implicaba en absoluto el éxito, y el *fin aman* (el amante que practicaba el amor cortés) languidecía de su pasión amorosa. Como escribió uno de los grandes poetas de la escuela provenzal, Bernart de Ventadorn:

> *De domnas m'es veyaire*
> *que gran falhimen fan*
> *per so car no son gaire*
> *amat li fin aman...*

«De verdad me parece que las damas cometen un gran error, porque los buenos amadores no son amados.»

Como ya ha recordado la crítica, la postura familiar del *fin aman* ha quedado grabada para siempre en el sello del noble trovador Conon de Béthune (muerto hacia 1220). En él, el caballero está arrodillado delante de su dama, con las manos extendidas en el gesto formal del homenaje feudal. Y encima del yelmo del caballero se halla la palabra *Merci.* Todo esto nos da una verdadera y ajustada imagen visual del *fin amor:* es obvia la relación de vasallaje entre caballero y dama. Y si hubiese que escoger una palabra como lema de todos los buenos amantes, desde Conon de Béthune hasta don Quijote de la Mancha, ésta tendría que ser *Merci.* El *fin aman* es el vasallo de su dama, y está en sumisión perpetua a ella; el total estatismo de estas relaciones sólo se verá recompensado algún día por la *merci,* merced, gracia o favor de la amada. En la concepción de Thibaut de Champagne, trovador de comienzos del siglo XIII:

> *La ou fins cuers s'melie,*
> *doit on trouver*
> *merci, aie,*
> *por conforter.*

«Allá donde se humilla el fiel corazón debe hallarse gracia, ay, para confortar.»

Hay una eterna actitud de súplica por parte del amante, contestada por el distanciamiento no menos eterno de la amada. El amor cortés, por consiguiente, no puede ser feliz y lleva en su seno un embrión trágico que al desarrollarse puede causar la muerte. En realidad, el amor feliz no tiene verdadera historia literaria. Como demostró el suizo Denis de Rougemont en su libro ya clásico *L'Amour et l'Occident* (1939), el hombre europeo y, en general, toda la tradición occidental ha preferido el adulterio al matrimonio, ha colocado al amor en oposición a la vida, y ha perseguido la pasión hasta la muerte. Como síntesis e ilustración de esta actitud dominante en la psicología occidental, Rougemont centró su estudio en el mito de Tristán e Iseo. Las repercusiones del tema, según se ve, son amplísimas y llegan a nuestros días, pero a pesar de su gran interés debo abandonarlo para volver al amor cortés y su infusión en la vida de don Quijote.

En el amor cortés, en su base, hallamos una metáfora que identifica al amor con el servicio feudal. Si el caballero, en nuestro caso el amante, era vasallo de la dama, era su obligación servirla. En este principio fundamental del amor cortés se apoyan las palabras de don Quijote a Sancho en la Sierra Morena, y que mucho antes cité con otros fines (*vide supra,* pág. 156):

> Porque has de saber que en este nuestro estilo de caballería es gran honra tener una dama muchos caballeros andantes que la sirvan, sin que se estiendan más sus pensamientos que a servilla por sólo ser ella quien es, sin esperar otro premio de sus muchos y buenos deseos sino que ella se contente de acetarlos por sus caballeros (I, XXXI).

Varios siglos antes de don Quijote había escrito el enamorado Gaucelm Faidit, en su poesía que comienza *Sitot ai tarzat:* «Permanecí ante ella, con las manos extendidas, de rodillas y llorando, hasta que ella me tomó a su servicio. Y al principio se asombró de mi osadía, pero cuando vio mi humildad ella aceptó mi homenaje, porque comprendió que yo era sincero. Soy su vasallo y servidor.» El sentido de toda la vida del gran trovador y enamorado Bernart de Ventadorn lo destila él en este verso: «Midons sui om et amics e servire» *(Per melhs cobrir lo mal pes e-l cossire),* «De mi señora yo soy vasallo, amante y servidor».

Si volvemos ahora al símil feudal que sustenta toda la máquina del amor cortés, recordaremos que la idea de vasallaje implicaba obligaciones recíprocas. Era obligación del vasallo servir a su señor, y era obligación del señor proteger al vasallo. Trasplantado esto a la provincia del amor tenemos la siguiente ecuación: el caballero amante es el vasallo que sirve a la mujer amada, quien, por consiguiente, es la señora, guía y protección del amante. No bien Dulcinea del Toboso es creada en la imaginación de don Quijote, cuando a éste «le pareció bien darle título de *señora* de sus pensamientos» (I, I). En el primer lance de armas que tiene don Quijote de la Mancha, con el arriero en la venta donde será armado caballero, invoca nuestro héroe: «Acorredme, *señora mía,* en esta primera afrenta que a este vuestro *avasallado* pecho se le ofrece; no me desfallezca en este primero trance *vuestro favor y amparo*» (I, III). Pronto yacen a sus pies dos arrieros descrismados, pero al ruido acude toda la gente de la venta, Impertérrito y a pie firme los espera don Quijote, después de haber hecho la siguiente invocación: «¡Oh, señora de la fermosura, esfuerzo y vigor del debilitado corazón mío! Ahora es tiempo que vuelvas los ojos de tu grandeza a este tu cautivo caballero, que tamaña aventura está atendiendo» *(ibídem).*

La entrega del amante a la amada era total y de por vida, al punto que el amante quedaba inerme, sin protección ninguna, si no intervenía su amada. Uno de los primeros trovadores fue Guillermo IX, duque de Aquitania, poderosísimo señor feudal como bien se puede suponer. En su hermoso poema *Farai chansoneta nueva* escribió: «Me doy y me entrego tan por completo a ella que ella puede inscribir mi nom-

bre en su título. Y no me creáis loco si de tal manera amo a
mi fina dama, porque sin ella no puedo vivir, tan grande es
la necesidad que tengo de su amor.» Con mucha razón filo-
sofará don Quijote:

> El amor ni mira respetos ni guarda términos de razón en sus dis-
> cursos, y tiene la misma condición que la muerte: que así acomete
> los altos alcázares de los reyes como las humildes chozas de los pas-
> tores (II, LVIII).

El deseado eco horaciano —*Pallida Mors, aequo pulsat
pede pauperum tabernas, regumque turres*— añade solemnidad a la afirmación taxativa de don Quijote. Y la poesía de
Guillermo IX evidencia cómo el amor se había posesionado
de los altos alcázares del duque de Aquitania.

La idea de servicio era fundamental para el amor cortés,
y, como vamos viendo, también para el amor de don Quijote
de la Mancha por Dulcinea del Toboso. La oferta de servicio
por parte del amante era total y de por vida; por eso escribió
Bernart de Ventadorn en el poema *Non es meravilha s'ieu
chan*: «Noble dama, no os pido nada sino que me aceptéis
por vuestro servidor. Os serviré como se debe servir al buen
señor, cualquiera que sea el galardón. Aquí estoy, pues, a
vuestras órdenes, sincero y humilde, alegre y cortés.»

Es bien sabido que don Quijote sólo ve una vez a Dulcinea del Toboso, y aun así ella está encantada. Una máxima
bribonada de Sancho le hace creer que una labradora con
fuerte olor a ajos crudos y montada en un borrico es la incomparable Dulcinea. Como ya sabemos de la manera en que
funcionan los encantamientos en el mundo de don Quijote,
no nos sorprende en absoluto que el héroe acepte el encantamiento de Dulcinea. Veamos ahora las reacciones de don
Quijote, prefiguradas por varios siglos en el sello de Conon de
Béthune: «A esta razón ya se había puesto don Quijote
de hinojos junto a Sancho, y miraba con ojos desencajados y
vista turbada a la que Sancho llamaba reina y señora» (II, x).
El amante-vasallo don Quijote está puesto de rodillas, como
bien corresponde en el amor cortés y en el mundo feudal,
ante su amada-señora Dulcinea, y con honda tristeza expresa
su amor-servicio:

¡Oh estremo del valor que puede desearse, término de la humana
gentileza, único remedio deste afligido corazón que te adora!, ya que
el maligno encantador me persigue, y ha puesto nubes y cataratas
en mis ojos, y para sólo ellos y no para otros ha mudado y transformado tu sin igual hermosura y rostro en el de una labradora pobre,
si ya también el mío no le ha cambiado en el de algún vestiglo, para
hacerle aborrecible a tus ojos, no dejes de mirarme blanda y amo-
rosamente, echando de ver en esta sumisión y arrodillamiento que a
tu contrahecha hermosura hago, la humildad con que mi alma te
adora *(ibídem)*.

Don Quijote ha cumplido con su acto de vasallaje y ha
entrado en el servicio de Dulcinea de por vida, aunque le
duele en el alma el encantamiento: «Pensativo además iba
don Quijote por su camino adelante, considerando la mala
burla que le habían hecho los encantadores volviendo a *su
señora Dulcinea* en la mala figura de la aldeana» (II, xi).

El servicio, cualquiera sea el galardón recibido, como nos
recordó Bernard de Ventadorn, era de por vida. Así se explica el casi trágico final de las aventuras de don Quijote en
la playa de Barcelona. Momentos antes de entrar en batalla
con el Caballero de la Blanca Luna, don Quijote se encomen-
dó «al cielo de todo corazón y a su Dulcinea, como tenía de
costumbre al comenzar de las batallas que se le ofrecían»
(II, lxiv). El vasallo invoca la protección del señor, ya que
le ha ofrecido su servicio hasta la muerte. Comienza la batalla con el resultado tan conocido como desastroso para don
Quijote, quien cae derrotado en la playa barcelonesa. El Caballero de la Blanca Luna le pone la punta de la lanza en la
visera y le conmina:

—Vencido sois, caballero, y aun muerto, si no confesais las condiciones de nuestro desafío.
   Don Quijote, molido y aturdido, sin alzarse la visera, como si
hablara dentro de una tumba, con voz debilitada y enferma, dijo:
—Dulcinea del Toboso es la más hermosa mujer del mundo, y
yo el más desdichado caballero de la tierra, y no es bien que mi
flaqueza defraude esta verdad. Aprieta, caballero, la lanza, y quí-
tame la vida, pues me has quitado la honra (II, lxiv).

Bien podría haber hablado don Quijote desde dentro de
una tumba, ya que la idea de servicio le ha llevado hasta más
allá de la muerte. Esta es la variante a dimensiones heroicas

del servicio de por vida. El heroísmo de la variante de don Quijote se fundamenta, además, en que ha quedado sin honra, y el propio Cervantes ya había dictaminado: «El hombre sin honra peor es que un muerto» (I, XXXIII).

Es de sobra evidente que el amor producía un cambio extraordinario en las relaciones entre hombre y mujer, caballero y dama; en consecuencia, el acto de enamorarse adquiría una importancia de dimensiones conmensurables con el cambio que el amor produciría de inmediato. «Me he entregado a vuestra merced, señora, de por vida y de por muerte», exclamará Sordello en su poema *Dompna, meills q'om pot pensar*. Toda la vida del hombre dependía de si se enamoraba o no. El amor trovadoresco era, por lo general, a primera vista, cuando el caballero-poeta caía víctima de un flechazo que la literatura cortés heredó de la tradición clásica, directamente, con seguridad, de Ovidio. Es el caso de Amadís de Gaula, mas no el de don Quijote, según se verá. El amor de don Quijote por Dulcinea tiene mucho de esto, como ya he insinuado: la imaginativa concepción de Dulcinea del Toboso es simultánea con el enamoramiento. Pero claro está que no puede intervenir el flechazo, dado que él nunca la vio, y como había poetizado Uc Brunec siglos antes: «El amor es un espíritu ... que dispara sus dulces flechas de los ojos a los ojos» (*Cortezamen mou en mon cor*). Por todo ello es que cuando imagina don Quijote las aventuras de un caballero andante recrea esta escena canónica: «le llevará [al caballero] por la mano al aposento de la señora reina, adonde el caballero la hallará con la infanta, su hija, que ha de ser una de las más fermosas y acabadas doncellas que en gran parte de lo descubierto de la tierra a duras penas se pueda hallar. Sucederá tras esto, luego en continente, que ella ponga los ojos en el caballero, y él en los della, y cada uno parezca a otro cosa más divina que humana, y, sin saber cómo ni cómo no, han de quedar presos y enlazados en la intrincable red amorosa, y con gran cuita en sus corazones» (I, XXI).

Mas la alquitara amoroso-poética podía producir la maravilla de enamorarse de oídas. Este es el gran tema de la más bella, a mi gusto de todas las poesías trovadorescas, escrita por Jaufre Rudel, príncipe de Blaye. El tema surge porque se llega a imaginar que el destino puede llegar a implantar las facciones de la mujer amada desde la cuna, o bien que la fama de su belleza llega *de oídas* al poeta e inflama su corazón. En la obra poética de Jaufre Rudel —bien escasa, por cierto: seis poesías— el tema del enamorarse de oídas, aunque enfrentado en sólo dos poemas, nos presenta de cuerpo entero una de las más destacadas personalidades literarias de la Edad Media. Sólo me referiré a una de ellas, para no abundar en lo evidente, pero el lector debería acudir a ambas para no negarse un delicado placer estético. Jaufre Raudel canta su *amor de lonh —amour lointain,* amor de lejos, de oídas—, y esta misteriosa lejanía se traduce y se adentra en el lector —en los oyentes— por la obsesionante repetición de la fórmula *de lonh* a lo largo de las siete estrofas: «Cuando los días son largos en mayo, me gusta el dulce canto de pájaros, *de lonh,* y cuando parto de allí acuérdome de un amor *de lonh* ... Bien me parecerá alegría cuando le pida hospitalidad, *de lonh,* y si a ella le place, quedaré con ella, aunque sea *de lonh...*»

La íntima resonancia que todavía tiene en la sensibilidad de cada uno de nosotros este enamorarse de oídas, *de lonh,* permitió que no mucho después de la muerte de Jaufre Rudel se escribiese, en provenzal, su anónima *vida,* que comienza así: «Jaufre Rudel de Blaye fue hombre de nobilísima sangre, príncipe de Blaye, y se enamoró de la condesa de Trípoli sin haberla visto en su vida, con motivo de las muchas cosas buenas que oyó contar a los peregrinos que de Antioquía venían...» Ya está en pie la leyenda, y ahora, después de sesudos estudios, podemos constatar que la *vida* no explica la poesía de Jaufre Rudel, sino que su poesía explica la vida.[11]

El *amor de lonh* de Jaufre Rudel —histórico en cuanto nos dejó precioso testimonio poético— explica a la perfección la característica más singular del amor de don Quijote de la Mancha por Dulcinea del Toboso, tan única que ni se halla

---

[11] Si alguien quiere atender mi consejo, debe leerse toda la poesía de Jaufre Rudel y complementarse con el brillante estudio de Leo Spitzer, *L'amour lointain de Jaufre Rudel et le sens de la poésie des troubadours* (Chapel Hill, 1944).

en la vida de su modelo, Amadís de Gaula. Don Quijote de
la Mancha se proclama enamorado de Dulcinea sin haberla
visto en su vida. Lo confiesa él mismo:

> —Tú me harás desesperar, Sancho —dijo don Quijote—. Ven acá,
> hereje: ¿no te he dicho mil veces que en todos los días de mi vida
> no he visto a la sin par Dulcinea, ni jamás atravesé los umbrales de
> su palacio, y que sólo estoy enamorado de oídas y de la gran fama
> que tiene de hermosa y discreta? (II, ix).

En este momento nos hallamos en posición adecuada a
darle una nueva cala al problema de la muerte de don Quijote, de lo que algo ya queda dicho *(supra,* capítulo IV). Volvamos al tema desde el ángulo de visión que nos permiten
estos asedios a la idea de amor cortés. El contexto ideológico
de los siglos medievales en que nació y floreció dicho concepto imponía, entre otras muchas cosas, una comprensión
de la fisiología humana no alejada de la que todavía prevale-
cía en época de don Quijote. Esa fisiología —del amor cortés,
de don Quijote, aunque no privativa a ninguno de los dos—
nos retrotrae a la teoría de los humores, y quizá no sea ocioso
que el lector repase nueva y brevemente el cuadro que inserté
en la página 109. El trovador Peire Vidal dijo con toda claridad: «La llama, el fuego y el resplandor del amor nacen en
el corazón» *(Lai on cobra).* El calor producido es de intensi-
dad grandísima, que unido al calor natural que produce un
temperamento colérico, como el de don Quijote, no puede
por menos que producir un grave disturbio en el balance de
los humores que llega a un desequilibrio total por falta de
humedad y exceso de calor. Esto desemboca, en forma inevitable, en la locura, mas un agudo ataque de melancolía cambia abruptamente la temperatura de su cerebro, el hidalgo
recupera el juicio, pero la melancolía es el humor más enemigo de la vida y el hidalgo manchego, ya autodefinido como
Alonso Quijano el Bueno, tiene que morir.

Ahora bien, el propio amor, en su forma más aguda desembocaba en melancolía. La tendencia a llorar —Amadís era
un héroe muy llorón, no lo olvidemos—, el amor a la soledad
—patente en la penitencia en la Peña Pobre o en Sierra Morena—, eran síntomas de un ataque de melancolía. Es el

perfecto diagnóstico de Polonius, una vez que Hamlet se ha
enamorado de Ofelia:

> *Fell into a sadness, then into a fast,*
> *thence to a watch, thence into a weakness,*
> *thence to a lightness, and by this declension*
> *into the madness wherein now he raves,*
> *and all we mourn for.*

(Hamlet, II, ii.)

La melancolía era inducida por el dolor de amar, y el
dolor contraía el corazón. A medida que aumentaba la opre-
sión del corazón se agravaba la languidez. El frío que carac-
terizaba a la melancolía se esparcía por todos los miembros
y la muerte era inminente.

La dureza de la persona amada podía provocar final tan
trágico, y a comienzos del siglo XV todo esto se destiló en los
hermosos versos de Alain Chartier en *La belle dame sans
merci.* En el *Quijote,* y con festivo tono, Cervantes nos presenta el caso inverso, que podríamos llamar de *le triste che-
valier sans merci.* Por guasa, Altisidora, dama de la duquesa, se
finge enamorada de don Quijote, lo que provoca considerable alarma en el pecho del caballero andante al suponer
atacada su fidelidad de *fin aman.* El rechazo del fiel amante
se efectúa en forma lírica, en un romance que él canta por
la noche y que termina así:

> *Dulcinea del Toboso*
> *del alma en la tabla rasa*
> *tengo pintada de modo*
> *que es imposible borrarla.*
> *La firmeza en los amantes*
> *es la parte más preciada,*
> *por quien hace Amor milagros,*
> *y asimesmo los levanta* (II, XLVI).

La firmeza de don Quijote, *fin aman* si los hubo, tuvo inesperadas consecuencias. En el triste regreso después de la
derrota en Barcelona, don Quijote y Sancho son secuestrados

por un grupo de hombres de a caballo que los llevan al castillo de los duques. Y allí les espera una extraordinaria visión:

> En medio del patio se levantaba un túmulo como dos varas del suelo, cubierto todo con un grandísimo dosel de terciopelo negro, alrededor del cual, por sus gradas, ardían velas de cera blanca sobre más de cien candeleros de plata; encima del cual túmulo se mostraba un cuerpo muerto de una tan hermosa doncella que hacía parecer con su hermosura hermosa a la misma muerte... ¿Quién no se había de admirar con esto, añadiéndose a ello haber conocido don Quijote que el cuerpo muerto que estaba sobre el túmulo era el de la hermosa Altisidora? (II, LXIX).

Pero aún falta lo más extraordinario. Un mancebo aparece de improviso junto al cadáver y canta:

> En tanto que en sí vuelve Altisidora,
> *muerta por la crueldad de don Quijote...*

Minos y Radamanto, jueces de los muertos, dictaminan que Altisidora resucitará si Sancho se somete a mamonas, pellizcos y alfilerazos. La reacción del escudero es la de esperar: «¡Voto a tal, así me deje yo sellar el rostro ni manosearme la cara como volverme moro!» Pero «a la fuerza ahorcan»: Sancho se tiene que someter a todas estas indignidades, y Altisidora resucita. Haciéndose desmayada, acusa a don Quijote de la Mancha: «Dios te lo perdone, desamorado caballero, pues por tu crueldad he estado en el otro mundo.» El turbado don Quijote se defiende un poco más tarde:

> Muchas veces os he dicho, señora, que a mí me pesa de que hayáis colocado en mí vuestros pensamientos, pues de los míos antes pueden ser agradecidos que remediados; yo nací para ser de Dulcinea del Toboso, y los hados, si los hubiera, me dedicaron para ella (II, LXX).

El regocijado tono de la aventura no nos debe hacer perder de vista el hecho fundamental de que todo el episodio está montado sobre lugares comunes del amor cortés. Si invertimos una vez más los papeles, podemos decir que Altisidora es a Grisóstomo lo que don Quijote es a Marcela, y en la base de la tragedia, o de su parodia, se halla el *fin amor*. Con ese extraordinario arte que tanto alegra el corazón, Cervantes nos ha esperpentizado *la belle dame sans merci,* con el regocijadísimo resultado de que *la belle dame sans merci*

es nada menos que don Quijote de la Mancha, el Caballero
de la Triste Figura, y el caballero que muere por falta de
favor-*merci* es nada menos que la bribona de Altisidora.

Si volvemos a las características del amor cortés, vemos
que la presencia de la amada causaba una verdadera conmo-
ción en el amante. Bernat de Ventadorn nos dice que «cuando la veo, de inmediato se hace evidente en mis ojos, en mi
cara y en mi color» *(Non es meravilha)*. No es extraño que
don Quijote, el último *fin aman*, y, desde este punto de vista,
el último trovador, no es extraño, decía, que cuando ve a
Dulcinea, por primera y única vez, la observa «con ojos desencajados y vista turbada» (II, x). Si sumamos a la presencia
de la amada el hecho de que ella está encantada —o lo que
sea que provocó la bellaquería de Sancho—, se explica fácilmente el parasismo que invade a don Quijote.

Desde luego que los efectos del amor en el *fin aman* ca-
laban mucho más hondo. Folquet de Marseille explica que
«muchas veces la gente me habla y no sé lo que dice; me
saludan y no oigo nada» *(En chantan m'aven)*. Después de
haber visto a su amada Dulcinea —¡y encantada, nada menos!— el caballero andante se marcha como Folquet de Marseille:

> Pensativo además iba don Quijote por su camino adelante ... estos
> pensamientos le llevaban tan fuera de sí, que, sin sentirlo, soltó las
> riendas a Rocinante, el cual, sintiendo la libertad que se le daba,
> a cada paso se detenía a pacer la verde yerba de que aquellos campos
> abundaban. De su embelesamiento le volvió Sancho Panza, dicién-
> dole... (II, xi).

Evidentemente, el amor provocaba toda suerte de aflic-
ciones y temores. El capellán Andrés en prosa latina advertía
ya a sus lectores que era difícil poder contar a ciencia cierta
el número de temores que invadía el alma del amante
(Tractatus amoris, I, I). Y en verso francés asentía Chrétien
de Troyes:

> *Amors sanz crieme et sans peor*
> *est feus sanz flame et sans chalor,*
> *jorz sans soleil, bresche sanz miel,*
> *estez sanz flor, iverz sanz giel.*

> (*Cligès*, versos 3.893-96.)

«Amor sin miedo y sin temor es como el fuego sin llama y sin calor, el día sin sol, la colmena sin miel, la primavera sin flor, el invierno sin hielo.»

De la misma manera, don Quijote de la Mancha, al tropezarse inesperadamente con otro caballero andante, que pronto se identifica como el Caballero del Bosque o de los Espejos —y que no es otro que el socarrón del bachiller Carrasco—, es en esta ocasión que nuestro héroe confiesa: «En mi alma tienen su propio asiento las tristezas, las desgracias y las desventuras» (II, XII). Y cuando el Caballero del Bosque pregunta a don Quijote: «Por ventura, señor caballero..., ¿sois enamorado?», el interpelado contesta sin vacilación:

—Por desventura, lo soy —respondió don Quijote—; aunque los daños que nacen de los bien colocados pensamientos antes se deben tener por gracias que por desdichas (ibídem).

Resuena todavía en las palabras de don Quijote el mismo pensamiento antitético que informa al amor cortés y que dictó las siguientes palabras de *Non es meravilha,* precioso poema de Bernart de Ventadorn y ya usado en estas mismas páginas: «El dolor es para mí placer, risa y alegría, porque al pensar en ella soy un lascivo y un glotón.»

Mas, en general, en el amor la nota alegre predomina sobre las demás, ya que al fin y al cabo el arte de amar constituía un *gai saber.* Por consiguiente, si leemos en su contexto y con todas las precauciones del caso las palabras que pronuncia don Quijote en su primera salida, veremos que éstas también nacen de la plenitud de su alegría, ya que él sale «con grandísimo contento y alborozo», y para su coleto habla de caballería andante, historiadores, encantamientos, hasta que llega al tema de su amor, cuando se ve obligado por una tradición de siglos a fingir tristeza, aunque acabamos de ver que estaba totalmente invadido por el contento y el alborozo:

Luego volvía diciendo, como si verdaderamente fuera enamorado:
—¡Oh, princesa Dulcinea, señora deste cautivo corazón! Mucho agravio me habedes fecho en despedirme y reprocharme con el riguroso atincamiento de mandarme no parecer ante la vuestra fermosura. Plegaos, señora, de membraros deste vuestro sujeto corazón, que tantas cuitas por vuestro amor padece.

Con éstos iba ensartando otros disparates, todos al modo de los que sus libros le habían enseñado, imitando en cuanto podía su lenguaje (I, 11).

La exaltación espiritual que provoca el amor la poetizó el duque de Aquitania, Guillermo IX, en *Mout jauzens me prenc en amar,* donde dijo, en parte: «Nunca el hombre ha podido comprender lo que es, en querer o desear, en el pensamiento o en la imaginación; tal alegría *[joy]* no puede ser igualada, y quienquiera desease alabarla en forma debida no podría desempeñar tal tarea, aun así tratase por todo un año.» Cuando don Quijote y Sancho van camino del Toboso, y el escudero comete la indiscreción de mencionar las bardas del corral donde pretende haber visto a Dulcinea, Don Quijote se indigna de que hable de bardas de corral en relación con los ricos y reales palacios de su amada, y continúa: «Con todo eso, vamos allá, Sancho —replicó don Quijote—; que como yo la vea, eso se me da que sea por bardas que por ventanas, o por resquicios, o verjas de jardines; que cualquier rayo que del sol de su belleza llegue a mis ojos alumbrará mi entendimiento y fortalecerá mi corazón, de modo que quede único y sin igual en la discreción y valentía» (II, VIII). El duque Guillermo IX ya había dicho en la misma poesía *Mout jauzens me prenc en amar* que la alegría de amar *(joy)* fortalecía el vigor físico y espiritual del amante, que le refrescaba el corazón y renovaba la carne de manera que nunca envejecía:

Per lo cor dedins refrescar
e per la carn renovellar,
que no puesca envellezir.

La alegría de amar producía un redoblado impulso vital, queda visto, y llevaba a la virtud. El trovador Peire Rogier, en *Tant ai mon cor,* cantó: «Es la alegría de amar *[joy]* que nutrió mi infancia y juventud, y sin ella yo no sería nada. Y veo que todas las acciones del hombre le rebajan, degradan y desgracian, excepto el amor y su alegría *[joy].*» El enamorado don Quijote de la Mancha centra toda su vida en la práctica asidua de la virtud, y con esta declaración cierra su elocuente respuesta al eclesiástico de los duques:

Yo he satisfecho agravios, enderezado tuertos, castigado insolencias, vencido gigantes y atropellado vestiglos; yo soy enamorado, no más de porque es forzoso que los caballeros andantes lo sean; y siéndolo, no soy de los enamorados viciosos, sino de los platónicos continentes. Mis intenciones siempre las enderezo a buenos fines, que son de hacer bien a todos y mal a ninguno: si el que esto entiende, si el que esto obra, si el que desto trata merece ser llamado bobo, díganlo vuestras grandezas, duque y duquesa excelentes (II, XXXII).

Como le dijo un trovador llamado Peire (quizá Peire d'Alvernhe) a Bernart de Ventadorn en la *tenson* que empieza *Amics Bernartz de Ventadorn:*

> *Bernartz, foudatz vos amena*
> *car aissi vos partetz d'amor*
> *per cui a om pretz e valor.*

«Bernardo, la locura os conduce, porque abandonais el amor, por el cual se obtiene mérito y valor.» *Pretz e valor,* ¡el norte de la vida de don Quijote!

El amor trovadoresco rarísima vez se vio coronado por el éxito, lo que describe muy bien la historia de la pasión amorosa de don Quijote de la Mancha por Dulcinea del Toboso. Aunque en el caso de don Quijote, un nuevo Jaufre Rudel manchego, el premio era imposible, ya que jamás posó sus ojos en su amada. Podemos decir, guardadas todas las distancias, que el amor de don Quijote es el último y posible refinamiento del *amor de lonh.* La amada era un cúmulo de perfecciones y de la más alta prosapia. En una hermosa canción dice Bernart de Ventadorn *(Amors, enquera-us preyara):*

> *Tan es fresch' e bel' e clara*
> *qu'amors n'es vas me doptoza,*
> *car sa beutatz alugora*
> *bel jorn e clarzis noih negra.*

«Tan fresca, y bella, y clara es ella que mi amor es tímido en su presencia, porque su beldad ilumina el hermoso día y aclarece la negra noche.»

Don Quijote, por su parte, también eleva a Dulcinea del Toboso a un plano de superlativos absolutos, lo que se hace muy evidente desde la aventura de los mercaderes toledanos.

A riesgo de su vida, el caballero andante detiene toda la comitiva, y en el medio del camino exclama: «Todo el mundo
se tenga, si todo el mundo no confiesa que no hay en el mundo todo doncella más hermosa que la emperatriz de la Mancha, la sin par Dulcinea del Toboso» (I, IV).

La perfección de la dama es tal que el amante la llega a
poner en un pináculo de toda inaccesibilidad, lo que provoca
la tristeza y el insomnio que ya hemos visto como el estado
casi natural del trovador, de Amadís o de don Quijote. Así
y todo, el amante no desesperaba de obtener en algún momento algún tipo de recompensa, que en el amor trovadoresco se llamó el *guerredon,* el galardón. Por desgracia, la
naturaleza exacta del *guerredon* se mantenía velada, y podía
oscilar desde una sonrisa hasta algún tipo de intimidad física.
En el sentir de Oriana, la amada de Amadís de Gaala, don
Quijote recibió su galardón de Dulcinea que lo hizo dichoso,
aunque no se alude en absoluto a su naturaleza. Entre los
versos preliminares del *Quijote* de 1605 hay un soneto de «la
señora Oriana a Dulcinea del Toboso», en que le dice:

> ¡*Oh, quién de tus deseos y librea*
> *alma y cuerpo adornara, y del famoso*
> *caballero que hiciste venturoso*
> *mirara alguna desigual pelea!*

En otro soneto preliminar, éste de «el caballero del Febo a
don Quijote de la Mancha», se insiste en la idea de recompensa: «Mas vos, godo Quijote, ilustre y claro / por Dulcinea sois al mundo eterno.»

A veces la sensualidad se abre paso entre los versos fuertemente idealistas del trovador, como en el siguiente caso de
Guillermo IX, duque de Aquitania y conde de Poitou (*Ab la
dolchor del temps novel*):

> *Enquer me membra d'un mati*
> *que nos fezem de guerra fi,*
> *e que-m donet un don tan gran,*
> *sa drudari' e son anel:*
> *enquer me lais Dieus viure tan*
> *c'aja mas manz soz so mantel!*

«Todavía recuerdo una mañana en que hicimos fin a la guerra y ella me dio un don tan grande, su amor y su anillo; ojalá Dios me deje vivir tanto que pueda tener otra vez mis manos bajo su manto.»

Episodio de análoga sensualidad nos brinda la vida de don Quijote de la Mancha, aunque, claro está, no tiene nada que ver con Dulcinea del Toboso. Nuestro caballero andante ha llegado a la venta de Juan Palomeque el Zurdo, en su primera visita, bien apaleado por unos desalmados yangüeses y yace en «duro, estrecho, apocado y fementido lecho». Cerca de él yace un arriero, que ha hecho para esa noche cita amorosa con la criada de la venta, Maritornes la asturiana. Don Quijote está en imaginativa vela:

> Pensando, pues, en estos disparates, se llegó el tiempo y la hora —que para él fue menguada— de la venida de la asturiana, la cual, en camisa y descalza, cogidos los cabellos en una albanega de fustán, con tácitos y atentados pasos, entró en el aposento donde los tres alojaban, en busca del harriero. Pero, apenas llegó a la puerta, cuando don Quijote la sintió, y, sentándose en la cama, a pesar de sus bizmas y con dolor de sus costillas, tendió los brazos para recibir a su fermosa doncella. La asturiana, que, toda recogida y callando, iba con las manos delante, buscando a su querido, topó con los brazos de don Quijote, el cual la asió fuertemente de una muñeca, y tirándola hacia sí, sin que ella osase hablar palabra, la hizo sentar sobre la cama. Tentóle luego la camisa, y aunque ella era de harpillera, a él le pareció ser de finísimo y delgado cendal. Traía en las muñecas unas cuentas de vidrio; pero a él le dieron vislumbres de preciosas perlas orientales. Los cabellos, que en alguna manera tiraban a crines, él los marcó por hebras de lucidísimo oro de Arabia, cuyo resplandor al del mesmo sol escurecía. Y el aliento, que, sin duda alguna, olía a ensalada fiambre trasnochada, a él le pareció que arrojaba de su boca un olor suave y aromático; y, finalmente, él la pintó en su imaginación de la misma traza y modo que lo había leído en sus libros de la otra princesa que vino a ver el mal ferido caballero, vencida de sus amores, con todos los adornos que aquí van puestos (I, xvi).

El código del amor cortés imponía al amante timidez con respecto a la amada. Ya hemos visto la *doptansa* de que cantaba Bernart de Ventadorn (*supra,* pág. 237), y *doptansa* era, precisamente, la timidez. Esta llegaba a tal punto que, por lo regular, el contacto con la amada se reducía a lo musical. Como escribió Arnaut de Marueill a su amada en el *Breviari*

d'amor: «Me muero por ti, y no me atrevo a rogarte más que
en mis canciones.» Pero en esas canciones nunca encontrare-
mos el nombre de la amada, porque la convención del amor
trovadoresco imponía, asimismo, el secreto: *Secretum meum
mihi,* como decía el lema de Gérard de Saint-Amand en su
sello. Arnaut Daniel le dio formulación poética en *Anc ieu
non l'aie:* «No me atrevo a decir quién me inflama.» Y Peire
Rogier llevó esto a un punto de perfección que nos coloca
muy cerca de don Quijote. En su canción *Per far esbaudir*
dice: «Ni yo ni nadie se lo ha dicho, ni sabe ella de mi deseo,
pero la amo en secreto tanto como si me hubiese hecho su
amante.»

Don Quijote conoce muy bien la consigna de secreto que
llevaba el amor cortés. Por eso le dice a Sancho, cuando cree
estar a punto de salir en ayuda y socorro de la princesa Micomicona:

> —Dígote, Sancho —dijo don Quijote—, que estás en lo cierto, y que
> habré de tomar tu consejo en cuanto el ir antes con la princesa
> que a ver a Dulcinea. Y avísote que no digas nada a nadie ni a los que
> con nosotros vienen, de lo que aquí hemos departido y tratado;
> que pues Dulcinea es tan recatada, que no quiere que se sepan sus
> pensamientos, no será bien que yo, ni otro por mí, los descubra.

Sancho Panza, como rústico y palurdo que era, no puede
ni conocer las imposiciones del amor cortés, ya que éste sólo
florecía en los más elevados espíritus de la nobleza, ya fuese
de sangre o del intelecto. Por eso se atreve a preguntar:

> —Pues si eso es así —dijo Sancho—, ¿cómo hace vuestra merced
> que todos los que vence por su brazo se vayan a presentar ante mi
> señora Dulcinea, siendo esto firma de su nombre que la quiere bien
> y que es su enamorado? Y siendo forzoso que los que fueren se han
> de ir a hincar de finojos ante su presencia, y decir que van de parte
> de vuestra merced a dalle la obediencia, ¿cómo se pueden encubrir
> los pensamientos de entrambos?

Don Quijote casi revienta de la rabia, y en rudos términos
vuelve a insinuar a su escudero la idea trovadoresca de *servicio:*

> —¡Oh, qué necio y qué simple que eres! —dijo don Quijote—. ¿Tú
> no ves, Sancho, que eso todo redunda en su mayor ensalzamiento?
> (I, XXXI).

Siglos antes había cantado el noble trovador catalán Guillem de Berguedá:

Amors mi saup plan a sos ops chausir
qu-m trames joi al cor, per a'ieu sui gais,
e saup c'amor sabria e gauzir
e gen parlar don midonz valgues mais.

«Bien supo Amor escogerme a su provecho cuando me envió gozo al corazón, por lo que soy feliz, y conoció que yo sabría amar, gozar y hablar gentilmente para que mi dama valiese más.»

Dada la consigna de silencio y secreto, el trovador no se podía atrever a nombrar en forma identificable a la dama de sus pensamientos. Surgió entonces la necesidad de usar la *senhal* o seudónimo poético, con el cual referirse a su amada, y que, como norma, resultaba totalmente incomprensible para los contemporáneos, y así sigue en la actualidad.

Semhals, como *Bon Vezi* —Buen vecino— o *Mielhs que Domna* —Más que señora—, echan siete llaves a la identidad de la amada. Uno de los más hermosos ejemplos poéticos que conozco se encierra en una pequeña joya lírica de Bernart de Ventadorn, *Tant ai mo cor ple de joya,* donde la exultación lírica llega, casi, al ahincado deseo de velar el nombre de la amada: «Bona domna jauzionda, / mor se-l vostr' amaire», «Hermosa señora, plena de gozo, / se muere vuestro amante». Ni *in articulo mortis* se podía permitir el amante divulgar el nombre de su amada, aun así se tratase de *in articulo mortis poeticae.* El mismo Bernart de Ventadorn usó también la *senhal* de *Bel Vezer* —Hermoso Semblante (*Be m'an perdut lai enves Ventadorn*).

Desde este ángulo de visión creo yo que adquiere nuevas dimensiones y resplandores el nombre Dulcinea del Toboso, «músico y peregrino y significativo». Porque el nombre de Dulcinea del Toboso —y ahora dejo de lado la profunda explicación filológica de Rafael Lapesa, que mencioné al principio de este capítulo—, el nombre de Dulcinea es la *senhal* que inventa don Quijote de la Mancha para una aldeana llamada Aldonza Lorenzo. Esta *senhal* es tan impenetrable para los amigos de don Quijote como lo fue cualquier otra de la

lírica trovadoresca. Y esto se hace de toda evidencia en la
Sierra Morena, cuando don Quijote, a punto de enviar a Sancho Panza con carta para Dulcinea, se ve obligado a revelar
su verdadera identidad, guardada con tanto celo hasta el momento por música y peregrina *senhal*. Dulcinea del Toboso
era, en la vida real, Aldonza Lorenzo, hija de Lorenzo Corchuelo y de Aldonza Nogales:

> —¡Ta, ta! —dijo Sancho—. ¿Que la hija de Lorenzo Corchuelo es
> la señora Dulcinea del Toboso, llamada por otro nombre Aldonza
> Lorenzo? (I, xxv).

El éxito con que la *senhal* de Dulcinea recató su identidad
hasta para el íntimo Sancho Panza lo revela el asombro con
que se expresa el escudero al averiguar la identidad vital
entre Aldonza Lorenzo y Dulcinea del Toboso. Y me he referido al nombre de Dulcinea como *senhal* en forma deliberada porque tal artificio no se encuentra en la literatura caballeresca: Oriana es siempre Oriana *(Amadís de Gaula)*, o
bien Carmesina es Carmesina *(Tirant lo Blanc)*, y nunca hay
pretexto ni intención de velar sus identidades para recatarlas
al escrutinio público. Bien es cierto que entre la poesía trovadoresca y la vida literaria de don Quijote se interpone la
inmensa mole de la poesía petrarquista con su multiplicación
de nombres poéticos para la amada —la Elisa de Garcilaso
me basta y sobra como botón de muestra—, pero me ha parecido provechoso indicar la común tierra en que ambas tradiciones echan sus raíces. Y no es menos evidente que don
Quijote mismo alude a la avalancha de lírica amorosa petrarquista, en el sentido que me interesa en la ocasión, cuando
se refiere a «todos los poetas que alaban damas, debajo de un
nombre que ellos a su albedrío les ponen» (I, xxv).

La forma en que don Quijote se refiere de continuo a Dulcinea como *señora*, y antes que él el trovador se dirigía a
la amada como *midons*, es altamente significativa.[12] Porque

---

[12] Llamo la atención al hecho de que en provenzal *midons* es
masculino, «mi señor», ya que *dons* viene del latín *dominus*. La forma
femenina sería *ma dompna*. Ahora bien, el uso del masculino se explica por la idea del vasallaje feudal, subyacente a todo el concepto
de amor cortés: el amante (el vasallo) se entrega y servirá a la amada
(su señor). Esto explica, ideológicamente, que cuando Juan Ruiz, arci-

esto implica que el amante —trovadoresco o quijotesco— no quiere, ni pretende, poseer a la amada, sino, al contrario, ser poseído por ella. Se sirve al señor, pero, en consecuencia, la primera recompensa de este servicio de amor es la salutación por parte de la amada, que implica un reconocimiento de tipo muy especial. Bernart de Ventadorn se queda alelado cuando le saluda su amada:

> *Autz es lo pretz qu'es cossentitz,*
> *car sol me denhet saludar.*
>
> *(Can lo boschatges es floritz.)*

«Alto es el honor que se me consiente, porque se originó saludarme a solas.»

La importancia del saludo de Beatrice se remonta a alturas metafísicas para el enamorado Dante Alighieri:

Digo que cuando ella aparecía dondequiera que fuese, ante la esperanza del admirable saludo, no me quedaba ya enemigo alguno; antes bien, nacíame una llama de caridad que me hacía perdonar a quien me hubiese ofendido; y si alguien entonces me hubiera preguntado cosa alguna, mi respuesta habría sido solamente *Amor,* con el rostro lleno de humildad. Y cuando ella estaba ya a punto de saludarme, un espíritu de Amor, destruyendo todos los demás espíritus sensitivos, empujaba a los míseros espíritus de la vista, y les decía: «Id a honrar a vuestra señora»; y él se quedaba en su lugar. Y quien hubiere querido conocer a Amor, podía hacerlo mirando el temblor de mis ojos. Y cuando aquella nobilísima salud me saludaba, no porque Amor fuese de tal manera embriagador que pudiese ensombrecer mi irresistible ventura, sino casi por exceso de dulcedumbre, me transformaba, de suerte que mi cuerpo, entonces completamente bajo su señorío, quedaba muchas veces como cosa grávida e inanimada. Así pues, aparece manifiesto que en sus saludos residía mi ventura, la cual muchas veces sobrepujaba y excedía mis fuerzas (*Vita Nuova,* XI).

Por desgracia para don Quijote, él nunca tuvo la oportunidad de ver a su amada ni de cerca ni de lejos, y así nunca recibió el sumo gozo de ser saludado por Dulcinea del Toboso. Pero él creyó, sin la menor duda, que Sancho Panza

---

preste de Hita, invoca ayuda y protección de la Virgen María, se dirige a Ella en este verso.: «Dame gracia, Señor de todas las señores» (*Libro de Buen Amor,* copla 10.ª).

había sido fiel mensajero, y había llevado su carta a la presencia de la Emperatriz de la Mancha. Ya que el saludo de su amada Dulcinea le había sido negado por sus circunstancias vitales, don Quijote transfiere la importancia metafísica que el saludo había tenido para Bernart de Ventadorn o para Dante Alighieri, a la respuesta de la amada a su carta:

> Loco soy, loco he de ser hasta tanto que tú vuelvas con la respuesta de una carta que contigo pienso enviar a mi señora Dulcinea; y si fuere tal cual a mi fe se le debe, acabarse ha mi sandez y mi penitencia; y si fuere al contrario, seré loco de veras, y, siéndolo, no sentiré nada (I, xxv).

Con análogos razonamientos se explica el bombardeo de preguntas con que don Quijote recibe a Sancho, en el momento en que él considera que su escudero ha regresado de su misión al Toboso. Ya que Sancho no trae respuesta escrita a la misiva de amor, las reacciones de Dulcinea del Toboso serán el equivalente, para nuestro desdichado caballero, del saludo de Beatrice a Dante: «¿Dónde, cómo y cuándo hallaste a Dulcinea? ¿Qué hacía? ¿Qué le dijiste? ¿Qué te respondió? ¿Qué rostro hizo cuando leía mi carta? ¿Quién te la trasladó?» (I, xxx).

Desde luego que el *fin aman* debía tener la paciencia de un santo, ya que la aceptación de su servicio de amor no tenía plazo fijo, ni tampoco existía la posibilidad de que fuese aceptado. El trovador Rigaut de Barbezieux, en *Pauc sap d'amor,* se cura en salud: «Poco sabe de amor el que no espera gracia, porque el amor quiere que suframos y esperemos.» La paciencia, desde luego, es una virtud poco caballeresca, pero que se infiltró en las convenciones de la caballería andante a través del amor cortés. Por eso es que don Quijote de la Mancha afirma a la faz del mundo: «De mí sé decir que después que soy caballero andante soy valiente, comedido, liberal, biencriado, generoso, cortés, atrevido, blando, *paciente...*» (I, L).

Por todo lo antecedente se puede bien suponer que el *fin aman*, el verdadero amante cortés, tenía que tener alguna virtud especial para mantenerse al socaire de tantas embestidas de enemigos tan poderosos como los que puede suponer cualquiera. Esa virtud, el verdadero *fin aman*, la tenía, ¡por suerte!, y se llamaba *mezura,* voz que hace siglos entró en nuestro idioma con sentido análogo y con la grafía un poco alterada de *mesura.* Bien es cierto que el sentido de la palabra está ahora bastante alterado respecto a lo que significaba en provenzal y en el vocabulario del amor cortés, pero no pienso meterme en ello. El caso es que para los trovadores *mezura* era esa medida —hasta en sentido etimológico— que implantaba moderación y sentido en algo que de otra manera se tornaría la locura de amar. La *mezura,* claro está, era una medida psicomoral, que afectaba a la ética y a la estética. Como dijo Marcabru:

> *De Cortesia-is pot vanar*
> *qui ben sap Mesur' esguardar.*
>
> *(Cortesamen vuoill comenssar.)*

«Uno se puede envanecer de Cortesía, si sabe guardar la Mesura.»

No nos puede caber la menor duda de que don Quijote de la Mancha, ejemplar *fin aman* que él es, estará bien provisto de *mezura;* casi todos los adjetivos que copié un poquitín más arriba, y que remataban con ese anticaballeresco *paciente,* casi todos ellos apuntan al sentido que los viejos trovadores daban a la voz *mezura.* Y bien vale la pena señalar que en uno de los primeros discursos públicos de don Quijote de la Mancha, en esa *fabla que nunca se fabló,* al encontrarse con esas dos mozas del partido, les dice: «Bien parece la mesura de las fermosas» (I, 11). Cavilemos: recién declarado caballero andante —ya que no armado, todavía—, y, por consiguiente, y *per definitionem,* caballero enamorado, al ver una mujer —dos mujeres— uno de los primeros términos que sube a los labios de don Quijote de la Mancha es el de *mezura.* Y es esta virtud, inventada por los trovadores del amor cortés, la que le lleva a autodefinirse en los términos tan extraordinarios que acabo de copiar hace un par de párrafos. Pero bien vale la pena subrayar que estas numerosas virtudes adjetivadas no le son propias a don Quijote de la Mancha *a nativitate,* sino sólo «después» que soy caballero andante», vale decir, dentro del cuadrante lexicográfico de la época, «después que estoy enamorado».

Ahora bien, si el amor, el *fin amor,* se entiende, desembocaba en *mezura,* esa virtud no teologal ni cardinal, pero en la que radicaban todas las demás, si ése era el caso, entonces el amor era fuente de toda virtud y de toda bondad. Así lo aseveró N'At de Monss en sus versos: «Los verdaderos amantes saben que por el amor los soberbios son humillados, y los humildes enaltecidos, y los perezosos se adiestran, y los simples adquieren sabiduría.» Los trovadores de la escuela del amor cortés descubrieron, ni más ni menos, que el amor posee una virtud genética que confiere la nobleza. Esta fuerza ennoblecedora del amor todavía está con nosotros, aunque mermada y venida a menos por la cambiante ideología de tantos siglos, pero no nos puede caber la menor duda que creía en ella a machamartillo don Quijote de la Mancha, ya que sin tal tipo de creencia su *quijotización* no sólo no hubiese podido ocurrir, sino que sería de todo punto inverosímil.

Claro está que una vez que se ha llegado a este punto en la cerebración del amor, conceptualizado ya del todo, la idea se refina y espiritualiza a todo galope. A tal punto que un trovador que no quiso remontarse a tales entelequias —y me refiero a Peire Guillem de Tolosa— le escribió a su colega italiano Sordello, en la *tenson* que comienza *En Sordel, que vos es semblan:* «Señor Sordel, nunca se ha visto amante de vuestra color, porque otros amantes desean besos y abrazos, mientras que vos decís que no apreciáis lo que otros desean.» Evidentemente, Sordello había abrazado una suerte de amor conceptualizado en su totalidad, al menos en su vida poética, ya que lo poco que se sabe de su vida personal no apoya tal afirmación. La menor familiaridad con el *Quijote* nos debe haber barbotar que nuestro héroe era otro Sordello, o como él se quiso autodefinir, un «enamorado platónico continente».

Para la misma época en que don Quijote se preparaba a efectuar su primera salida, se representaba en Londres una de las más extraordinarias tragedias de William Shakespeare: *The Tragedy of Othello, The Moor of Venice,* 1604. En la primera escena del acto IV, ante el castillo de Chipre, el villano Iago comienza a sembrar la simiente de los celos en la mente de Othello, celos que, como es bien sabido, llevan en forma casi indefectible a la tragedia final. Allí en Chipre dialogan el moro y el traidor:

IAGO

Will you think so?

OTHELLO

Think so, Iago!

IAGO

What,
To kiss in private?

OTHELLO

An unauthoriz'd kiss.

IAGO

Or to be naked with her friend in bed
An hour or more, not meaning any harm?

OTHELLO

Naked in bed, Iago, and not mean harm!
It is hypocrisy against the devil:
They that mean virtuously and yet do so,
The devil their virtue tempts, and they tempt heaven.

Iago, el traidor y villano, se expresa como el arquetipo del *fin aman*, e insinúa, de dientes para afuera, al menos, que la moderación de la *mezura* mantendrá intacto el código del *fin amor*. Pero el moro Othello, ignorante de las convenciones del amor trovadoresco, concibe que el *fin amor* no es ni más ni menos que una «hipocresía».

La perfecta contemporaneidad entre don Quijote y *Othello* es ejemplar, porque nos hace ver con los ojos casi el crepúsculo de la vigencia paneuropea del concepto de amor cortés. La entrega vital a la idea de amor cortés es propio de un loco como don Quijote, o bien el concepto es usado con fines maquiavélicos por malvados como Iago, o bien es negado en redondo por un militar a quien le hierve la sangre en las venas como es Othello. Empieza la larga retirada del amor cortés, pero que el concepto no está muerto, ni mucho menos, lo ejemplifica a maravilla la extraordinaria poesía amorosa de don Francisco de Quevedo y Villegas.

Con motivos y fines muy distintos, Federico García Lorca
poetizó una imagen admirable, que en esta ocasión la quiero
aplicar a este atardecer de la idea de amor cortés:

> *El día se va despacio,*
> *la tarde colgada a un hombro,*
> *dando una larga torera*
> *sobre el mar y los arroyos.*
>
> (*Prendimiento de Antoñito el Camborio*
> *en el camino de Sevilla.*)

Las últimas reflexiones que cerrarán este capítulo deben
ser enfocadas desde la perspectiva de don Quijote de la Mancha, ya que me han sido provocadas por un largo meditar
sobre el sentido de su forma de vida. Comienzo con una cita
de un trovador que llevó el *trobar clus* a cimas inalcanzadas.
Me refiero a Arnaut Daniel, poeta de tan extraordinaria
maestría que Dante le aludió en estos versos:

> *Fu miglior fabbro del parlar materno.*
> *Versi d'amore e prose di romanzi*
> *soverchiò tutti...*
>
> (*Purgatorio,* XXVI, 117-19.)

En una canción digna de figurar en antologías (*En breu
brisara*), Arnaut Daniel dijo en forma taxativa: «El amor es
la llave del mérito.» En su época, y por varios siglos más,
nadie se hubiese atrevido a desmentir a Arnaut Daniel, y
mucho menos que nadie don Quijote de la Mancha. Si el amor
abría las puertas del mérito se explica fácilmente que todos
los caballeros andantes de la literatura y de la historia sin-
tiesen la necesidad vital de estar enamorados. Ya he hablado
lo suficiente de Amadís de Gaula y su amor instantáneo por
Oriana. Ahora cabe recordar los muy históricos caballeros
de la Orden de la Banda del rey Alfonso XI de Castilla, que
por reglamento tenían que «servir alguna dama» —y no olvidemos el especial significado que la voz *servicio* tenía en
el vocabulario del amor cortés—, y la misma regla les exigía
a estos caballeros que debían hacer su *mesura* a las damas,

con el particular sentido que *mezura* tenía, y que vengo de discutir *(vide supra,* págs. 09 y 244-246).

Y un siglo más tarde ocurrió en la misma Castilla el sonadísimo Paso Honroso de Suero de Quiñones, que don Quijote conocía muy bien (I, XLIX). En el año de 1434 el caballero Suero de Quiñones y otros nueve nobles amigos se apersonaron al rey Juan II de Castilla, y a través del faraute Avanguarda le presentaron la siguiente petición por escrito:

> Deseo justo e razonable es, los que en prisiones, o fuera de su libre poder son, desear libertad; e como yo [Suero de Quiñones], vasallo e natural vuestro, sea en prisión de una señora de gran tiempo acá, señal de la cual todos los jueves traigo a mi cuello este fierro, según notorio sea en vuestra magnífica corte e reynos, e fuera dellos por los farautes que la semejante prisión con mis armas han llevado. Agora, pues, poderoso Señor, en nombre del Apóstol Sanctiago yo he concertado mi rescate, el quel es trescientas lanzas rompidas por el asta, con fierros de Milán, de mí e destos caballeros que aquí son en estos arneses. [13]

Es evidente que Suero de Quiñones y sus compañeros son movidos por los ideales del amor cortés. Por todo un mes —quince días antes del Apóstol Santiago, y quince después— romperán lanzas con 68 caballeros en el puente del camino a Santiago sobre el río Orbigo, y todo esto con fin de ganar mérito, la *pretz* de los trovadores. Y para que no quepa el menor resquicio de duda en la fuerza motriz del amor cortés en toda aventura caballeresca, el capítulo VII de la empresa de Suero de Quiñones leía así:

> El séptimo es que por mí serán nombradas tres señoras deste reino a los farautes que allí conmigo serán para dar fe de lo que pasare, e aseguro que non será nombrada la señora cuyo yo soy, salvo por sus grandes virtudes.

---

[13] Toda la increíble aventura del Paso Honroso fue recogida y testimoniada por un escribano profesional, Pero Rodríguez de Lena, mas nada de esto vio la luz pública hasta más de siglo y medio después de la aventura: Fray Juan de Pineda, O. F. M., *Libro del Paso Honroso defendido por el excelente caballero Suero de Quiñones* (Salamanca, 1588); Pineda declara resumir el testimonio del escribano Rodríguez de Lena. Pero no hay que haber leído la obra de Pineda para conocer el fantástico episodio del Paso Honroso: todas las crónicas del reinado de Juan II de Castilla narran tan apetitoso episodio. En el texto, claro está, cito el texto de Pineda, folio 5 recto y vuelto.

Secretum meum mihi. Y ahora no puede caber adarme de duda que Suero de Quiñones aprobó vigorosamente esta declaración con toda la fuerza de su brazo y riesgo de su persona, rompiendo lanzas en el puente de Orbigo. Las consecuencias de este tipo de actitud por parte del caballero medieval son muy serias para las vidas afectadas, porque la clara implicación es que el amor cortés se ha convertido en un fin en sí mismo, sin virtud redentora alguna para la ortodoxia cristiana. Y con esto creo que se acaba de explicar esa afirmación de don Quijote de la Mancha, bastante sorprendente a primera vista: «Yo soy enamorado, no más de porque es forzoso que los caballeros andantes lo sean» (II, xxxii).

La actitud de Suero de Quiñones y sus compañeros, de amigos y de enemigos, de caballeros mantenedores y aventureros, no puede dejar duda alguna de que el servicio de amor era total, de absoluta integridad vital, aun a riesgo de perder esa misma vida. No puede sorprender, por consiguiente, que el más grande cantor del amor trovadoresco, Bernart de Ventadorn, lo defina en términos análogos en la canción que comienza:

> *Non es mervalh s'eu chan*
> *melhs de nul autre chantador,*
> *que plus me tra-l cors vas amor*
> *e melhs sui faihz a so coman.*
> *Cor e cors e saber e sen*
> *e fors' e poder i ai mes.*

«No es maravilla que yo cante mejor que ningún otro cantador, porque mi corazón me atrae más hacia el amor y soy mejor hecho a sus órdenes. En él he puesto mi corazón y mi cuerpo, y mi saber y mi sentido, y mi fuerza y mi poder».[14]

---

[14] Como Bernart de Ventadorn es bien poco conocido del lector medio de hoy día, y lo mismo se puede decir de todos los demás trovadores de la escuela provenzal, y como yo he usado más de un texto suyo con gran provecho, citaré a un especialista francés contemporáneo para que nos termine de dibujar su silueta: «Par la musicalité de sa langue, simple et harmonieuse, par la fluidité de ses vers et le charme de ses images, et surtout par la justesse et la sincerité de ses sentiments, il se revèle gran poète lyrique, sensible et délicat,

¡Cómo le hubiese gustado a don Quijote hacer suyas las palabras de Bernart de Ventadorn de haberlas llegado a conocer, caso imposible, por lo demás! Pero en su vida don Quijote encarnó el mismo tipo de actitud poética y vital que nos acaba de ejemplificar Bernart de Ventadorn. Repase el lector en su memoria tantos y tantos episodios y discursos en que don Quijote deja amplio y férreo testimonio de lo que queda dicho. Yo ya no tengo tiempo más que para aludir al desastrado episodio con que se cierra la primera parte de las aventuras de nuestro caballero andante. Al ver a una procesión de disciplinantes que llevaban sobre una peana una imagen de la Virgen María, don Quijote cree haber caído sobre una turba de malandrines que llevan raptada a una hermosa señora. Ataca con su denuedo de siempre, mas uno de los disciplinantes «dio tal golpe a don Quijote encima de un hombro, por el mismo lado de la espada, que no pudo cubrir el adarga contra villana fuerza, que el pobre don Quijote vino al suelo muy mal parado» (I, LII). Al volver de su desmayo, nuestro caballero andante declara de inmediato y en voz alta su dedicación plena y vital a su amor por Dulcinea; es lo primero que hace al abrir ojos y boca: «El que de vos vive ausente, dulcísima Dulcinea, a mayores miserias que éstas está sujeto» (ibídem). Mas esto no puede extrañar a ningún lector, porque mucho antes don Quijote ya había definido a la señora de sus pensamientos, a Dulcinea, como «día de mi noche, gloria de mi pena, norte de mis caminos, estrella de mi ventura» (I, xxv).

Allá en 1926 un alavés llamado Ramiro de Maeztu publicó un libro que no dejó de levantar polvareda, que creo ya haber mencionado, y que él tituló Don Quijote, Don Juan y la Celestina. Ensayos en simpatía. El ensayo dedicado a nuestro héroe lo tituló «Don Quijote o el amor», y con estas palabras escribió una verdad como un templo. Porque don Quijote de la Mancha —no Alonso Quijano, o como se llamase—, la vida de don Quijote y sus ensueños rezuman y

---

d'une grace un peu mélancolique, comme la poésie occitane n'en connaît point d'autre. Il a été vraiment plus que les autres, comme il l'affirme lui-même, le grand chantre de l'amour», Ernest Hoepffner, Les Troubadours (París, 1955).

cifran su amor, el amor por Dulcinea del Toboso. Al enfrentarse con el Amor, en esta mesa de juegos que es la vida, hay que jugar todo a una carta, a sabiendas de que esa carta no ganará jamás. Esto ya no es impavidez; es heroísmo puro y simple, como nos demuestra don Quijote con cada latir de su corazón, con cada minuto de su vida.

Mas ¿puede caber sorpresa cuando trescientos años antes había escrito Dante Alighieri:

L'Amor che move il sole e l'altre stelle?

VIII

LIBROS Y CHARLAS; CONOCIMIENTO
Y DUDAS

LA CATAPULTA que impelió a ese oscuro y semianónimo hidalgo de gotera a las alturas inmarcesibles del mito y de la caballería andante con el nombre de don Quijote de la Mancha, esa catapulta fueron los libros. Sobre esto no le puede caber la menor duda a nadie. Para los paisanos de don Quijote fueron «los libros autores del daño», y proceden a quemar la inmensa mayoría. Para mis lectores he enfocado el problema desde varios puntos de vista, y sobre ellos fundamenté el capítulo IV, «La locura de vivir».

Recordaba y puntualizaba yo allí que de los cuatro humores que constituían al hombre, según la fisiología tradicional, en don Quijote primaba con exceso el humor de la cólera. Colérico y de subido ingenio tenía que picar en manía, según las castizas expresiones de nuestro médico navarro, el doctor Juan Huarte. La manía se desbarranca por la lectura de libros de caballerías, y todo esto junto recalienta y reseca su cerebro al punto de hacerle desembocar, en forma indefectible, en la locura.

Repaso todo esto para que quede bien plantado y de toda evidencia el hecho fundamental —en cuanto clave de la nueva personalidad del héroe, ostentada con orgullo hasta la muerte— de que son los libros los que constituyen toda la basa y pedestal de don Quijote de la Mancha. Claro está que éste no es el caso con el machucho hidalgo en cuyo cuerpo se insufló la locura divina, que dijo Platón; la osamenta que recibe los palos es la del pobre viejo, pero el espíritu que lleva siempre a los quebrantados huesos a renovar el combate, ese espíritu se identifica con el nombre de don Quijote de la Mancha.

Lo inconmovible de esta realidad es el hecho de que por
primera vez el hombre europeo estuvo dispuesto a conside-
rarse a sí mismo como sustentado e inspirado en su vivir por
libros. Hasta la época de don Quijote, el hombre occidental
se había visto, desde los helenos en adelante, como apoyado
en la dura faena del vivir por mitos, religión, pasiones, ideales, o lo que sea. Pero ¿descansar toda una vida en libros, en
la literatura, y nada más? ¡Imposible! ¡Jamás!

Mi propia tranquilidad intelectual me obliga a plantearme
una pregunta cuya respuesta ni poseo ni conozco. Es pregunta, en consecuencia, que le planteo asimismo al lector. Y en
la intimidad de estas páginas el lector puede declinar la respuesta, si está a la altura de mis conocimientos. Pero si su
nivel es superior, bien pronto espero clarinazos de nuevo
saber, que me alertarán e indoctrinarán. La pregunta es ésta:
¿hasta qué punto se puede relacionar la concepción cervantina
de una vida afirmada en libros con el hecho histórico de que
los musulmanes conocían a los cristianos, a los judíos, y aun
a ellos mismos, como *la gente del Libro (ahl al-qitab)?* El definitivo monoteísmo, inspirado en *un* Libro, de judíos, moros
y cristianos, sirvió para denominarles por largo tiempo. Y no
cabe asomo de duda que la vida individual y colectiva de *la
gente del Libro* se sustentó —¿y sustenta?— sobre una actividad espiritual basada con firmeza en el mensaje divino contenido en esa obra. La vida del cristiano, moro o judío se fundamenta sobre un libro —Biblia, Corán, Tora—; la vida de
don Quijote, de análoga manera, se estructura sobre un libro
—el de caballerías—. ¿Hay analogía de dependencia? No
lo sé.

El nexo entre vida colectiva, o individual, y el Libro flo-
rece en la vida espiritual de la comunidad o del individuo.
El nexo entre la vida de don Quijote y *su* libro —el *Amadís,*
por ejemplo— aflora en su vida imaginativa por demás. Creo
que algo se puede sacar en claro de todo esto, y es que don
Quijote sólo fue posible dentro del seno de la tradición occidental, porque esa tradición es indisociable de las tres castas,
como las llamaba don Américo Castro, de cristianos, moros
y judíos, vale decir, *la gente del libro.*

Y vuelvo a materias de las que tengo conocimientos más
idóneos. Empecemos por considerar un hecho muy sencillo:

la biblioteca de don Quijote era de muy considerables dimensiones para alguien de su situación económica, puesto social y lugar de residencia, «en un lugar de la Mancha». La verdad es que hoy en día todavía sería difícil reunir el equivalente numérico y cualitativo de los libros que don Quijote colectó en el aposento que se llevó el sabio Frestón. Ahora bien, durante el famoso escrutinio de la librería de don Quijote (I, VI), llevado a cabo por cura y barbero con la alegre ayuda de ama y sobrina, no se nos dice la cantidad exacta sino aproximada de los libros que tenía el hidalgo, porque las voces de éste impidieron seguir adelante con la tala y quema: «Por acudir a este ruido y estruendo no se pasó adelante con escrutinio de los demás libros que quedaban» (I, VII). Y más abajo, en el mismo capítulo, se explica:

> Aquella noche quemó y abrasó el ama cuantos libros había en el corral y en toda la casa, y tales debieron de arder que merecían guardarse en perpetuos archivos; mas no lo permitió su suerte y la pereza del escrutiñador, y así, se cumplió el refrán en ellos de que pagan a las veces justos por pecadores.

Al comienzo del capítulo VI se nos había dado una medida aproximada de las dimensiones del total de libros que logró acumular la manía del futuro don Quijote de la Mancha: «más de cien cuerpos de libros grandes, muy bien encuadernados, y otros pequeños». Mucho más tarde la imaginación de don Quijote triplica el número, cuando escucha la historia de Cardenio y surge la intempestiva alusión al *Amadís de Gaula*. Don Quijote interrumpe de inmediato, al oír este nombre, con los resultados tan sabidos, pero en el momento de la interrupción él le ofrece a Cardenio: «Allí [en su innominada aldea] le podré dar más de trecientos libros que son el regalo de mi alma y el entretenimiento de mi vida» (I, XXIV).

Más de trecientos libros a comienzos del siglo XVII es una cantidad harto ponderable, sobre todo si nos imaginamos cuán a trasmano de todos los centros libreros debe haber caído este «lugar de la Mancha de cuyo nombre no quiero acordarme». Además, una época que no conoció los libros en rústica —fuera de los pliegos sueltos, que no vienen al caso— debe haber valorado la biblioteca de don Quijote a precio de oro. Y esto fue, precisamente, lo que tuvo que pagar el futuro caballero andante, muy a desmedro de su hacienda:

> Se daba a leer libros de caballerías con tanta afición y gusto que olvidó casi de todo punto el ejercicio de la caza, y aun la administración de su hacienda; y llegó a tanto su curiosidad y desatino en esto que vendió muchas hanegas de tierra de sembradura para comprar libros de caballerías en que leer, y así, llevó a su casa todos cuantos pudo haber dellos (I, 1).

Debo recordar al lector que allá a mediados del siglo XV don Iñigo López de Mandoza, marqués de Santillana, allegó una extraordinaria biblioteca, con algo más de los trescientos volúmenes de don Quijote —y antes de la invención de la imprenta—, y la apreció de tal manera que la vinculó en su mayorazgo y título. Pero todo el mundo conoce la talla intelectual del marqués de Santillana. Cuatro siglos más tarde, su descendiente y heredero don Mariano Téllez-Girón y Beaufort, XII duque de Osuna y XV duque del Infantado, habiendo tronado con bríos estrepitosos la fabulosa fortuna heredada, se ve obligado a vender la biblioteca particular de más solera que ha conocido España, y quizá Europa. Pero la historia conoce al marqués de Santillana como uno de los más grandes intelectuales de su siglo, mientras que don Mariano Téllez-Girón y Beaufort no pasó de ser el Grande de más tronío que conoció Europa.

Esta suerte de perifrástico exabrupto me lo ha provocado el hecho de que desde el juego de posibles perspectivas vitales que nos abre la atalaya de los Santillana-Osuna, don Quijote de la Mancha, salvadas todas las distancias, era, al menos en su fase formativa, un intelectual de pies a cabeza. Ahora bien, allá en 1927 José Ortega y Gasset publicó un libro, interesantísimo como todos los suyos, que tituló *Mirabeau o el político*. En el noble provenzal del siglo XVIII contemplaba Ortega «una cima del tipo humano más opuesto al que yo pertenezco». Y como no puede caber duda a nadie de que Ortega y Gasset pertenecía al tipo humano del intelectual —duda que roza en bizantinismo, y que nunca se cobijó en el pecho de Ortega—, y por consiguiente uno de los temas a desarrollar por nuestro gran filósofo, fue el distinguir entre intelectual y político. Muy a vuelo de pájaro, y con máxima compresión ideológica, me atrevo a decir, con forzado apoyo en Ortega, que el auténtico hombre de acción no es el político —más que conclusión lógica, esto es un paralogismo, para Ortega—, sino el intelectual. El político no llega, en la inmensa mayoría de los casos, a ser más que un *ejecutivo* de la acción. En cambio, el intelectual es un tipo pensativo, a quien sus conocimientos y lecturas le hacen decidir por no actuar. Para el político la acción se convierte en lo que Kant denominó un imperativo categórico; el intelectual es el tipo humano que decide no actuar, inducido por sus conocimientos derivados de la lectura.

Ahora sí que estoy bien pertrechado para volver a la brecha y proclamar: ¡Sí, señores, don Quijote de la Mancha fue un intelectual que decidió actuar! Maravillosa paradoja, una de las tantas que encierra el *Quijote,* y que convierte al protagonista epónimo en el personaje literario más querido por las generaciones que fueron, son y serán. Porque un intelectual que actúa —un loco entreverado, como le denominó don Lorenzo de Miranda— no puede por menos que tocar alguna cuerda armoniosa en el alma de todo lector, sin mirar en barras de clase social, de afinidades intelectuales o de partidismos políticos.

Lo que decide a don Quijote de la Mancha, el intelectual, a actuar se explica por lo que contienen los anaqueles de la biblioteca de su *alter ego,* el avejentado hidalgo manchego. Pero debo adelantar que no pienso repasar los libros que son mencionados y criticados en el capítulo VI, algunos para ser quemados, y son los más; los menos para salvarse del brazo secular del ama. Creo, sin embargo, que el lector debe considerar seriamente que en esos libros radica la concepción del mundo de don Quijote —como en el Julien Sorel de Stendhal, o en la Emma Bovary de Flaubert—, con un elemento de importantísima plusvalía: de esos libros emana todo el vivir conceptual y activo de don Quijote en la primera parte de sus aventuras. Mas la segunda parte es emanación de la primera, no sólo en el sentido de lo ya conceptualizado y vivido por el protagonista, sino, también y tan importante, en el hecho de que los otros personajes ya han hecho carne de sus conciencias las aventuras de don Quijote de la Mancha diez años antes, allá por 1605, narradas en un libro. Como pregunta la duquesa a Sancho:

> Decidme, hermano escudero: éste vuestro señor, ¿no es uno de quien anda impresa una *historia* que se llama *del ingenioso hidalgo don Quijote de la Mancha,* que tiene por señora de su alma a una tal Dulcinea del Toboso? (II, xxx). [1]

Rondaría yo el campo de las viejas verdades del maestro Perogrullo, si observase que la segunda parte del *Quijote* presupone la primera, pero lo importante es que tantos personajes de 1615 reconocen la absoluta validez de un vivir literario que transcurrió diez años antes. Comenta el socarrón bachiller salmantino:

> —No se le quedó nada —respondió Sansón— al sabio en el tintero: todo lo dice y todo lo apunta; hasta lo de las cabriolas que el buen Sancho hizo en la manta (II, iii).

Mas antes de empinarnos tanto, conviene recordar que las lecturas —vale decir, educación— de cada uno de nosotros constituye la base doctrinal de nuestras acciones, así la obra leída sea *Il Principe,* de Maquiavelo, como en el caso de Napoleón Bonaparte, o *Mein Kampf,* de Adolf Hitler, en el caso de tantos alemanes en aquella desgarradora coyuntura de la Segunda Guerra Mundial. Esta simple observación nos debe inducir, de inmediato, a repasar no tanto los títulos de los libros —tarea de erudito— como los géneros literarios de las obras que atesoraba nuestro hidalgo. El más superficial repaso demuestra que esa famosa biblioteca no atesoraba más que novelas en prosa y libros en verso, de los cuales ninguno pertenecía al género dramático. Una segunda ojeada agrupa los libros en estas categorías: novelas de caballerías, novelas pastoriles, un par de cancioneros individuales dedi-

---

[1] Para que no se despiste del todo el lector, debo llamar su atención al hecho de que bastantes de mis afirmaciones y lucubraciones se apoyan, en este mismo momento, en estos tres trabajos: E. F. Rubens, *Sobre el capítulo VI de la primera parte del Quijote* (Bahía Blanca, 1959); Américo Castro, «La palabra escrita y el *Quijote*», *Hacia Cervantes* (Madrid, 1957), con reediciones posteriores, y Stephen Gilman, «Los inquisidores literarios de Cervantes», *Actas del Tercer Congreso Internacional de Hispanistas* (México, 1970)

cados a la poesía lírica —Pedro de Padilla, Gabriel López Maldonado— y una media docena de epopeyas renacentistas.

Como conclusión inmediata se puede adelantar que los libros de caballerías son los que afectan su cerebro y disparan su imaginación, como ya queda dicho, y en forma más larga y tendida en el capítulo IV («La locura de vivir»). Y esta es condición indispensable para que ese hidalgo manchego, vejancón ahíto de lentejas y palominos, se lance en forma empecinada a que el mundo le hunda costillas y despueble encías. De no haber existido libros de caballerías el machucho hidalgo nunca hubiere descubierto que llevaba por dentro un *alter ego* fenomenal: don Quijote de la Mancha. Los libros de caballerías son para la existencia de don Quijote *res sine qua non*.

Las novelas pastoriles agregan una nueva dimensión a la imaginativa del héroe. No me refiero a los episodios pastoriles en sí, en los que la imaginación de don Quijote no tiene que esforzarse en absoluto para «pastorilizar» la realidad, como es el caso con el de Marcela y Crisóstomo (capítulos XI-XIV) o el de Leandra (capítulo LI), ambos de la primera parte. Me refiero, más bien, a episodios en los que la imaginativa de don Quijote, al tropezar con evidencias de la vida pastoral empírica, de inmediato las transforma en testimonios de la ideal bucólica tradicional. Como cuando encuentra a unos pastores muy reales que le llevarán al sepelio de Grisóstomo:

> Acabado el servicio de carne, tendieron sobre las zaleas gran cantidad de bellotas avellanadas, y juntamente pusieron un medio queso, más duro que si fuera hecho de argamasa. No estaba, en esto, ocioso el cuerno, porque andaba a la redonda tan a menudo —ya lleno, ya vacío, como arcaduz de noria—, que con facilidad vació un zaque de dos que estaban de manifiesto. Después que don Quijote hubo bien satisfecho su estómago, tomó un puño de bellotas en la mano y, mirándolas atentamente, soltó la voz a semejantes razones:
> —Dichosa edad y siglos dichosos aquellos a quien los antiguos pusieron nombres de dorados... (I, XI).

En la segunda parte, en el episodio de la fingida Arcadia (II, LVIII), los caballeros y damas que en ella se mueven han escogido, *libero arbitrio*, vivir la bucólica, pero sólo con fines de entretenerse, de pasar el rato, por ello representan églogas de Garcilaso y de Camoens. La imaginativa de don Quijote, como sólo abarca la ecuación perfecta entre literatura y vida, le lleva a hacerse paladín de estas contrahechas pastoras, con el resultado que una tropa de toros bravos lo deja tumbado y maltrechísimo en el camino.

Pero la importancia del mito pastoril —de las novelas pastoriles que don Quijote tenía en sus anaqueles— no tiene tanto que ver con esto, sino más bien con la base doctrinal que imparte a sus acciones, o aspiraciones, cuando es desalojado a la fuerza del mundo de la caballeresca. Me refiero, y aclaro, a la triste ocasión en que don Quijote cayó vencido por el Caballero de la Blanca Luna, allá en la playa barcelonesa. La victoria de este caballero implica la expulsión de don Quijote del orbe mítico y perfecto de la caballería. (Buen momento es éste para recalcar que todo mito presupone la perfección.) Desalojado de un mundo de perfección mítica y de creación literaria, don Quijote de inmediato sueña con el otro mundo de análogas características que él conocía con intimidad —como demuestra su biblioteca—, y me refiero, claro está, al mundo pastoril. Por ello, en el largo camino de regreso a la aldea, la imaginativa de don Quijote, con todo un orbe inaccesible, no halla dónde reposar, hasta que rememora otro mundo tan ideal como el de la caballeresca de donde ha sido expulsado: ésta es la base doctrinal e implícita de los proyectos pastoriles de don Quijote (II, LXVII), de los que he hablado con brevedad antes.

Ese par de ejemplares de poesía lírica que sale a luz en el escrutinio —los cancioneros de Padilla y López Maldonado— es el trasfondo indispensable de nuestro héroe. Sin la canción lírica o épico-lírica, compuesta y cantada por él mismo, desde luego, don Quijote se hubiese quedado bastante corto de la meta que él mismo se marcó. Y eso que su voz dejaba algo que desear: «Con una voz ronquilla, aunque entonada, cantó...» (II, XLVI).

En cuanto a los copiosos ejemplares de epopeya renacentista que tenía don Quijote —y la verdad es que no podía tener otro tipo de epopeya en ese siglo—, esto es, en otra escala, lo mismo que los libros de caballerías. Representan, o prefiguran, la voluntad de vivir la vida al nivel heroico-caballeresco; en suma, al nivel épico.

Por todos estos motivos, y algunos más, siempre me ha desazonado sobremanera el agrio y brevísimo comentario de Miguel de Unamuno a este capítulo VI de la primera parte:

Aquí inserta Cervantes aquel capítulo VI en que nos cuenta «el donoso y grande escrutinio que el cura y el barbero hicieron en la librería de nuestro ingenioso hidalgo», todo lo cual es crítica literaria que debe importarnos muy poco. Trata de libros y no de vida. Pasémoslo por alto *(Vida de don Quijote y Sancho)*.

El desenfoque que estas palabras presupone es muy grande, aunque muy propio de Unamuno, según veremos de inmediato. El caso es que don Miguel de Unamuno, gran vasco, de Vizcaya, fue grande hasta en sus errores.

Para atisbar la cuestión con un mínimo de imparcialidad hay que retrotraernos un poco respecto a Unamuno. El problema, y muy a grandes rasgos, comenzó con el Romanticismo, una suerte de quijotismo ambiental, y en el peor de los sentidos. La vida se vivió de verdad como si fuese literatura, lo que llevó a transfigurar la primera gran obra de Goethe, *Die Leiden des jungen Werther,* en el irreparable suicidio de Mariano José de Larra, admirable nombre nuestro que me exime de alargar la lista de *wertherianos,* filos o seudos. De todas maneras, la violenta reacción antirromántica disoció por completo los términos *literatura* y *vida,* que habían tenido gran compatibilidad desde el amor cortés, por lo menos, como recordaba yo en el capítulo anterior. La obra toda de Unamuno se puede entender, en primera instancia, como producto de tal disociación. Pero si consideramos a Unamuno como persona, entonces vemos que, en segundo lugar, y en forma más sutil y radical, el bilbaíno don Miguel era, antes que nada, hombre de libros, intelectual, como que fue por casi toda su vida catedrático de griego y rector en Salamanca. En consecuencia, el intelectual Unamuno nos quiere hacer olvidar, al leer el comentario recién copiado de su *Vida de don Quijote y Sancho,* que nos hallamos ante un libro, el suyo, cuya única *raison d'être* estriba en ser la reacción de un hombre de letras —un intelectual, al fin y al cabo— al libro de otro hombre de letras —Cervantes, *Don Quijote*—, cuyo protagonista fue un hidalgo aldeano e intelectualizado, que fue movido a obrar por otros libros. Hermosísima galería de espejos, pero que es un artificio-trampa muy propio de Unamuno, como cualquier lector de *Niebla* recordará.

Sea esto como sea, queda un hecho ineludible, sin embargo, y es que a pesar —o debido a— la importancia que los libros adquieren en la orientación vital de un hombre —don Quijote de la Mancha—, estos libros son quemados. La quema de libros se puede interpretar a dos niveles distintos, los dos a que funciona cualquier libro en cuanto tal. Al nivel literal, un libro es un conjunto de letras que se agrupan en palabras, palabras que forman oraciones, oraciones que rematan en párrafos, y de párrafos que llenan páginas cuyo número determinará el tamaño del libro. Al nivel simbólico los significados del libro se multiplican y enriquecen en gran manera.[2] Para todo el mundo el libro es el símbolo de la cultura, de la difusión de ideas. Para los chinos el libro era uno de ocho emblemas para resguardarse de los malos espíritus. Para el cristiano el Libro de la Naturaleza (*Liber Naturae*) era simbólico de la Creación, y una adecuada práctica del método exegético llevaba a revelar la influencia divina desde el mundo natural hasta las más empinadas alturas.

Quemar un libro, por consiguiente, adquiere el remontado valor simbólico de un atentado contra la Creación. Como no se puede matar la Idea —platónica o no—, se trata de matar las ideas, y la forma más expeditiva es eliminar sus medios de difusión, o sea quemar los libros. Esto, en forma paradójica, demuestra una fe absoluta en las ideas puestas en acto por la literatura. La quema de libros expresa, en esa misma acción, una fe implícita en el poder de las ideas hechas libros, ya que éstos se eliminan. Ciertas ideas se consideran peligrosas —contra la religión, la moral, el Estado, etc.—, y el primer paso para impedir su difusión es el establecimiento de la censura de libros. Si ésta no es todo lo efectiva que se esperaba, o bien para desarraigar las ideas —hablo en sentido etimológico: arrancarlas de raíz—, o una combinación de am-

---

[2] Dado que el simbolismo, en cuanto estudio del significado de los símbolos, es materia que interesa tanto al neófito como al especialista, recomiendo la lectura del libro de Juan Eduardo Cirlot Laporta *Diccionario de símbolos* (Barcelona, 1969).

bos motivos, entonces se procede a quemar los libros que contienen dichas ideas.

La Castilla del siglo xv ya había presenciado una sistemática quema de libros; que yo sepa, fue la primera dispuesta de tal manera en España. Esto ocurrió a la muerte del eminente y enigmático don Enrique de Villena, pariente del propio rey don Juan II de Castilla, príncipe y hombre de letras de conocimientos científico-literarios tan profundos que el vulgo sólo podía explicar tanta ciencia en un caballero de la más alta nobleza como producto de tratos diabólicos. Como resultado, cuando murió don Enrique, en diciembre de 1434, Juan II de Castilla ordenó la quema de sus libros para impedir la difusión de ideas tan peligrosas como las que impulsaron a don Enrique de Villena.[3] Es lamentable desde todo punto de vista que la iniciativa estatal en la quema de libros para desarraigar ideas ha tenido tristes rebrotes en nuestros días, en la Alemania nazi o en la Argentina de la primera presidencia de Perón.

Para la época de don Quijote, España se había convertido en un monolítico Estado-Iglesia, cuya única organización al nivel de todo el vasto Imperio era el Santo Oficio contra la Herética Pravedad, vale decir, la Inquisición. El Santo Oficio tenía a su cargo la defensa de la fe, de su integridad y pureza, y por extensión natural también tenía a su cargo la censura

---

[3] El instrumento de la quema fue el confesor de Juan II, fray Lope de Barrientos, O. P., quien nos dejó una crónica donde narra con detalle este triste atentado. Dice así: «Este don Enrique [de Villena] fue muy grant sabio en todas çiençias, en especial en le Theología e Nigromançia, e avn fue grant alquimista. Y con todo esto vino a tan grant menester, al tiempo que fallesçio non se falló en su cámara con qué le pudiesen enterrar. Y fué cosa de Nuestro Señor, porque las gentes conoscan quánto aprouechan las semejantes çiencias. Y después que él fallesçió, el Rey mandó traer a su cámara todos los libros que este don Enrique tenía en Yniesta [= Iniesta, en la provincia de Cuenca], e mandó a fray Lope de Barrientos, maestro del Príncipe [= el futuro Enrique IV], que catase si auía algunos dellos de çiencia defendida. E el maestro católos, e falló bien çinquenta volumes de libros de malas artes. E dió por consejo al Rey que los mandase quemar. El Rey dió cargo dello al dicho maestro, e él púsolo luego en esecución e todos ellos fueron quemados», *Refundición de la crónica del Halconero por el obispo don Lope Barrientos*, edición J. de M. Carriazo (Madrid, 1946), págs. 170-71.

de libros. Con eficacia contundente, la Inquisición procedía
contra los herejes en los famosos *autos de fe* —o infames,
«según el color del cristal con que se mire»—. Contra los
libros la Inquisición disponía del poder de censura, o sea
que se procedía contra las ideas peligrosas a través de los
libros, y contra éstos a través de la mutilación, que, en ocasiones, podía llegar a la eliminación total. Desde el año de
1551, cuando apareció el primer índice expurgatorio peninsular, el Santo Oficio hacía circular por todos los rincones del
Imperio y por todos los niveles sociales la lista de libros pro-
hibidos por contener errores o herejías. Dichos libros prohi-
bidos había que entregarlos a las autoridades locales de la
Inquisición, quienes se encargaban de hacerlos desaparecer o
de mutilar los pasajes censurables.

Esta apresurada y abreviada visión panorámica nos debe
servir, sin embargo, como telón de fondo al escrutinio de los
libros de don Quijote. Hay, por parte del autor, un deseado
trasfondo de actividades inquisitoriales, logrado a fuerza de
alusiones verbales y de semejanzas en las acciones al nivel
más superficial. No bien entran los cuatro personajes —cura
y barbero, ama y sobrina— en el aposento de los libros, ya
se alude a la eliminación violenta, *more inquisitoriale,* de las
ideas a través de los libros: «Podía ser hallar algunos [libros]
que no mereciesen *castigo de fuego.*» La sobrina aboga enér-
gicamente por no *perdonar* a ningún *dañador.* El primer movimiento del cura al abrir el primer libro, que resulta ser el
Amadís de Gaula —lo que provoca el siguiente comentario:
«Parece cosa de misterio ésta»—, es de quemarlo «como a
dogmatizador de secta tan mala».[4] «Era el cura tan buen cristiano y tan amigo de la verdad»; «como se enmendaren, así
se usará con ellos de misericordia y de justicia».

En forma expeditiva se termina con los libros de caballerías, y se entra por el campo de las novelas pastoriles. Dice

---

[4] Conviene puntualizar en este momento que en las polémicas literarias de la España de Cervantes contra Góngora y sus imitadores,
términos semejantes, o peores, circulaban libremente, como ha demostrado un libro reciente de Andrée Collard, *Nueva poesía* (Madrid,
1967). Pero dado el ambiente seudoinquisitorial que quiere crear Cervantes, esas mismas palabras no pueden por menos que tener reso-
nancias muy especiales.

el cura entonces: «Estos no merecen ser quemados, como los demás, porque no hacen ni harán el daño que los de caballerías han hecho, que son libros de entendimiento.» Pero la sobrina teme el contagio de las ideas expresadas en los libros —en cualesquier libros, como que viven en estado de bienaventurado oscurantismo—, y clama por la hoguera: «No sería mucho que, habiendo sanado mi señor tío de la enfermedad caballeresca, leyendo éstos se le antojase de hacerse pastor.» Bien sabemos que los temores de la sobrina resultaron proféticos. En consecuencia, se procede a la mutilación de la *Diana*, de Jorge de Montemayor, y se procede a quemar casi todos los demás, a lo que alude el cura al decir que hay que «entregarlos al brazo seglar del ama». Es ésta la más clara alusión, y ya al final del capítulo, al Santo Oficio, porque, como es bien sabido, los reos que serían quemados en los *autos de fe* eran, en forma previa, entregados al «brazo seglar», ya que los eclesiásticos no deben verter sangre.

No quiero entrar en las solemnes lucubraciones de Stephen Gilman acerca del sentido del ambiente inquisitorial en este capítulo del escrutinio. Sólo quiero abundar en algo expresado con mucha anterioridad (págs. 71 y sigs.), que la *ironía* es la tónica del estilo cervantino, y que por ironía entiendo yo el lazo verbal que acoyunda lo que es con lo que no es. Las buscadas alusiones a la Inquisición invocaban en cualquier espíritu un tétrico ambiente, de angustia y miedo: «Ante el Rey y la Inquisición, chitón», decía la sabiduría popular hecha refrán. Pero contra ese negro telón de fondo se desempeñan las regocijadas actividades de los cuatro personajes, puntuadas por gracioso diálogo. Y un solo ejemplo debe bastar. El cura decide quemar el *Amadís de Grecia,* y se fundamenta con este festivo razonamiento: «A trueco de quemar a la reina Pintiquiniestra, y al pastor Darinel, y a sus églogas, y a las endiabladas y revueltas razones de su autor [=Feliciano de Silva], quemaré con ellos al padre que me engendró, si anduviera en figura de caballero andante.»

La situación es irónica por excelencia. El telón de fondo lo provee la temida y terrible Inquisición. Las actividades no son del todo sancionables, en el sentido de que toda quema de libros implica un asalto a la integridad intelectual. Pero el diálogo que transcurre contra ese telón de fondo y que puntúa dichas actividades rebosa de humor. Es un anticipo técnico del capítulo XX de la primera parte —que ya usé con fines análogos en mi capítulo III—, cuyo epígrafe suena a militar charanga: «De la jamás vista ni oída aventura que con más poco peligro fue acabada de famoso caballero en el mundo, como lo que acabó el valeroso don Quijote de la Mancha.» Y estos clarinazos sirven para introducir la maloliente aventura de los batanes, que culmina con la diarrea de Sancho Panza.

El examen de la biblioteca de don Quijote saca a la luz del día las raíces intelectuales del hombre que ha dado en llamarse don Quijote de la Mancha. No hay para qué repasar títulos; ya dije que constaba dicha biblioteca de libros de caballerías, novelas pastoriles, un par de muestras de poesía lírica y varios poemas épicos. Decía también yo *(supra,* páginas 258-260) que la vida de don Quijote ilustraba en todo momento su respuesta y reacción ante las insinuaciones de dichos libros. Pero la filosofía del siglo XX nos ha enseñado que el *hacer* es tan importante en la vida humana como el *no hacer,* que para adentrarnos en el sentido de la vida tenemos que sumar y conjugar *hacer* y *no hacer.* En forma traslaticia, se puede afirmar que la *presencia* es tan importante como la *ausencia.* Lo que transportado al contexto del capítulo VI de la primera parte del *Quijote* implica que los géneros ausentes de los anaqueles del caballero andante son de parecida utilidad, a los fines de una suerte de radiografía intelectual, como los géneros que sí están allí representados.

Al filo del siglo XVII había varios grandes géneros de amplia representación en Castilla, y que no hallamos en la biblioteca de don Quijote. Algunas de estas ausencias son más fáciles de explicar que otras. Por ejemplo, no creo que pueda causar mayor extrañeza el hecho de que en toda la biblioteca no hay ni un solo ejemplar de la importantísima literatura espiritual. No hay libros de ascética ni de mística, ni siquiera libros de devoción. Mas no hubiese sido convenible llenar anaqueles de la biblioteca de un futuro caballero andante con tales libros. El propio Iñaki de Loiola, sediento de «gloria militar», fue «muy curioso y amigo de leer libros de caballerías», hasta la casi fatal herida en el cerco de Pamplona de 1521.

Sólo en su larga convalecencia llegó a las alturas de la literatura espiritual: una vida de Cristo y un *Flos sanctorum,* como nos informa puntualmente el padre Pedro de Ribadeneira en la *Vida* (1583), capítulos I y II. De la lectura, y a la larga, provino la conversión, y por eso hoy en día todos veneramos a San Ignacio de Loyola, nuestro celestial Quijote vasco.

Por motivos análogos, también resultaría un poco inverosímil hallar libros de filosofía o de historia. La historia castellana don Quijote la conoce bien, como demuestra a menudo, en particular en lo que en alguna forma rozaba la caballería. Pero para este tipo de conocimiento no necesitaba en absoluto una biblioteca particular sobre el tema.

Don Quijote conocía buena parte del Romancero de memoria, y el capítulo que antecede al escrutinio nos lo demuestra cumplidamente, y, sin embargo, no hay ningún romancero en su biblioteca. Aquí la explicación, aunque sencilla, es muy distinta. El Romancero vivió, y en buena parte todavía vive, en la tradición oral, lo que equivale a decir en boca de todos. Como cantares épico-líricos de vieja solera en la tradición, los conocía de memoria todo el mundo. En la segunda parte, cuando amo y escudero van camino del pueblo de Dulcinea, a la noche, tropiezan con un labrador con arado y dos mulas, que venía cantando:

> *Mala la hubisteis, franceses,*
> *en esa de Roncesvalles,*

con mínima variante de un romance architradicional del ciclo de Roncesvalles. Y todo esto provoca un sarcástico comentario de Sancho Panza, quien a su vez recuerda el romance de Calaínos («Ya cabalga Calaínos a la sombra de una oliva»). Sería fatuo suponer que labriego y Sancho disponían de sendas bibliotecas.

Caso distinto nos presentan los romances artísticos, lo que llamamos el Romancero Nuevo, y que en gran medida fue labrado por Lope de Vega y don Luis de Góngora. En gran medida, este Romancero Nuevo tuvo un éxito considerable, a lo que contribuyó el propio Cervantes, y en medida no escasa, por testimonio propio.[5] Y don Quijote no posee ninguno de estos romancerillos. Pero es fácil de entender, no bien se recuerda que el Romancero Nuevo fue producto de pocos para pocos —ambos términos usados en sentido relativo—, y aun ese triunfo, muy corto, si lo comparamos con los siglos de vigencia del Romancero tradicional, ocurrió entre la población cortesana, en particular, y urbana, en general. Vale decir, lo que don Quijote no fue ni quiso ser.

Se ha acusado a don Quijote —pienso en E. F. Rubens— de no tener tampoco en su biblioteca obras de teatro ni novelas picarescas, cuando el caso es que ambos géneros juegan importante papel en su historia. Las discusiones sobre el teatro forman el meollo de los capítulos XLVII-L de la primera parte. Mas de inmediato hay que puntualizar que la persona que trae todos los ejemplos dramáticos es el anónimo canónigo toledano, no don Quijote, en absoluto, quien centra todos sus ejemplos en sus favoritos libros de caballerías. Y respecto a la picaresca, basta recordar que la única mención a obra del género es por boca de Ginés de Pasamonte, en la aventura de los galeotes, cuando con tono de admirada envidia menciona al *Lazarillo de Tormes*.

El lector moderno, mejor dicho el crítico moderno, sufre a menudo de un grave despiste, cuyas causas diagnosticó con su agudeza y erudición de siempre mi llorado amigo Antonio Rodríguez-Moñino. La desorientación, tan prevalente en la crítica actual, surge porque trasponemos en forma instintiva, sin darnos cuenta, nuestra realidad de investigadores a los Siglos de Oro. Aceptamos con perfecta naturalidad la existencia de bibliotecas extraordinarias, como las del Congreso en Washington, el Museo Británico, la Nacional de París y hasta la nuestra de Madrid. Con la misma ecuánime naturalidad aceptamos el hecho de que desde el siglo XVIII —y en algunos casos antes— se ha venido realizando una extraordinaria labor de publicar obras y autores inéditos, en muchísimos casos en estupendas ediciones críticas. Lo que cualquier profesor o erudito de hoy puede consultar en su biblioteca

---

[5] «Yo he compuesto romances infinitos / y el de *los celos* es aquel que estimo / entre otros que los tengo por malditos», *Viaje del Parnaso*, IV, versos 40-42:

universitaria, y en tantos casos en la suya particular, hubiese tumbado de espaldas al propio Nicolás Antonio, el príncipe de los bibliógrafos españoles.

Todo esto produce el desenfoque aludido. Y nos olvidamos que los más altos nombres de la lírica de aquellos siglos no publicaron —por motivos disímiles— su obra poética. No la publicó Garcilaso de la Vega ni lo hizo don Luis de Góngora y Argote. Ni fray Luis de León ni San Juan de la Cruz sintieron comezón por publicar su divina poesía. El conocimiento de estas obras fue en su época privilegio de poquísimos. Hoy en día olvidamos la realidad, o la ignoramos, y la suplantamos por nuestras experiencias de bachillerato. Y basta con lo dicho. Don Quijote de la Mancha, machucho hidalgo de gotera, en una aldea manchega, no pudo tener nunca biblioteca como la que un siglo antes reunió el marqués de Santillana. Cualquier otra cosa sería «pedir cotufas en el golfo», como apuntó Sancho.

Así y todo, si volvemos a los libros que don Quijote sí poseía, o a lo menos a los que nosotros sabemos que poseía, hay que reconocer que su biblioteca padecía de total falta de actualidad; no poseía ningún *best seller* de sus años, ni siquiera libros menospreciados, pero recientes. El libro de más reciente estampa, al menos entre los que salen a luz con motivo del escrutinio, es *El pastor de Iberia* (1591), de Bernardo de la Vega.[6] De los demás libros ninguno traspasa la década de 1580.

Todo esto merece cavilación, ya que las aventuras de don Quijote de la Mancha, en su primera edición, salieron a la luz en 1605. La diferencia implicada es de unos quince años entre lo que podríamos denominar la chifladura del hidalgo manchego y el más reciente libro que había leído, que ni siquiera era libro de caballerías. La distancia que separa quince años de vida fue vista e interpretada por José Ortega y

---

[6] Desde comienzos del siglo xix esta novela pastoril andaba perdida; el último que la vio, con motivos del *Quijote,* fue Diego Clemencín, benemérito del cervantismo y muerto en 1834. He tenido la buena fortuna de redescubrirla en la biblioteca maravillosa del Escorial, y con tal motivo he añadido su estudio a mi libro sobre *La novela pastoril española,* segunda edición corregida y aumentada (Madrid, 1974).

Gasset como la distinción mágica que separa a una generación
de otra —a nosotros de nuestros hijos, o quizás al revés—,
problema que ha refinado su discípulo Julián Marías en *El
método histórico de las generaciones* (1949). En el transcurso
de ese período de quince años se efectúa una transformación
de valores que arrincona a la vieja generación con sus valores
e impone a la nueva generación con una asimismo nueva axiología. Entonces, y en consecuencia, no cabe dudar que don
Quijote de la Mancha era un retrasado generacional, alguien
que llegó tarde a la vida y, por lo tanto, de gusto anticuado
e inactual.

Esto queda neto de toda evidencia si repasamos en la
mente los contenidos de su biblioteca, vale decir, el alimento
diario de un hombre: novela y poesía. Falta el forraje intelectual que hace que el muchacho llegue a hombre, ese pienso
—claramente espiritual, digo yo— que ayuda a que el niño
entre en años, y así adquirir ese temple de espíritu que permite, a cierta edad, sonreírse al oír exclamaciones líricas por
el estilo de «Juventud, ¡divino tesoro!»

Es evidente, y lo demuestran sus lecturas, que don Quijote no progresó desde su juventud. Desde su autobautismo
hasta su muerte don Quijote se comporta como un muchacho
encarnado en el cuerpo de un viejo. En ningún momento le
aqueja la responsabilidad familiar, a pesar de tener sobrina
bajo su techo y protección. Al contrario, desde un principio
le vemos evadir esa responsabilidad entre sigilos y cautelas:
«Y así, sin dar parte a persona alguna de su intención y sin
que nadie le viese, una mañana, antes del día...» (I, II).
Análoga irresponsabilidad caracteriza su segunda salida: «Sin
despedirse Panza de sus hijos y mujer, ni don Quijote de su
ama y sobrina, una noche se salieron del lugar sin que persona los viese» (I, VII). La tercera salida necesita más largos
preparativos y más cautelas, porque ama y sobrina esta vez
sospechan las intenciones de don Quijote. Las dos mujeres
sí tienen sentido de la responsabilidad familiar y tratan de
evitar la salida inminente: «Por mil señales iban coligiendo
que su tío y señor quería desgarrarse la vez tercera, y volver
al ejercicio de su, para ellas, mal andante caballería: procu-
raban por todas las vías posibles apartarle de tan mal pensamiento» (II, VI). Sigue un largo razonamiento entre el caba-

llero y las dos mujeres, en que el «loco entreverado» las asombra con sus disparates y con su sensatez. Y en este momento la sobrina pronuncia ciertas palabras que bien vale la pena recordar aquí porque nos retrotraen al tema del joven-viejo: «Que se dé a entender [Don Quijote] que es valiente, siendo viejo, que tiene fuerzas, estando enfermo, y que endereza tuertos, estando por la edad agobiado» *(ibidem)*. Y hemos desembocado en el tópico tradicional del *puer-senex,* como lo denominó Ernst Robert Curtius al estudiarlo con su reconocida ciencia.[7] El tópico llega a la Edad Media con el respaldo de toda la sabiduría de Salomón: «Senectus enim venerabilis est non diuturna, neque annorum numero computata. Cani autme sunt sensus homini...» *(Sapientia,* VI, 8-9). De haber tenido más lecturas, la sobrina bien podría haber dicho con Salomón a su señor tío que las canas no son índice de la prudencia en el hombre. Y todo esto se complica por la locura de don Quijote.

Los planes de ama y sobrina para detener al caballero e impedirle nueva salida se ven coartados, sin embargo, por la intervención de Sansón Carrasco, quien las recata sus segundas intenciones, que se harán claras a todo el mundo —menos a don Quijote, claro está— sólo después de la aventura del Caballero del Bosque (I, xv). El sentido de responsabilidad que sienten las dos mujeres por don Quijote, y que éste no tiene en absoluto, las lleva al punto de la desesperación: «Las maldiciones que las dos, ama y sobrina, echaron al bachiller no tuvieron cuento; mesaron sus cabellos, arañaron sus rostros, y al modo de las endechaderas que se usaban, lamentaban la partida como si fuera la muerte de su señor» (II, VII).

Sólo a punto de muerte, cuando el hidalgo ha recuperado el buen juicio, cuando ya no está más loco, recobra el sentido de la responsabilidad familiar. Esto se hace clarísimo en su testamento:

Item, mando toda mi hacienda, a puerta cerrada, a Antonia Quijana, mi sobrina, que está presente, habiendo sacado primero de lo más bien parado della lo que fuere menester para cumplir las mandas que dejo hechas; y la primera satisfación que se haga quiero que

_____

[7] Ernst Robert Curtius, *Europäische Literatur und lateinisches Mittelalter* (Berna, 1948), cap. V, párrafo I.

sea pagar el salario que debo del tiempo que mi ama me ha servido, y más veinte ducados para un vestido (II, LXXIV).

Para no abundar en más ejemplos, creo que no puede caber duda alguna en nadie acerca del idealismo impulsivo que impele de continuo a don Quijote y que distingue ya la primera aventura del novel caballero, la de Andresillo:

> Gracias doy al cielo por la merced que me hace, pues tan presto me pone ocasiones delante donde yo pueda cumplir con lo que debo a mi profesión, y donde pueda coger el fruto de mis buenos deseos. Estas voces, sin duda, son de algún menesteroso o menesterosa, que ha menester mi favor y ayuda (I, IV).

En estas palabras relucen también las otras características permanentes de las aventuras de don Quijote y de su acción en el mundo: su generosidad entusiasta y su entrega completa al ideal. Pero todas éstas son características de la juventud, lo que, en forma irónica y paradójica, confirmará el título de la obra de Pío Baroja *Juventud, egolatría* (1917), porque en el momento en que el gran donostiarra designa así a su juventud él ya había entrado en la madurez, como que contaba cuarenta y cinco años.

Pero el cincuentón hidalgo de aldea no quiere reconocer las limitaciones que impone la edad, ya que en su locura la mente juvenil le ha reencarnado en el cuerpo de un viejo, como le censura la sobrina en el pasaje copiado más arriba. El propio Sancho Panza ve esto muy claro en su plática con el escudero del Caballero del Bosque. El escudero del Bosque acusa a su amo de bellaco:

> —Eso no es el mío —respondió Sancho—: digo, que no tiene nada de bellaco; antes tiene una alma como un cántaro: no sabe hacer mal a nadie, sino bien a todos, ni tiene malicia alguna: un niño le hará entender que es de noche en la mitad del día, y por esta sencillez le quiero como a las telas de mi corazón, y no me amaño a dejarle, por más disparates que haga (II, XIII).

Conmovedora declaración, en la que veo yo la fuente directa de Mark Twain, cuando comenzó a idear las regocijadas aventuras de *Tom Sawyer* (1876) y las de su compinche *Huckleberry Finn* (1884), tema que insinué con mucha anterioridad y que más vale explicar un poco mejor en la oportunidad (*vide supra,* capítulo III). Recordemos que Tom Sawyer, un niño al comienzo de sus aventuras, es otro imaginativo como don Quijote. En determinado momento Tom y Huck y otros compañeros más atacan a un grupo de colegiales que están de merienda. Se imaginan atacar a un nutrido grupo de «Spanish merchants and rich A-rabs», pero la realidad se niega a transformarse y ceder a la imaginación, y hay que reconocerla como tal. Huck se queja a Tom de que la realidad sea tan pedestre y que hayan tenido que huir ante la inesperada presencia del maestrescuela. Como explica Huck:

> I didn't see no di'monds, and I told Tom Sawyer so. He said there was loads of them there, anyway; and he said there was A-rabs there, too, and elephants and things. I said, why coulnd't we see them, then? He said if I warn't so ignorant, but had read a book called *Don Quixote,* I would know without asking. He said it was all done by enchantment (*The Adventures of Huckleberry Finn,* III).

Este breve ejemplo pone las cosas con toda la claridad deseada: Huck es a Sancho lo que Tom es a don Quijote. Pero la clave interpretativa de Mark Twain es que Tom y Huck son dos niños. Don Quijote es un cincuentón y Sancho no es mucho más joven. El novelista norteamericano concibe los disparates de don Quijote como propios y pertenecientes a la niñez; en vez de encarnar la mente de un niño en el cuerpo de un viejo —como en el caso de don Quijote, el *puersenex* por excelencia—, Mark Twain corrige lo que él consideró gravísimo desnivel, y la mentalidad infantil encarna en el cuerpo de un niño.

No entra en mis planes discutir el acierto de la corrección de Mark Twain. Pero sí me interesa destacar el hecho de que desde la perspectiva de esa corrección empezamos a apreciar con gradual nitidez el componente infantil de la mentalidad de don Quijote, que comenzamos a apreciar, con timidez, en el escrutinio de su librería. Y ya que estoy en el tema de brillantes reelaboraciones posteriores del personaje de don Quijote, quiero mencionar otra que allá en el capítulo III estudié muy brevemente junto con Tom Sawyer. Me refiero al protagonista de *El idiota,* de Dostoievski, el príncipe Myshkin. Es posible, asimismo, que la misma declaración

conmovedora de Sancho copiada más arriba haya disparado la
imaginación del gran novelista ruso. Conviene no olvidar
que Dostoievski declaró en su *Diario de un novelista:* «He querido representar en mi 'idiota' a un hombre positivamente
bueno.» Si desde este ángulo de visión volvemos ahora a don
Quijote, se empieza a destacar gradualmente el componente
de bondad y altruismo que entra en la personalidad del inmortal personaje. Y quizá, quizá, sean estos factores —infan-
tilidad, bondad, altruismo— los que instintivamente han
atraído a innúmeras generaciones de lectores y han hecho de
la forma de vida de don Quijote algo tan inalcanzable como
apetecible.

Sin haber sutilizado tanto, ya me había dado la razón
Santiago Ramón y Cajal, nuestro más memorable hombre de
ciencia, en un magnífico discurso:

> Labor de alta pedagogía y de verdadera regeneración es corregir en
> lo posible los vicios y defectos mentales de la raza española, entre
> los cuales acaso el más fértil en funestas consecuencias sociales es
> la escasez de civismos nobles y desinteresados, de sanos y levantados
> quijotismos en pro de la cultura, elevación moral y prosperidad du-
> radera de la patria *(Psicología de don Quijote y el quijotismo,* 1905).

Mas no debemos perder de vista el hecho fundamental,
que ya insinué, de que el caso de don Quijote es más complejo que la suma de sus partes, porque don Quijote está loco.
Y ya hemos visto que su tipo especial de locura la definió
muy bien don Lorenzo de Miranda al llamarle «loco entreverado». Este diagnóstico lego sirve para explicar el mundo de
contradicciones que abriga don Quijote en su pecho. Es un
loco con momentos de gran sensatez, lo que hace exclamar a
su sobrina: «¡Que sepa vuestra merced tanto, señor tío, que,
si fuese menester en una necesidad, podría subir en un púl-
pito e irse a predicar por esas calles...» Lo que confirma más
tarde Sancho Panza:

> Este mi amo, cuando yo hablo cosas de meollo y de sustancia suele
> decir que podría yo tomar un púlpito en las manos y irme por ese
> mundo adelante predicando lindezas; y yo digo dél que cuando co-
> mienza a enhilar sentencias y a dar consejos, no sólo puede tomar
> púlpito en las manos, sino dos en cada dedo, y andarse por esas
> plazas a ¿qué quieres, boca? ¡Válate al diablo por caballero andante,
> que tantas cosas sabes! Yo pensaba en mi ánima que sólo podía

saber aquello que tocaba a sus caballerías; pero no hay cosa donde
no pique y deje de meter su cuchara (II, XXII).

Es evidente que nuestro *puer-senex* tiene el ímpetu del
adolescente y la discreción de la madurez. La sobrina acaba
de acusar a su tío de padecer de «sandez tan conocida», pero
pocos minutos más tarde se ve obligada a reconocer que su
tío «todo lo sabe, todo lo alcanza; yo apostaré que si quisiera
ser albañil, que supiera fabricar una casa como una jaula»
(II, VI). Pero esto es en los momentos de lucidez del caballero, el resto del tiempo bien sabemos que está loco rema-
tado; sabemos, asimismo, cómo llegó a ese estado de locura.
En casi perfecta sincronía, muy pocos años antes, el protagonista de *Hamlet, Prince of Denmark* se finge loco para disipar
las sospechas de su tío Claudius. El pobre príncipe de Dinamarca —Hamlet la Duda, don Quijote la Fe, según la atrac-
tiva fórmula de Turguenev— se define, en cierta ocasión,
como un nuevo «loco entreverado»:

*I am but mad north-north-west: when the wind is southerly
I know a hawk from a handsaw* (II, II).

La sensatez de Hamlet le lleva a un cúmulo de dudas
que le inhibe para la acción. La locura divina de don Quijote
—según la definición de Platón— linda, a veces, con la discreción de la madurez sensata. Pero Hamlet finge su locura,
mientras que don Quijote tiene que vivir la suya. Y con don
Quijote, como experimentan tantos de sus conocidos, estamos
en presencia de una persona que es de una manera (loco) y
se presenta de otra (cuerdo). Mas como decía yo en el mismo
capítulo III, cuando una persona, cosa o hecho es de una
manera y se presenta de forma distinta, nos hallamos ante
una definición taxativa de *ironía*, «disimulo», en su sentido
etimológico. Y volvemos a desembocar en la norma irónica
del *Quijote*: en el mundo de los baciyelmos la ironía es una
necesidad vital, como demostró Cervantes.

La clave de la personalidad de Hamlet la da éste en su
famoso monólogo:

> *To be, or not to be: that is the question.*
> *Wether'tis nobler in the mind to suffer*
> *The slings and arrows of outrogeons fortune,*

> *Or to take arms against a sea of troubles,*
> *And by opposing end them? To die: to sleep;*
> *No more...*
>
> (III, i)

En contraposición, ya hemos visto que don Quijote tiene poquísimas oportunidades para expresarse en monólogos, dado que son muy contadas las ocasiones en que el caballero se queda solo. Claro está que esos muy pocos momentos de soledad tienen inmensa importancia para aislar y reconocer algo más de la intimidad del héroe, como espero haber demostrado en los capítulos V y VI. Y si en el episodio de la penitencia en Sierra Morena y en la cueva de Montesinos podemos calar mucho más hondo que antes en la personalidad de don Quijote no es precisamente por el uso del monólogo.

No creo correr el riesgo de provocar mayor disentimiento si afirmo que la personalidad de don Quijote se expresa en el diálogo con tanta o mayor eficacia que en las acciones. En realidad, una de las tantas maravillas que encierra el *Quijote* es la perfecta relación entre diálogo y narración, inhallable en los anales literarios anteriores. No olvidemos el hecho de que Cervantes se lanzó a la vida literaria en el teatro, episodio de su vida que recordó con harta satisfacción en el «Prólogo al lector» de sus *Ocho comedias y ocho entremeses* (Madrid, 1615).

En el *Quijote,* y mucho antes que él, el diálogo es, en su expresión más profunda, forma del conocimiento. El tono festivo del siguiente ejemplo no nos debe hacer perder de vista ese aspecto esencial. Cuando don Quijote vuelve a su aldea encantado y enjaulado en el carro de bueyes, en determinado momento Sancho conmina a su amo a que le responda a ciertas preguntas «con toda verdad», lo que incomoda un poco al caballero encantado, quien contesta: «Digo que no mentiré en cosa alguna.» Con esta seguridad comienza el interrogatorio dialogal:

> —Digo que yo estoy seguro de la bondad y verdad de mi amo; y así, porque hace al caso a nuestro cuento, pregunto, hablando con acatamiento, si acaso después que vuestra merced va enjaulado y, a su parecer, encantado en esta jaula, le ha venido gana y voluntad de hacer aguas mayores o menores, como suele decirse.

—No entiendo eso de *hacer aguas*, Sancho; aclárate más, si quieres que te responda derechamente.

—¿Es posible que no entienda vuestra merced de hacer aguas menores o mayores? Pues en la escuela destetan a los muchachos con ello. Pues sepa que quiero decir si le ha venido gana de hacer lo que no se escusa.

—¡Ya, ya te entiendo, Sancho! Y muchas veces; y aun agora la tengo. ¡Sácame deste peligro, que no anda todo limpio!

—¡Ah! —dijo Sancho—. Cogido le tengo: esto es lo que yo deseaba saber como al alma y como a la vida (I, XLVIII-XLIX).

Con una extraordinaria adaptación y aplicación del método socrático, Sancho ha obligado a su amo a declarar ciertas verdades que llevan, indefectiblemente, a la siguiente conclusión: «Los que no comen, ni beben, ni duermen, ni hacen las obras naturales que yo digo, estos tales están encantados; pero no aquellos que tienen la gana que vuestra merced.» Para Sancho, como para tantos otros personajes, el encantamiento es un misterio, y la incógnita suprema en este momento es averiguar si don Quijote está encantado o no. En forma dialéctica el escudero obliga en esta ocasión al caballero a admitir que no va encantado: «Verdad dices, Sancho —respondió don Quijote—.» La *mayéutica* de Sócrates, tal cual la conocemos a través de los diálogos de Platón, jamás se vio puesta a averiguaciones como la precedente, pero con eficacia análoga a la de Sócrates, Sancho Panza ha extraído la verdad de don Quijote.

La afirmación de que el diálogo es una forma del conocimiento se puede ensayar con otra piedra de toque. El inglés Thomas Carlyle decía que «es necesario amar para conocer» (*Sartor Resartus. The Life and Opinions of Herr Teufelsdröckh*, 1833-1834). La amistad es una forma del amor, tan excelsa como el verdadero amor, y así lo expresó Cicerón en su gran diálogo *De Amicitia*. Muchos siglos más tarde, el gran romántico inglés lord Byron escribió en sentidos versos: «Fictions and dreams inspire the bard / Who rolls the epic song; / Friendship and Truth be my reward.» Y acaba diciendo: «Friendship is Love without his wings» (*Hours of Idleness*, 1807). Al socaire del diálogo ciceroniano y de afirmaciones taxativas de Aristóteles («La amistad es una especie de virtud o implica virtud», *Etica a Nicómaco*, 8.1.1155a4) y otros factores que no vienen al caso, la amistad como tema literario y ensayístico adquiere gran boga en el Renacimiento. Y no hay que ser muy lince para observar que la amistad se expresa en el diálogo. Por todos estos motivos es natural y emocionante a la vez que el derrotado don Quijote se dirija a su escudero como «¡Oh Sancho bendito! ¡Oh Sancho amable!» (II, LXXI). Y no menos conmovedor es para mí que Sancho Panza, desde lo más alto de la rueda de su Fortuna, cuando ya está instalado como gobernador de la ínsula Barataria, escribe a su amo y le llama «señor mío de mi alma» (II, II).

Siglos después del *Quijote*, Benito Pérez Galdós, que tanto aprendió de Cervantes en general y de esta novela en particular, escribía en el prólogo a *El abuelo* (1897), novela dialogada por cierto: «El sistema dialogal... nos da la forja expedita y concreta de los caracteres.» ¡Con cuánta antelación y qué bien lo sabía Cervantes! Don Quijote y Sancho Panza se hacen en diálogos de verdadera paz y amistad —con algún quebranto, como ocurre en las más unidas familias—, al punto que Salvador de Madariaga pudo hablar de la *quijotización* de Sancho Panza y de la *sanchificación* de don Quijote (*Guía del lector del «Quijote»*, 1926). Amo y escudero tocan en sus conversaciones todos los temas de la vida y de lo que ya no es vida: «Quiero decir —dijo Sancho— que nos demos a ser santos, y alcanzaremos más brevemente la buena fama que pretendemos» (II, VIII).

En la maravilla del diálogo se moldean nuestros dos protagonistas con todo el cuidado y celo de nuevos Fidias. La propia mujer de Sancho Panza queda estupefacta ante el cambio que presencia en su marido: «Mirad, Sancho —replicó Teresa—: después que os hicisteis miembro de caballero andante habláis de tan rodeada manera, que no hay quien os entienda» (II, V). Los profundos raciocinios de don Quijote dejan asombrado a Sancho:

> ¿Es posible que haya en el mundo personas que se atrevan a decir y a jurar que este mi señor es loco? Digan vuestras mercedes, señores pastores: ¿hay cura de aldea, por discreto y por estudiante que sea, que pueda decir lo que mi amo ha dicho, ni hay caballero andante, por más fama que tenga de valiente, que pueda ofrecer lo que mi amo aquí ha ofrecido? (II, LVIII).

Permítaseme citar nuevamente a Carlyle, en uno de sus mejores ensayos: «Surely, of all the *rights of man*, this right of the ignorant man to be guided by the wiser, to be gently or forcibly, held in the true course by him, is the indisputablest» (*Chartism,* 1839). A este derecho del hombre, fundamental e indisputable en la opinión de Carlyle, se había acogido mucho antes Sancho Panza. Por eso en el lecho de muerte de don Quijote —Alonso Quijano el Bueno, mejor dicho— siente en forma anticipada su desamparo, y llorando le implora a su amo: «No se muera vuestra merced, señor mío» (II, LXXIV). Pero su amo ya ha enfrentado la Eternidad.

El diálogo sirve a don Quijote y a Sancho de una verdadera propedéutica vital que bien deberíamos imitar nosotros. Lo malo es que en esta fementida edad hay gran carestía de Quijotes y hasta de Sanchos. La lección inolvidable de los diálogos del *Quijote* no hallo mejor forma de expresarla que en esta paráfrasis de unas palabras de Miguel de Unamuno, escritas con motivo totalmente ajeno al mío, aunque asestadas a un blanco no muy apartado del mío: ¡Qué cosas se decían! Eran cosas, no palabras.[8]

La adquisición de conocimiento certero y eficaz no deja de estar acompañada de dudas, a las que a menudo se sobrepone la voluntad de don Quijote, pero no siempre.[9] Un caso en que la voluntad rechaza con integridad la duda, sin dejarla que termine de aflorar a la conciencia, se nos presenta apenas comienza la historia. Para salir a buscar aventuras el novel caballero ha requerido las mohosas armas de sus antepasados, pero entre ellas no había celada de encaje, sino morrión simple. El caballero se la fabrica de cartón y, para probarla, le asesta una cuchillada que la deshace. «La tornó a hacer de nuevo... y sin querer hacer nueva experiencia della, la diputó

---

[8] Las palabras originales de Unamuno están dirigidas a ese extraordinario sacerdote que él creó en la figura de Manuel Bueno, y las escribió Ángela Carballido, la fingida autora de *San Manuel Bueno, mártir* (1933). El original lee: «¡Qué cosas nos decía! Eran cosas, no palabras.»

[9] Las formas de conocimiento en las obras de Cervantes y las posibilidades de obtenerlo es el tema que desarrollo largamente en «Conocimiento y vida en Cervantes», *Nuevos deslindes cervantinos* (Barcelona, 1975).

y tuvo por celada finísima de encaje» (I, 1). Ha triunfado la
voluntad. Pero ya hemos visto (supra, capítulo VI) que las
dudas se multiplican en el pecho de don Quijote: ¿Dulcinea
es la emperatriz de la Mancha o una labradora hedionda a
ajos? ¿Qué vio, de verdad, en la cueva de Montesinos? En su
oportunidad destaqué cómo este cúmulo aplastante de dudas
fuerza a don Quijote de la Mancha a la increíble humillación
de interrogar al mono de maese Pedro acerca de la verdad.

Con perfecta sincronía Hamlet y Othello, lo mismo que
don Quijote, aprendieron que una vez que la duda entra en
el pecho es casi imposible expulsarla. El desconcierto vital
en que se encuentra el caballero andante respecto a la cueva
de Montesinos sólo ha sido ahondado por la capciosa respuesta
del mono. La carcoma de la duda está a punto de echar a
pique el barco de sus esperanzas, y don Quijote, desesperado,
casi al final de su vida en Barcelona, recurre a la cabeza encantada de don Pedro Moreno: «¿Fue verdad, o fue sueño lo
que yo cuento que me pasó en la cueva de Montesinos?
¿Serán ciertos los azotes de Sancho mi escudero? ¿Tendrá
efecto el desencanto de Dulcinea?» (II, LXII). La vida se le
iba a raudales a don Quijote de la Mancha por los boquetes
abiertos en su gloriosa voluntad de otrora por cada una de
esas preguntas. Qué mal entendió la tragedia de la duda Unamuno cuando escribió: «Fe que no duda es fe muerta» (La
agonía del Cristianismo, 1925). Mi religión, y la de don Quijote, nos aproxima mucho más a la actitud de lord Tennyson
cuando escribió: «Doubt is Devil-born» (In Memoriam, 1850).

Estas dudas, sin embargo, son atributivas hasta cierto
punto, con lo que quiero decir que sólo son gajes de su condición esencial de ser caballero andante. Con la mayor gravedad entona don Quijote en un pasaje ya citado: «Yo soy
enamorado, no más de porque es forzoso que los caballeros
andantes lo sean» (II, XXXII). La tragedia irremediable ocurrirá cuando el caballero andante dude de su condición de tal
y se pregunte si es caballero andante o no. Desde un principio tenemos sólida evidencia de que al respecto no cabe la
menor duda, ya que todo estriba en un acto de voluntarioso
autobautismo y una subsecuente armazón de caballería que
efectivamente ocurren.

Don Quijote de la Mancha se sabe caballero andante. Y esta condición vital casi se la puede tocar él mismo con el dedo. En la primera visita a la venta de Juan Palomeque el Zurdo todos recordaremos que al final de la desastrada visita unos apicarados huéspedes mantean a Sancho sin piedad. Su amo trata de socorrerle, pero sus maltrechos huesos no le permiten desmontar de Rocinante. Cuando todo ha acabado, comenta don Quijote a su fatigado escudero:

> Por la fe de quien soy, que si pudiera subir o apearme, que yo te hiciera vengado, de manera que aquellos follones y malandrines se acordaran de la burla para siempre, aunque en ello supiera contravenir a las leyes de la caballería, que, como ya muchas veces te he dicho, no consienten que caballero ponga mano contra quien no lo sea, si no fuere en defensa de su propia vida y persona, en caso de urgente y gran necesidad (I, XVIII).

En ocasión mucho más solemne, ya que es contingente a la calidad de caballero andante o no de don Quijote, es decir, a su condición de ser, nuestro héroe responde a las insidiosas preguntas de su sobrina:

> No todos los caballeros pueden ser cortesanos, ni todos los cortesanos pueden ni deben ser caballeros andantes: de todos ha de haber en el mundo; y aunque todos seamos caballeros, va mucha diferencia de los unos a los otros; porque los cortesanos, sin salir de sus aposentos ni de los umbrales de la corte, se pasean por todo el mundo, mirando un mapa, sin costarles blanca, ni padecer calor ni frío, hambre ni sed; pero nosotros, los caballeros andantes verdaderos, al sol, al frío, al aire, a las inclemencias del tiempo... (II, VI).

Pero mucho más tarde nos enteramos, en forma tan imprevista como solapada, de que la fe de don Quijote en creer ser caballero andante de verdad estaba totalmente socavada hasta esa ocasión. Cuando llega don Quijote al palacio de los duques nos estrellamos ante la contundente afirmación de que el caballero andante —un hombre, cualquier hombre— ha vivido, y a sabiendas, una mentira, que su ser esencial no es eso, sino una pose. ¡Horror!:

> Todos o los más derramaban pomos de aguas olorosas sobre don Quijote y sobre los duques, de todo lo cual se admiraba don Quijote; y *aquel fue el primer día que de todo en todo conoció y creyó ser caballero andante verdadero* (II, XXXI).

Este es el momento en que caemos, en forma inesperada, en la cuenta de que las dudas de don Quijote de la Mancha se habían remontado, desde mucho antes, a alturas ontológicas. El caballero andante ha vivido en dudas acerca de la calidad de su propio ser. Al llegar a esta conclusión se puede decir que don Quijote bien podría haber repetido con castizos acentos aquello de «To be or not to be». Pero lo extraordinario es que con los acordes de su propia vida don Quijote compuso un triunfal himno a lo que Thomas Carlyle en su *Sartor Resartus* llamó «The Everlasting Yea». Responder armónicamente al sí eterno es vivir a la altura de las circunstancias de siempre, las de ayer, las de hoy y las de mañana. Si ésta es la lección que nos da don Quijote como forma de vida, entonces yo *sé* que todos debemos volver a esa empresa.

INDICE DE AUTORES
Y OBRAS ANONIMAS